Türkei und Deutschland in Europa

Augsburger Studien zum internationalen Recht

Herausgegeben von

Volker Behr
ehem. Lehrstuhl für Bürgerliches Recht, Zivilprozessrecht, Ausländisches und Internationales Privatrecht

Henning Rosenau
Lehrstuhl für Deutsches, Europäisches und Internationales Straf- und Strafprozessrecht, Medizin- und Biorecht

Christoph Vedder
Lehrstuhl für Öffentliches Recht, Völkerrecht und Europarecht sowie Sportrecht, Jean Monnet-Lehrstuhl für Europäisches Recht

Juristische Fakultät der Universität Augsburg

Band 16

PL ACADEMIC RESEARCH

Erhan Temel (Hrsg.)

Türkei und Deutschland in Europa

PL ACADEMIC RESEARCH

Bibliografische Information der Deutschen Nationalbibliothek
Die Deutsche Nationalbibliothek verzeichnet diese Publikation in der Deutschen Nationalbibliografie; detaillierte bibliografische Daten sind im Internet über http://dnb.d-nb.de abrufbar.

Logo auf dem Umschlag:
Abdruck mit freundlicher Genehmigung der
Universität Augsburg

ISSN 1861-664X
ISBN 978-3-631-67485-7 (Print)
E-ISBN 978-3-653-06743-9 (E-Book)
DOI 10.3726/978-3-653-06743-9

PL Academic Research ist ein Imprint der Peter Lang GmbH.

Peter Lang – Frankfurt am Main · Bern · Bruxelles · New York · Oxford · Warszawa · Wien

Diese Publikation wurde begutachtet.

www.peterlang.com

Vorwort

Die Forschungsstelle für Türkisches Recht (FSfTR) an der Juristischen Fakultät der Universität Augsburg beschäftigt sich seit ihrer Gründung im Jahre 2003 rechtsvergleichend mit Fragen des türkischen und deutschen Rechts sowie mit den Rechtsbeziehungen der Türkei und Deutschland zur Europäischen Union. In diesem Kontext hat die FSfTR zahlreiche internationale Symposien, Workshops und Vortragsreihen in Zusammenarbeit mit ihren türkischen Partneruniversitäten beispielsweise in Ankara, İstanbul und İzmir organisiert.

Die in diesem Sammelband veröffentlichten Aufsätze gehen auf die im Mai 2013 in Augsburg durchgeführte Tagung mit dem Titel „Die Türkei und Deutschland in Europa" zurück. Die Autoren setzen sich in ihren Beiträgen hauptsächlich rechtsvergleichend mit aktuellen Fragestellungen des türkischen wie auch des deutschen Rechts unter besonderer Berücksichtigung von deren jeweiligem Verhältnis zum Recht der Europäischen Union auseinander.

Die Türkei als Beitrittskandidat zur Europäischen Union ist zur Übernahme des *acquis communautaire* und damit zur Anpassung des nationalen Rechts an die unionsrechtlichen Vorgaben verpflichtet. In diesem Zusammenhang bietet sich der Vergleich mit deutschem Recht an, weil Deutschland als Gründungs- wie auch Mitgliedstaat der heutigen Europäischen Union bereits umfangreiche Erfahrungen mit der Umsetzung und Übernahme des Unionsrechts gesammelt hat.

Ein weiterer Aspekt, der eine rechtsvergleichende Untersuchung zwischen deutschem und türkischem Recht unter Berücksichtigung des europäischen Rechts besonders wichtig macht, ist die rechtshistorische Entwicklung des türkischen Rechtssystems:

Das türkische Rechtssystem wurde schon im Rahmen der Kodifikations- und Rezeptionsbewegungen im 19. Jahrhundert sowie in den ersten Jahren der Türkischen Republik vom deutschen Recht erheblich beinflußt. In den letzten 15 Jahren setzte sich die Vorbildfunktion des deutschen Rechts vor allem bei der Novelle des türkischen StGB, StPO, HGB, ZGB, ZPO und des Obligationengesetzbuches fort.

Der Sammelband gliedert sich in zwei Teile. Der erste Teil behandelt fünf Fragestellungen aus den Themenbereichen „Grundlagen, Verfassungsrecht, Rechtsverkehr", während der zweite Teil sich mit neun Beiträgen dem „Zivilrecht und Wirtschaftsrecht" widmet.

Mein herzlicher Dank gebührt allen an der Tagung beteiligten Kolleginnen und Kollegen für die erfolgreiche Zusammenarbeit an der Fertigstellung des vorliegenden Sammelbandes. Zu Dank verpflichtet bin ich auch meinen Mitarbeiterinnen Frau Hilal Özcan und Frau Didem Albayrak sowie Frau Inge Rystau für die redaktionelle Unterstützung.

Danken möchte ich schließlich ACELR an der Juristischen Fakultät und Turkish Airlines für die freundliche Unterstützung.

Erhan Temel, im Oktober 2015

Inhaltsverzeichnis

1. Teil: Grundlagen, Verfassungsrecht, Rechtsverkehr

Josef Franz Lindner

Europäische Grundrechtspolitik

A. Vorbemerkung

Die europäische Integration war immer und ist heute noch ein politisches Projekt. Allerdings tritt das Politische dieses Projekts – paradoxer Weise aus politischen Gründen – zumeist nicht offen zu Tage. Es verbirgt sich vielmehr hinter anderen Phänomenen, in denen es sich schneller transportieren lässt, in denen es leichter auf Akzeptanz stößt.

Der erste – wenn man so will – „Deckmantel" des Politischen ist das Ökonomische, das bislang den wichtigsten Motor der Integration darstellt. Ein letztes – eklatantes – Beispiel für das Politische im Deckmantel des Ökonomischen war die Einführung des Euro.

Das zweite Instrument zur Durchsetzung der politischen Integration Europas waren und sind die Grundrechte. Die europäische Grundrechtspolitik als Mittel europäischer Integrationspolitik beruht dabei auf zwei Säulen, nämlich der Europäischen Menschenrechtskonvention (EMRK) und dem, was man heute EU-Grundrechte nennt.[1]

B. Aspekte europäischer Grundrechtspolitik

Das Verhältnis von Politik und europäischen Grundrechten[2] ist vielschichtig. Es lässt sich unter ganz verschiedenen Aspekten betrachten. Es können jedenfalls drei Blickwinkel unterschieden werden, die von besonderer politischer Bedeutung sind und politischen Handlungsbedarf aufzeigen:

(1) Erstens die Kreation europäischer Grundrechte durch die Politik,
(2) zweitens und umgekehrt die Kreation von Politik, genauer von politischen Kompetenzen durch europäische Grundrechte sowie
(3) drittens die Dekonstruktion staatlicher Politik durch europäische Grundrechte.

---

1 Zur Entwicklung und den Inhalten europäischer Grundrechte s. Merten/Papier (Hg.), Handbuch der Grundrechte in Deutschland und Europa, Bd. VI/1 und VI/2, 2010. Zur Systematik des Grundrechtsschutzes in Europa s. *Lindner,* Grundrechtsschutz in Europa – System einer Kollisionsdogmatik, EuR 2007, S. 160 ff.

2 Mit dem Thema „Europäische Grundrechtspolitik" soll nicht insinuiert werden, dass Grundrechte ausschließlich ein politisches Phänomen sind. Grundrechte sind zwar immer auch politisch relevant, insbesondere politisch instrumentalisierbar, sie sind es jedoch nicht ausschließlich, sondern haben selbstredend auch eine juristisch-dogmatische Funktion; dazu eingehend *Lindner,* Theorie der Grundrechtsdogmatik, 2005.

C. Kreation europäischer Grundrechte durch die Politik

a) Zum ersten Punkt: Die auf die Kreation von Grundrechten auf europäischer Ebene gerichtete Politik gilt als Erfolgsgeschichte. Dies durchaus zu Recht. Drei Punkte sind entscheidend:

(1) Erstens: Bereits die früh etablierte und sich durch zahlreiche Zusatzprotokolle entfaltende Europäische Menschenrechtskonvention leistet einen gewichtigen Beitrag zur Herausbildung menschenrechtlicher Standards in Europa, zumal über den Bereich den Europäischen Union hinaus.[3] Dies ist von großer politischer Bedeutung gerade auch für die Türkei.

(2) Zweitens: Die nunmehr nach langem Anlauf Vertragskraft aufweisende EU-Grundrechtecharta ist strukturell ein geeignetes Mittel zur Bändigung der Herrschaftsgewalt der EU. In eben dieser Bändigung liegt die Hauptfunktion der Charta und darauf sollte sie fokussiert bleiben.[4]

(3) Und schließlich drittens: der Beitritt der Europäischen Union zur EMRK ist beabsichtigt.[5] In der Folge ist dann die EU unmittelbar an die EMRK gebunden. Dies kann man mit Recht als Abrundung des europäischen Grundrechtsraums bezeichnen.[6]

Insoweit hat die europäische Grundrechtspolitik erfolgreich und verdienstvoll gewirkt. Dies verdient Anerkennung und Bewahrung.

b) Doch wo Licht ist, ist auch Schatten. Auch wenn es als politisch nicht korrekt erscheinen mag: Es ist Aufgabe der Rechtswissenschaft, solche Schatten auszuleuchten und Defizite zu benennen, bei denen politischer Handlungsbedarf besteht. In der gebotenen Kürze sollen drei Gesichtspunkte herausgegriffen werden, und zwar gereiht in aufsteigender politischer Wichtigkeit:

(1) Zunächst – eher technisch-dogmatisch – wirkt der europäische Grundrechtsraum unnötig komplex konstruiert. Das EU-Recht hat eine teilweise unübersichtliche Gemengelage zwischen EU-Grundrechtecharta und EMRK geschaffen. Nach Art. 6 Abs. 1 EUV ist die EU-Grundrechtecharta Bestandteil des Vertragsrechts. Gleichzeitig sind auch die Grundrechte der EMRK als allgemeine Grundsätze Teil des Unionsrechts; so will es Art. 6 Abs. 3 EUV.

Nicht nur diese Parallelität ist dogmatisch schwer zu verarbeiten. Hinzu kommt die in Art. 52 Abs. 3 der Charta angelegte Verzahnung mit der EMRK: danach haben die Grundrechte der Charta, die den durch die EMRK garantierten Rechten entsprechen, die gleiche Bedeutung und Tragweite, wie sie

3 Dazu *Grabenwarter/Pabel*, Europäische Menschenrechtskonvention, 5. Aufl. 2012. Zur Dogmatik der EMRK im europäischen Mehrebenensystem s. auch *Lindner*, Öffentliches Recht. Lehrbuch zur Examensvorbereitung, 2012, Rn. 600 ff.

4 *Lindner* (Fn. 3), Rn. 631 ff. 720 ff.

5 Vgl. dazu Art. 6 Abs. 2 EUV; Art. 218 Abs. 8 AEUV sowie Art. 59 Abs. 2 EMRK.

6 Vgl. dazu auch *Kohler*, EuZW 2011, S. 849.

ihnen in der EMRK verliehen wird. Im Zuge des Beitritts der EU zur EMRK könnten hier zur Reduktion von Komplexität einige Begradigungen vorgenommen werden.

Der Präsident des Bundesverfassungsgerichts hat erst kürzlich und zutreffend auf die Gefahr der Unübersichtlichkeit des Grundrechtsschutzes in Europa hingewiesen.[7]

(2) Ein zweites – politisch wichtigeres – Postulat zielt auf eine stärkere Professionalisierung der EU-Grundrechtsjudikatur. Während der Europäische Gerichtshof für Menschenrechte sich als starkes und durchaus innovatives – mitunter mit Überraschungen aufwartendes – Grundrechtsgericht etabliert und die EMRK wirkmächtig entfaltet, verharrt der EuGH – was die EU-Grundrechte angeht – nach wie vor in einer tendenziell eher passiven Rolle.

Infolge seines Aufgabenzuschnitts (insbesondere im Hinblick auf das Vertragsverletzungsverfahren als auch im Hinblick auf das Vorabentscheidungsverfahren) muss der EuGH häufig als europäischer Verwaltungsgerichtshof fungieren, in dessen Rechtsprechung die Grundrechte zwar eine Rolle spielen, diese aber meist nicht nachhaltig in ihrer Freiheitsfunktion entfaltet werden können. Auch das Selbstverständnis des EuGH als Integrationsbeschleuniger dürfte ihn an der Herausarbeitung einer konsequent freiheitsorientierten Grundrechtsrechtsprechung hindern. Dies zeigt sich zumal an der Handhabung des Verhältnismäßigkeitsprinzips. Es sollte daher politisch (wieder) darüber nachgedacht werden, dem EuGH ein EU-Grundrechtsgericht zur Seite zu stellen.

(3) Schließlich – und politisch am gewichtigsten – ist ein Freiheitsdefizit im europäischen Grundrechtsraum zu diagnostizieren. Weder die EMRK noch insbesondere die EU-Grundrechtecharta enthalten ein allgemeines Freiheitsrecht. Die EU-Grundrechtecharta kennt viele Freiheiten, aber sie schützt nicht *die Freiheit.* Gerade in Zeiten paternalistisch-technokratischer Tendenzen in der Politik der europäischen Kommission ist die Verankerung des allgemeinen Freiheitsrechts dringender denn je. Es sei denn, man wäre bereit, grundrechtsfreie Räume und damit freiheitsrechtliche Legitimationslücken zu akzeptieren.[8]

---

7 *Voßkuhle,* Der Rechtsanwalt und das Bundesverfassungsgericht – Aktuelle Herausforderungen der Verfassungsrechtsprechung, NJW 2013, S. 1329.

8 *Lindner,* Fortschritte und Defizite im EU-Grundrechtsschutz, ZRP 2007, S. 54 ff.

D. Kreation politischer Kompetenzen durch europäische Grundrechte

a) Zum zweiten Aspekt, nämlich der Kreation politischer Kompetenzen durch europäische Grundrechte. Gemeint ist der Aspekt der sogenannten kompetenzbegründenden oder – wie bisweilen zu lesen ist – „kompetenzansaugenden" Wirkung von europäischen Grundrechten. Dies betrifft in erster Linie das EU-Recht.[9] EU-Grundrechte entfalten ihre maßgebliche Funktion in der Abwehr von grundrechtswidrigen EU-Rechtsakten. Sie können darüber hinaus aber auch Schutz- und Leistungsansprüche auslösen. So lassen sich aus dem Grundrecht auf Leben und körperliche Unversehrtheit in Art. 2 und 3 der Charta durchaus auch Schutzpflichten der EU ableiten. Was läge also näher, als aus der schutzrechtlichen – oder auch aus einer organisations- und verfahrensrechtlichen – Dimension der EU-Grundrechte Handlungsaufträge an die EU-Organe abzuleiten und ihnen entsprechende grundrechtsimmanente Kompetenzen zuzuweisen?

b) Dieser – jeder Grundrechtsordnung immanenten – Tendenz einer kompetenzansaugenden und damit das Prinzip der begrenzten Einzelermächtigung in Frage stellenden Wirkung der EU-Grundrechte, ist in den Vertragstexten ein Riegel vorgeschoben: So heißt es in Art. 51 Abs. 2 der Charta: *„Diese Charta dehnt den Geltungsbereich des Unionsrechts nicht über die Zuständigkeiten der Union hinaus aus und begründet weder neue Zuständigkeiten noch neue Aufgaben für die Union, noch ändert sie die in den Verträgen festgelegten Zuständigkeiten und Aufgaben."*

c) Das ist eine klare Aussage! Man muss aber deutlich sehen, dass ein solcher Kompetenzvorbehalt zum Phänomen leerlaufender Grundrechte führen kann. Dazu ein Beispiel: Art. 14 Abs. 2 der EU-Grundrechtecharta verbürgt das Recht auf unentgeltliche Teilnahme am Pflichtschulunterricht. Diesen Anspruch kann die EU selbst nicht erfüllen, weil sie für den Erlass schulrechtlicher Regelungen keine Kompetenz hat und ihr eine solche durch Art. 14 Abs. 2 selbst auch nicht verliehen wird.

Eine Bindung der Mitgliedstaaten an Art. 14 Abs. 2 besteht ebenfalls nicht, weil es sich beim Schulrecht nicht um die Durchführung des EU-Rechts im Sinne von Art. 51 Abs. 1 der Charta handelt. Die Mitgliedstaaten könnten daher ohne Verstoß gegen Art. 14 Abs. 2 etwa für Reiche ein Pflichtschulentgelt einführen, wenn dies mit ihrer *eigenen* Grundrechtsordnung vereinbar wäre. Art. 14 Abs. 2 der Charta dürfte also derzeit leerlaufen.

Die spannende Frage ist, ob der EuGH solche leerlaufenden EU-Grundrechte akzeptieren würde. Es spricht einiges dafür, dass der EuGH geneigt sein könnte, über die extensive Auslegung des Begriffs „Durchführung" in Art. 51 Abs. 1 EU-GRCh

9 Zum Nachfolgenden *Lindner,* EU-Grundrechtscharta und gemeinschaftsrechtlicher Kompetenzvorbehalt, DÖV 2000, S. 543 ff.

zu einer Bindung der Mitgliedstaaten an sämtliche EU-Grundrechte zu gelangen. Damit wäre der EU-rechtliche Kompetenzvorbehalt zumindest teilweise „geknackt".

Dass diese Vermutung nicht aus der Luft gegriffen ist, zeigt insbesondere die aktuelle Rechtsprechung des EuGH zur Bindung der Mitgliedstaaten an die EU-Grundrechtecharta. Zur Interpretation des Begriffs „Durchführung des EU-Rechts" – nur in diesem Rahmen sind die Mitgliedstaaten an die EU-Grundrechte gebunden – hat der EuGH sage und schreibe sechs verschiedene Interpretationen angeboten:

Einmal setzt er Durchführung des EU-Rechts mit dessen „Anwendungsbereich"[10] (1) gleich, dann wieder mit dem „Geltungsbereich"[11] (2). Davon abweichend spricht er von „unionsrechtlich geregelten Fallgestaltungen"[12] (3), dann wieder davon, ob eine Fallgestaltung vom Unionsrecht *erfasst* wird[13] (4) (was etwas völlig anderes ist). Dann stellt der EuGH wieder darauf ab, ob die EU für einen bestimmten Bereich „spezielle"[14] (5) Zuständigkeiten habe. Und schließlich wird Durchführung bejaht, wenn es eine Regelung des Unionsrechts gibt, die für diesen Bereich „spezifisch ist oder ihn beeinflussen kann"[15] (6).

Ein solches Potpourri ist nicht nur dogmatisch unbefriedigend, es eröffnet dem EuGH letztlich die Möglichkeit, die europäische Kompetenzordnung zu relativieren: Da jeder Politikbereich unter *irgendeinem* Aspekt in den Anwendungs- oder Geltungsbereich des EU-Rechts fällt, könnte der EuGH letztlich jegliche mitgliedstaatliche Regelung an den EU-Grundrechten prüfen. Das mag man nicht für problematisch halten, weil ja die EU-Grundrechte nur einen Mindeststandard verbürgen, über den die mitgliedstaatlichen Grundrechtsordnungen, etwa die des Grundgesetzes, hinausgehen könnten.

Dieses Gegenargument verkennt indes die in der Realität so häufigen multipolaren Grundrechtskonflikte. In solchen Konstellationen hätte es der EuGH in der Hand, durch eine starke Betonung von Schutz-, Leistungs- und Teilhabegehalten der EU-Grundrechte mitgliedstaatliche Regelungen zu verwerfen, obwohl der EU für den entsprechenden Politikbereich keine Regelungs- und Gestaltungskompetenz zukommt.

---

10 *EuGH*, NJW 2013, S. 1415 ff. (Tz. 20) – „Fransson". Dazu unter anderem *Dannecker*, Anmerkung, JZ 2013, S. 616 ff.; *Hoffmann/Kollmar*, Anmerkung, DVBl. 2013, S. 717 ff.; *Streinz*, Unbegrenzte Geltung der EU-Grundrechtecharta? NVwZ-Editorial 7/2013; *Jarass*, „Solange" ins Gegenteil verkehren? NJW-Editorial 14/2013; *Thym*, Die Reichweite der EU-Grundrechtecharta – zu viel Grundrechtsschutz? NVwZ 2013, S. 889 ff. m.w.N.

11 *EuGH*, NJW 2013, S. 1415 ff. (Tz. 19, 21).

12 *EuGH*, NJW 2013, S. 1415 ff. (Tz. 19).

13 *EuGH*, NJW 2013, S. 1415 ff. (Tz. 22).

14 *EuGH*, NJW 2013, S. 29 ff. (Tz. 180) – „ESM".

15 *EuGH*, NVwZ 2013, S. 357 ff. (Tz. 79).

Es ist daher nicht verwunderlich, dass das Bundesverfassungsgericht kürzlich in seinem Urteil zur Antiterrordatei den EuGH kritisiert und vor einem „ultra-vires“-Verständnis des Art. 51 Abs. 1 S. 1 der Charta gewarnt hat.[16]

Das Spannungsverhältnis zwischen dem Kompetenzvorbehalt in Art. 51 Abs. 2 der Charta und der Bindung der Mitgliedstaaten in Art. 51 Abs. 1 der Charta wird das „Kooperationsverhältnis“ zwischen EuGH und BVerfG nachhaltig prägen. Das Problem sollte politisch durch eine Klarstellung in Art. 51 Abs. 1 entschärft werden.

E. Dekonstruktion staatlicher Politik durch europäische Grundrechte

Damit zum dritten Aspekt, nämlich der Dekonstruktion staatlicher Politik durch europäische Grundrechte: Dieser Aspekt betrifft in erster Linie die EMRK. Es passiert immer häufiger, dass politische Grundentscheidungen oder politisch gewollte rechtliche Institute in den Konventionsstaaten durch die EMRK in Frage gestellt, gewissermaßen dekonstruiert werden. Dabei sind zwei Fallgruppen zu unterscheiden:

a) Zunächst sind Dekonstruktionstendenzen durch den EGMR zu beobachten. Dessen Rechtsprechung bringt mitunter politisch bislang gewollte Regelungen auch in Deutschland zum Wanken. Stichwortartig zu nennen ist die Sicherungsverwahrung[17] oder der polizeirechtliche Unterbindungsgewahrsam.[18] Eine derartige Dekonstruktion ist in manchen Fällen durchaus zu begrüßen, insbesondere bei der Sicherungsverwahrung hat sich die kritische Rechtsprechung des EGMR zum deutschen Recht durchaus als im Ergebnis segensreich erwiesen.[19]

   Allerdings ist sich der EGMR selbst der politischen Sprengkraft solcher Entscheidungen bewusst. Er lässt daher in jüngeren Urteilen eine gewisse Sensibilität, eine Art self-restraint erkennen. Zu nennen sind etwa die Entscheidungen zum Verbot der Eizellspende[20] oder im Bereich der Tötung auf Verlangen,[21] in denen der EGMR klar den politischen Entscheidungsspielraum der Konventionsstaaten betont hat. Ingesamt befindet sich der EGMR derzeit auf einer Gratwanderung zwischen Dekonstruktion und Selbstrücknahme. Die dazu notwendige Balance gelingt dem EGMR aber durchaus.

---

16 *BVerfG,* NJW 2013, S. 1499 ff. (Tz. 91); zum diesbezüglichen Konflikt zwischen BVerfG und EuGH s. *Thym* (Fn. 10).

17 *EGMR,* NJW 2010, S. 2495 ff.

18 *EGMR,* EuGRZ 2012, S. 141 ff.; dazu *Renzikowski/Schmidt-De Caluve,* Menschenrechtliche Grenzen des polizeilichen Unterbindungsgewahrsams, JZ 2013, S. 289 ff.; *Heinemann,* Zur Vereinbarkeit von Präventivhaft mit Art. 5 EMRK, DVBl. 2012, S. 1467 ff.

19 *BVerfG,* NJW 2012, S. 3357 ff.

20 *EGMR,* NJW 2012, S. 207 ff.

21 *EGMR,* Entsch. v. 19.7.2012, 497/09, DÖV 2012, S. 774.

b) Dies gilt nicht für eine andere Konstellation, die als Dekonstruktion durch präventive politische Unterwerfung unter eine vermutete Rechtsprechung des EGMR bezeichnet werden kann. Politisch interessierte Kreise nehmen die EMRK oder eine unterstellte oder vermutete Rechtsprechung des EGMR zum Anlass, politisch unerwünschte Entscheidungen oder gar Verfassungsprinzipien in ihrem Staat als EMRK-widrig zu diskreditieren. Ein aktuelles Beispiel in Deutschland ist das jüngst heftig in die Diskussion geratene Streikverbot für Beamte.[22] Dass Beamte nicht streiken dürfen, gehört zur Kategorie der verfassungsrechtlichen Selbstverständlichkeiten in Deutschland.[23] Am 21.4.2009 hat der EGMR entschieden, dass Art. 11 Abs. 2 der EMRK einem Streikverbot für den gesamten öffentlichen Dienst in der Türkei entgegenstehe.[24] Es ist daraufhin in Deutschland eine heftige Diskussion um das Beamtenstreikverbot ausgebrochen.[25] Und dies, obwohl die Entscheidung des EGMR das deutsche Beamtenstreikverbot gar nicht betrifft und die genannte Entscheidung auf das deutsche Recht auch gar nicht ohne weiteres übertragbar ist.

Erstaunlich ist daher, dass in rechtswissenschaftlichen Stellungnahmen vorauseilend das Ende des deutschen Beamtenstreikverbots infolge der EMRK verkündet wird.[26] Es ist interessant zu beobachten, mit welcher geradezu unterwürfiger Energie versucht wird, die EMRK-Widrigkeit des deutschen Beamtenstreikverbots bereits als entschieden erscheinen zu lassen, obwohl sich der genannten Entscheidung des EGMR zum türkischen Recht insoweit kaum tragfähige Gesichtspunkte für die Rechtslage in Deutschland entnehmen lassen. Es bleibt letztlich abzuwarten, wie sich der EGMR wirklich zum deutschen Beamtenstreikverbot verhalten wird. Die politische Dekonstruktion dieses Verfassungsinstituts in Deutschland durch die präventive Unterwerfung unter eine vermutete Rechtsprechung des EGMR könnte sich insoweit durchaus auch als self-fulfilling prophecy und damit politisch erfolgreich erweisen.

Solchen Dekonstruktionen durch präventive politische Unterwerfung unter eine vermutete Rechtsprechung des EGMR ist politisch entgegenzutreten. Auch dies ist eine Aufgabe europäischer Grundrechtspolitik.

---

22 Vgl. dazu *Lindner,* Dürfen Beamte doch streiken? DÖV 2011, S. 305 ff.; *Traulsen,* Das Beamtenstreikverbot zwischen Menschenrechtskonvention und Grundgesetz, JZ 2013, S. 65 ff. m.w.N.; *Kersten,* Neues Arbeitskampfrecht, 2012, S. 7 ff.

23 *BVerfGE* 119, 247 (unter C.I.2.a).

24 *EGMR* Nr. 68959/01, NZA 2010, S. 1423.

25 Nachweise bei *Traulsen* (Fn. 22).

26 So insbes. *Niedobitek,* ZBR 2010, S. 361 ff./368; *Gooren,* ZBR 2011, S. 400 ff.; *Polakiewicz/Kessler,* NVwZ 2012, S. 841 ff.

Oğuz Şimşek

Verfassungsbeschwerde im türkischen Recht

A. Allgemeines

Die Verfassungsbeschwerde wird als eine Institution des Verfassungsrechts in vielen demokratischen Staaten angenommen (z. B. in Deutschland, Österreich, Spanien, usw.)[1] und dient dem Schutz der Grundrechte in einem Rechtsstaat.[2] Diese ist ein Rechtsweg mit dem der Grundrechtsträger seine Grundrechte vor dem Verfassungsgericht schützen kann.

Die Verfassungsbeschwerde ist eine neue gesetzliche Institution im türkischen Recht. Sie wurde im Jahre 2010 durch eine Verfassungsänderung[3] ins türkische Recht aufgenommen. Die Grundprinzipien der Verfassungsbeschwerde befinden sich in der türkischen Verfassung (TV) (Art. 148).[4] Die Einzelheiten der Verfassungsbeschwerde werden im Gesetz zur Gründung und Verfahrensarten des Verfassungsgerichts (Verfassungsgerichtsgesetz, VerfGG) mit der Nummer 6216 geregelt. Das Verfassungsgerichtsgesetz wurde vom türkischen Parlament (TBMM) nach der Verfassungsänderung am 30.3.2011 verabschiedet. Obwohl das Verfassungsgerichtsgesetz mit seiner Veröffentlichung im Amtlichen Blatt am 3.4.2011 in Kraft trat (Art. 76 Abs. 1 a VerfGG), traten die Bestimmungen des Gesetzes über die Verfassungsbeschwerde (Art. 45–51 VerfGG) erst ab dem 23.9.2012 in Kraft (Art. 76 Abs. 1 a VerfGG).[5]

Das türkische Verfassungsgericht besteht aus 17 Mitgliedern und arbeitet in einem Plenum und zwei Abteilungen (Art. 149 TV). Die Abteilungen sind unter dem Vorsitz des Vizepräsidenten des Gerichts und bestehen aus sieben Mitgliedern. Sie

---

1 Vgl. *Gören*, Anayasa Hukuku, Ankara 2011, S. 292 ff. (Abk: Anayasa Hukuku); *Gören*, Bireysel Başvuru, Türk Anayasa Yargısında, Ankara 2013, S. 8 ff.; *Sağlam*, Anayasa Şikayeti Kurumunun Türk Hukukuna Kazandırılması ile İlgili Sorunlar ve Çözüm Olanakları, in: Anayasa Yargısı İncelemeleri-1, Mehmet Turhan/Hikmet Tülen (Hg.), Ankara 2006, S. 101 ff.; *Özbey*, Türk Hukukunda Anayasa Mahkemesine Bireysel Başvuru Hakkı, Ankara 2012, S. 100 ff.; *Gözler*, Anayasa Hukukunun Genel Esasları, Bursa 2013, S. 461; *Tunç*, Karşılaştırmalı Anayasa Yargısı, Ankara 1997, S. 41 ff.; *Kaboğlu*, Anayasa Hukuku Dersleri, İstanbul 2012, S. 344 ff.; *Özbudun*, Türk Anayasa Hukuku, Ankara 2013, S. 404; *Demir*, Anayasa Hukuku, İzmir 2012, S. 483; *Göztepe*, Anayasa Şikayeti, Ankara 1998, S. 26 ff.

2 Siehe *Göztepe*, S. 20 ff.; Für die Funktionen der Verfassungsbeschwerde siehe auch: *Şirin*, Türkiye'de Anayasa Şikayeti (Bireysel Başvuru), İstanbul 2013, S. 65 ff.

3 Gesetz mit der Nummer 5982, siehe: http://www.tbmm.gov.tr/docs/5982.pdf.

4 Siehe zur inoffiziellen deutschen Übersetzung der türkischen Verfassung, http://www.tuerkei-recht.de/downloads/verfassung.pdf.

5 http://www.resmigazete.gov.tr/eskiler/2011/04/20110403.htm.

sind zuständig für die Entscheidung von Verfassungsbeschwerden. Die Abteilungen treten unter dem Vorsitz des Vizepräsidenten mit Teilnahme von vier Mitgliedern zusammen. (Art. 149 Abs. 1 TV; Art. 2 Abs. 1 ç VerfGG; Art. 3 Abs. 1 ğ VerfGGO). Die Kommissionen bestehen aus zwei Mitgliedern. Die Zulässigkeitsprüfung der Verfassungsbeschwerde wird von den Kommissionen durchgeführt (Art. 2 Abs. 1 g VerfGG; Art. 3 Abs. 1 p VerfGGO).

B. Grundzüge der Verfassungsbeschwerde

In der Verfassung werden die Grundrisse der Verfassungsbeschwerde geregelt (Art. 148). Danach kann jeder mit der Behauptung das Verfassungsgericht anrufen, dass eines der durch die Verfassung geschützten Grundrechte und Grundfreiheiten, die auch unter die Europäische Menschenrechtskonvention fallen, durch die öffentliche Gewalt verletzt worden sei. Voraussetzung für den Antrag ist allerdings die Ausschöpfung der ordentlichen Rechtswege (Art. 148 Abs. 3 TV). Die Prüfung der Verfassungsbeschwerde umfasst nicht die Gegenstände, die im ordentlichen Rechtsweg zu prüfen wären (Art. 148 Abs. 4 TV).[6]

Verfahren und Grundsätze der Verfassungsbeschwerde werden durch Gesetz zur Gründung und Verfahrensarten des Verfassungsgerichts (VerfGG) mit der Nummer 6216[7] geregelt (Art. 148 Abs. 5 TV). Weitere Bestimmungen der Verfassungsbeschwerde finden sich in der Geschäftsordnung des Verfassungsgerichts (VerfGGO).[8]

Das Recht auf Verfassungsbeschwerde ist gesetzlich parallel zum Art. 148 TV in Art. 45 VerfGG als ein Recht verankert.[9] Danach kann jeder mit der Behauptung, in einem seiner in der Verfassung sowie in der EMRK mit ihren von der Türkei ratifizierten Zusatzprotokollen garantierten Grundrechten und -freiheiten durch die öffentliche Gewalt verletzt worden zu sein, vor dem Verfassungsgericht eine Verfassungsbeschwerde erheben (Art. 45 Abs. 1 VerfGG).

Vor der Verfassungsbeschwerde müssen alle gesetzlich vorgesehenen verwaltungsrechtlichen und gerichtlichen Rechtswege ausgeschöpft werden (Art. 45 Abs. 2 VerfGG).

Gegenstand der Verfassungsbeschwerde sind alle staatlichen Akte. Nach dem Gesetz können aber die verwaltungsrechtlichen normativen Akte[10] und Gesetzgebungsakte[11] keine Gegenstände der Verfassungsbeschwerde sein. Auch gegen die

6 Siehe auch: http://www.tuerkei-recht.de/downloads/verfassung.pdf.
7 http://www.resmigazete.gov.tr/eskiler/2011/04/20110403.htm.
8 Geschäftsordnung des Verfassungsgerichts, siehe: http://www.anayasa.gov.tr/files/bireysel_basvuru/ic_tuzuk.pdf.
9 Der Titel des Art. 45 VerfGG ist „Das Recht auf Verfassungsbeschwerde".
10 Z.B. Verordnungen, Verordnungen mit Gesetzeskraft.
11 Z.B. Gesetze, Parlamentsbeschlüsse.

von der Verfassung außer der gerichtlichen Kontrolle erlassenen Akte kann keine Verfassungsbeschwerde erhoben werden (Art. 45 Abs. 3 VerfGG).[12]

Jeder kann als Grundrechtsträger die Verfassungsbeschwerde erheben.[13] Die Verfassungsbeschwerde steht denjenigen Personen zu, deren aktuelle und persönliche Rechte durch die Akte, Handlungen oder Vernachlässigungen der öffentlichen Gewalt betroffen sind (Art. 46 Abs. 2 VerfGG). Durch die Voraussetzung der eigenen Betroffenheit wird die Popularklage ausgeschlossen.[14] Juristische Personen des öffentlichen Rechts haben kein Recht auf Verfassungsbeschwerde (Art. 46 Abs. 2 VerfGG). Es ist offensichtlich, dass die staatlichen Stellen Adressaten des Schutzes der Grundrechte sind. Juristische Personen des Privatrechts können dagegen mit der Behauptung eine Verfassungsbeschwerde erheben, durch die öffentliche Gewalt in ihrem die juristische Persönlichkeit betreffenden Grundrecht verletzt worden zu sein (Art. 46 Abs. 2 VerfGG). In diesem Sinne können juristische Personen des Privatrechts zum Schutz der Grundrechte ihrer Mitglieder keine Verfassungsbeschwerde erheben.[15]

Auch Ausländer haben das Recht auf die Verfassungsbeschwerde. Sie können aber in Bezug auf diejenigen Grundrechte, die nur türkischen Staatsangehörigen garantiert werden, keine Verfassungsbeschwerde erheben (Art. 46 Abs. 3 VerfGG).[16] Die von der Verfassung für „Jedermann" garantierten Grundrechte können auch von den Ausländern im Wege der Verfassungsbeschwerde eingeklagt werden.[17]

Nach den gesetzlichen Bestimmungen können nur diejenigen Grundrechte Gegenstand der Verfassungsbeschwerde sein, die gleichzeitig in der Verfassung und in der EMRK enthalten sind (Art. 148 Abs. 3 TV, Art. 45). Beide Voraussetzungen müssen zusammen erfüllt werden. Wenn ein Grundrecht sowohl in der Verfassung als auch in der EMRK oder in ihren Zusatzprotokollen garantiert wird, kann dieses Grundrecht durch die Verfassungsbeschwerde vor dem Verfassungsgericht

---

12 Z.B. die Akte, die im Rahmen des parlamentarischen Regierungssystems vom Staatspräsident selbst, bzw. ohne Teilnahme des Ministerpräsident und Ministerrates erlassen werden dürfen (Art. 125 Abs. 2 TV).

13 Art. 148 Abs. 3 TV; Art. 46 VerfGG.

14 Siehe: *Epping*, Grundrechte, Berlin Heidelberg 2012, Rn. 183 ff.

15 Siehe auch, *Ekinci*, Hüseyin/*Sağlam*, Musa, 66 Soruda Anayasa Mahkemesine Bireysel Başvuru, Ankara 2012, S. 15 ff.

16 Die Grundrechte, die unter dem Titel „Politische Grundrechte" zwischen Art. 66–74 TV garantiert sind, stehen grundsätzlich nur den türkischen Staatsangehörigen zu: z.B. das Wahlrecht, das Recht auf politische Parteien (Art. 67 TV) usw.

17 Z.B. das Recht auf Leben, Folterverbot, Verbot der unmenschlichen Behandlung und Strafe (Art. 17 TV); das Recht auf Freiheit und Sicherheit der Person (Art. 19), Schutz des Privat- und Familienlebens (Art. 20), Unverletzlichkeit der Wohnung (Art. 21 TV), Schutz der Kommunikation (Art. 22 TV); Meinungsfreiheit (Art. 25 TV), Meinungsäußerungsfreiheit (Art. 26 TV), das Recht auf fairen Prozess (Art. 36 TV), prozessrechtliche Grundrechte bzw. Grundsätze in Bezug auf Straftaten und Strafen (Art. 38 TV), Schutz der Grundrechte und Freiheiten (Art. 40 TV) usw.; siehe auch *Ekinci/Sağlam*, S. 14 ff.

eingeklagt werden. Aus diesem Grund können die in der EMRK nicht garantierten Grundrechte (z. B. soziale und ökonomische Grundrechte) durch eine Verfassungsbeschwerde nicht geschützt werden.[18] In diesem Rahmen sind grundsätzlich sog. klassische Grundrechte in beiden Dokumenten (in der EMRK einschließlich ihrer von der Türkei ratifizierten Zusatzprotokolle als auch in der Verfassung) garantiert.[19]

Das Gesetz sieht prozessuale Voraussetzungen für die Verfassungsbeschwerde vor (Art. 47 VerfGG). Die Verfassungsbeschwerden, die die gesetzlich vorgesehenen Voraussetzungen erfüllen, können unmittelbar beim Verfassungsgericht eingereicht werden. Der Beschwerdeantrag kann auch durch allgemeine Gerichte oder ausländische Vertretungen der Türkischen Republik gestellt werden (Art. 47 Abs. 1 VerfGG).

Die Verfassungsbeschwerde kann durch die Ausfüllung eines in Art. 59 VerfGG vorgesehenen Formulars oder durch die Einreichung eines Antrags erhoben werden.[20] Der Antrag der Verfassungsbeschwerde muss jedoch grundsätzlich folgende Informationen enthalten:

- Name und Anschrift des Beschwerdeführers/ der Beschwerdeführerin und seines/ ihres Vertreters bzw. seiner/ ihrer Vertreterin
- Das Grundrecht, dessen Verletzung durch die öffentliche Gewalt behauptet wird
- Die Begründung der Verletzung und betreffende Verfassungsbestimmungen
- Informationen über die Erschöpfung der Rechtswege
- Zeitpunkt der Kenntnisnahme der Verletzung, falls gegen öffentliche Akte kein Rechtsweg vorhanden ist
- Wenn ein Schaden vorhanden ist, Bezeichnung des Schadens
- Beweise
- Die öffentlichen Akte oder deren Muster, die die Verletzung verursacht haben
- Bescheinigung über die Zahlung der Beschwerdegebühr,[21] da die Verfassungsbeschwerde die Zahlung einer Gebühr erfordert (Art. 47 Abs. 2 VerfGG);
- Die Vollmacht des Rechtsanwalts/der Rechtsanwältin[22]

Die Verfassungsbeschwerde kann in der gesetzlich vorgesehenen Frist erhoben werden. Die Verfassungsbeschwerde ist innerhalb von dreißig Tagen nach Erschöpfung der gesetzlichen Rechtswege zu erheben. Wenn alle gesetzlichen Rechtswege gegen den öffentlichen Akt abgeschlossen sind, beginnt die Beschwerdefrist ab

---

18 Die sozialen und ökonomischen Grundrechte sind zwischen Art. 41–65 TV geregelt.

19 Siehe auch *Aydın*, Türk Anayasa Yargısında Yeni Bir Mekanizma: Anayasa Mahkemesine Bireysel Başvuru, Gazi Üniversitesi Hukuk Fakültesi Dergisi, C.XV, Y.2011, Sa. 4, S. 127 ff.

20 Das Formular der Verfassungsbeschwerde, das in Art. 59 VerfGGO vorgesehen wird, wird am Ende des Vortrags als Anhang angegeben; das Beschwerdeformular ist auch auf der Webseite des Verfassungsgerichts zu erreichen und auszufüllen. Siehe dazu: http://www.anayasa.gov.tr/files/bireysel_basvuru/b_b.pdf; siehe auch, *Ekinci/ Sağlam*, S. 17 ff.; *Aydın*, S. 154 ff.

21 Siehe, Art. 47 Abs. 3 VerfGG; Art. 59 VerfGGO.

22 Art. 47 Abs. 4 VerfGG; Art. 59 VerfGGO.

Kenntnisnahme der Verletzung und endet nach dreißig Tagen (Art. 47 Abs. 5 VerfGG). Die Personen, die die Verfassungsbeschwerde mit einer begründeten Ausrede nicht fristgemäß erheben konnten, können innerhalb von fünfzehn Tagen ab dem Ende der Ausrede mit diesbezüglichen Beweisen eine Verfassungsbeschwerde erheben. In diesem Fall prüft das Verfassungsgericht zunächst, ob es sich um eine gültige Ausrede handelt (Art. 47 Abs. 5 VerfGG).[23]

Die Zulässigkeitsentscheidung für eine Verfassungsbeschwerde kann nur für diejenigen Verfassungsbeschwerden getroffen werden, die die gem. Art. 45–47 VerfGG vorgesehenen und oben grundsätzlich erklärten Voraussetzungen erfüllt haben. Die Zulässigkeitsprüfung der Verfassungsbeschwerde wird durch die aus zwei Verfassungsgerichtsmitgliedern bestehende Kommission durchgeführt (Art. 2 Abs. 1 g VerfGG; Art. 3 Abs. 1 p VerfGGO). Wenn die Verfassungsbeschwerde im Hinblick auf die Durchsetzung oder Auslegung der Verfassung oder Feststellung der Tragweite und Schranken der Grundrechte keine verfassungsrechtliche Wichtigkeit hat und der Beschwerdeführer keinen Schaden erlitten hat, kann das Gericht die Unzulässigkeitsentscheidung treffen. Das gilt auch für Fälle in denen die Verfassungsbeschwerde offensichtlich keine Begründung enthält (Art. 48 Abs. 2 VerfGG).

Die Unzulässigkeitsentscheidung kann durch die Kommission nur einstimmig getroffen werden. Die Entscheidung über die Unzulässigkeit der Verfassungsbeschwerde ist rechtskräftig und gegen diese Entscheidung ist kein Rechtsweg offen. Wenn es sich in der Kommission um keine Einstimmigkeit handelt, entscheiden die Abteilungen über die Zulässigkeit der Verfassungsbeschwerde (Art. 48 Abs. 3 VerfGG).

Nach der Zulässigkeitsentscheidung der Kommission wird die materielle Prüfung der Verfassungsbeschwerde durch die Abteilungen des Verfassungsgerichts vorgenommen (Art. 49 Abs. 1 VerfGG). Wenn die Kommission sich für die Zulässigkeit der Verfassungsbeschwerde entschieden hat, wird ein Exemplar der Beschwerde zur Stellungnahme dem Justizministerium übermittelt. Das Justizministerium kann dem Verfassungsgericht eine schriftliche Stellungnahme über die Verfassungsbeschwerde abgeben (Art. 49 Abs. 2 VerfGG).

Die Kommissionen und Abteilungen können alle notwendigen Untersuchungen über die Verfassungsbeschwerde vornehmen. Die Verfassungsbeschwerde wird in der Regel ohne Verhandlung geprüft. Das Gericht kann zum Schutz der Grundrechte des Beschwerdeführers alle notwendige Maßnahmen treffen (Art. 49 Abs. 3, 4, 5 VerfGG). Die Untersuchung der Abteilungen bei der Verfassungsbeschwerde ist nur damit begrenzt, ob es sich um eine Verletzung eines Grundrechts des Beschwerdeführers

23 Wenn es um Mängel in den Unterlagen der Verfassungsbeschwerde geht, kann der Beschwerdeführer in fünfzehn Tagen diese Mängel ergänzen. Im Falle der Nichtergänzung der Mängel wird die Beschwerde vom Gericht abgelehnt (Art. 47 Abs. 6 VerfGG).

handelt und wie die Verletzung beseitigt werden kann (Art. 49 Abs. 6). Das zeigt auch, dass die Verfassungsbeschwerde kein zusätzliches Revisionsmittel ist.[24]

Nach der materiellen Prüfung der Verfassungsbeschwerde sind zweierlei Entscheidungen zu treffen: Verletzung oder Nichtverletzung des Grundrechts. Falls das Gericht eine Entscheidung über die Verletzung des Grundrechts trifft, entscheidet es auch, was gemacht werden muss, um die Grundrechtsverletzung zu beseitigen. Das Gericht darf keine Opportunitätsprüfung durchführen und keine Entscheidung im Sinne eines Verwaltungsakts treffen (Art. 50 Abs. 1 VerfGG). Falls die Grundrechtsverletzung aus einem Gerichtsurteil entstanden ist, ist die Feststellung der Grundrechtsverletzung ein Grund für die Wiederaufnahme des Verfahrens. In diesem Fall werden die Akten dem betreffenden Gericht zurückgeschickt. Wenn es sich bei der Wiederaufnahme des Verfahrens um kein rechtliches Interesse des Beschwerdeführers handelt, kann das Verfassungsgericht im Interesse des Beschwerdeführers eine Entscheidung über die Entschädigung treffen oder darauf hinweisen, dass der Beschwerdeführer hierzu vor allgemeinen Gerichten eine Klage erheben kann. Das Gericht, das zur Wiederaufnahme des Verfahrens zuständig ist, trifft eine Entscheidung, die die Ergebnisse der in der Entscheidung des Verfassungsgerichts festgestellten Verletzung beseitigt (Art. 50 Abs. 2).

Die Entscheidungen der Abteilungen über die Verfassungsbeschwerde werden mit ihren Begründungen dem Justizministerium zugestellt. Diese Entscheidungen werden auch auf der Webseite des Verfassungsgerichts[25] veröffentlicht (Art. 50 Abs. 3 VerfGG).[26] Die von dem Vorsitzenden festgestellten Entscheidungen der Abteilung, die Pilotentscheidungen oder die Entscheidungen, die für die Rechtsprechung des Gerichts von prinzipieller Bedeutung sind, werden auch im Amtlichen Blatt veröffentlicht (Art. 81 Abs. 5 VerfGG).

Wenn die Abteilungen feststellen, dass die Verfassungsbeschwerde aus einem strukturellen Problem entsteht und dieses Problem auch andere Verfassungsbeschwerden verursacht, können die Abteilungen auch eine sog. Pilotentscheidung treffen. In diesem Fall werden ähnliche Probleme von den Verwaltungsbehörden im Rahmen der Prinzipien der Pilotentscheidung gelöst. Falls die Verwaltungsbehörden keine Lösung finden können, trifft das Gericht dafür sämtliche Entscheidungen (Art. 75 Abs. 1 VerfGG). In der Pilotentscheidung weist das Gericht auch darauf hin, woraus das strukturelle Problem entsteht und welche Maßnahmen zur Lösung dieses strukturellen Problems getroffen werden müssen (Art. 75 Abs. 1 VerfGG).[27]

---

24 Siehe auch, *Kılınç*, Karşılaştırmalı Anayasa Yargısında Bireysel Başvuru (Anayasa Şikayeti) Kurumu ve Türkiye Açısından Uygulanabilirliği, Anayasa Yargısı 25 (2008), S. 25 ff., (http://www.anayasa.gov.tr/files/pdf/anayasa_yargisi/bahadir_kilinc.pdf).

25 www.anayasa.gov.tr.

26 Siehe: http://www.anayasa.gov.tr/Kararlar/KararlarBilgiBankasi/; http://www.anayasa.gov.tr/Kararlar/BireyselBasvuru/index.html.

27 Siehe auch, *Tanör/Yüzbaşıoğlu*, 1982 Anayasasına Göre Türk Anayasa Hukuku, İstanbul 2012, S. 525.

Wenn der Beschwerdeführer sein Recht auf Verfassungsbeschwerde missbraucht, kann das Gericht außer den Gerichtskosten auch eine disziplinäre Geldstrafe bis 2000 TL verhängen (Art. 51 VerfGG).

C. Fazit

Der Schutz der Grundrechte ist zunächst die Aufgabe der staatlichen Behörden. Wenn ein Grundrecht durch öffentliche Gewalt verletzt wird und das Individuum alle gesetzlich vorgesehenen Rechtswege erschöpft hat, hat es das Recht auf Verfassungsbeschwerde vor dem Verfassungsgericht. Die Aufnahme der Verfassungsbeschwerde in das türkische Recht ist ein positiver Schritt zum Schutz der Grundrechte und zur Verwirklichung des Rechtsstaatsprinzips. Im türkischen Recht werden insbesondere diejenigen Grundrechte durch die Verfassungsbeschwerde geschützt, die in der Verfassung und in der EMRK garantiert sind. Deshalb ist die Verfassungsbeschwerde ein Teil des nationalen Rechtsschutzsystems geworden. Infolgedessen muss der Einzelne das innerstaatliche Rechtsmittel der Verfassungsbeschwerde vor dem Verfassungsgericht erheben, bevor er eine individuelle Beschwerde beim Europäischen Gerichtshof für Menschenrechte erhebt. Die Erweiterung der Verfassungsbeschwerde auf diejenigen Grundrechte, die in der Verfassung geschützt sind, aber nicht in der EMRK und in ihren Protokollen garantiert sind[28] (z.B. soziale und ökonomische Grundrechte), würde auch dem Schutz der Grundrechte und -freiheiten des Individuums und dem sozialen Rechtsstaatsprinzip der Verfassung (Art. 2 TV) dienen. Die die Grundrechte schützende Praxis des Verfassungsgerichts bei der Verfassungsbeschwerde wird auch die Effektivität der Verfassungsbeschwerde erhöhen.

28 Vgl. auch *Gören*, Anayasa Hukuku, S. 302; *Tanör/Yüzbaşıoğlu*, S. 523.

Anhang

Antragsformular für eine Verfassungsbeschwerde:[29]

I– Persönliche Informationen

A–Für Natürliche Personen

Für den Beschwerdeführer/die Beschwerdeführerin
1– Staatsangehörigkeitsnummer:
2– Vorname:
3– Nachname:
4– Geschlecht: Männlich - Weiblich
5– Staatsangehörigkeit:
6– Beruf:
7– Geburtsort und Geburtsdatum:
8– Anschrift:
9– Telefonnummer und E-Mail:
a– Privat:
b– Beruflich:
c– Mobiltelefon:
ç- E-Mail:

Für den Rechtsanwalt/die Rechtsanwältin
1– Vorname:
2– Nachname:
3– Anschrift:
4– Telefonnummer und E-Mail:
a– Privat:
b– Beruflich:
c– Mobiltelefon
ç- E-Mail:

B- Für Juristische Personen
1– Titel des Beschwerdeführers/ Titel der Beschwerdeführerin:
2– Anschrift des Beschwerdeführers/ Anschrift der Beschwerdeführerin:

Für den zuständigen Vertreter/ für die zuständige Vertreterin:
1– Staatsangehörigkeitsnummer:
2– Vorname:
3– Nachname:
4– Staatsangehörigkeit:
5– Beruf:
6– Geburtsort und Geburtsdatum:

---

29 Gemäß Art. 59 der Geschäftsordnung des Verfassungsgerichts, siehe: http://www.anayasa.gov.tr/files/bireysel_basvuru/b_b.pdf.

7– Anschrift:
8– Telefonnummer und E-Mail:
  a– Privat:
  b– Beruflich:
  c– Mobiltelefon:
  ç- E-Mail:

II– Erklärungen
  A- Die chronologische Zusammenfassung der öffentlichen Akte oder Vernachlässigung, die die Verletzung verursacht hat:
  B- Wesentliche Erklärungen über die verletzten Grundrechte, Verletzungsgründe und diesbezügliche Rechtsgründe sowie Beweise im Rahmen der Verfassungsbeschwerde:
  C- Erklärung des Beschwerdeführers/ der Beschwerdeführerin über die unmittelbare Verletzung seines/ ihres Grundrechts:

III–Informationen über die Erschöpfung der Rechtswege
  A–Erklärungen über die Phasen der Erschöpfung der Rechtswege:
  B–Datum der Erschöpfung der Rechtswege oder Zeitpunkt der Kenntnisnahme der Verletzung, falls kein Rechtsweg vorhanden ist.
    1– Gericht/Behörde/Stelle, die Die Entscheidung Getroffen Hat
    2– Datum und Nummer der Entscheidung:
    3– Datum der Zustellung und Kenntnisnahme:
  C–Falls der Beschwerdeführer/die Beschwerdeführerin fristgemäss nicht die Beschwerde erheben konnte, diesbezügliche Erklärungen:
    1– Gründe der Ausrede
    2– Anfang und Beendigung der Ausrede
    3– Dokumente über die Ausrede

IV–Andere Informationen
  A–Falls der Beschwerdeführer/die Beschwerdeführerin einen anderen anhängigen Antrag beim Verfassungsgericht hat, die Nummer dieser Beschwerde:
  B–Forderung des Beschwerdeführers/der Beschwerdeführerin nach der Geheimhaltung seiner/ihrer persönlichen Daten in den öffentlich zugänglichen Dokumenten:
    1– Er/Sie hat eine Forderung
    2– Er/Sie hat keine Forderung

Begründung:
V–Ergebnis und Ansprüche

Beschwerdeführer/ Beschwerdeführerin   Vertreter/ Rechtsanwalt
Datum:
Unterschrift:

Matthias Rossi*

Nationale Identität in der Europäischen Union – Skizze eines Schutzes in drei Schritten

A. Einleitung und normative Bestandsaufnahme

Die Bedeutung der nationalen Identität der Mitgliedstaaten der Europäischen Union lässt sich aus verschiedenen Blickwinkeln betrachten. Praktisch war und ist sie Voraussetzung für die Gründung der Europäischen Union, für die Einbindung in eine supranationale Gemeinschaft, deren autonom bestimmtes Recht das nationale Recht der Mitgliedstaaten zu verdrängen vermag. Denn kein Mitgliedstaat und vor allem kein Volk eines Mitgliedstaats wollte und will sich durch die Mitgliedschaft in der Europäischen Union selbst aufgeben, will seine eigene Identität in der Europäischen Union verlieren. Auch (staats-)theoretisch ist die nationale Identität Kennzeichen und Voraussetzung von Föderationen und Verbünden und maßgebliches Kriterium zur Unterscheidung von Zentral- und Einheitsstaaten. Normativ muss sich diese besondere Bedeutung der nationalen Identität freilich nicht unbedingt spiegeln, wie etwa das Grundgesetz zeigt: Zwar verhält es sich nicht explizit zu einer wie auch immer definierten Identität der Bundesländer, doch setzt es sie, wie insbesondere sein Zustandekommen nach Maßgabe des Art. 144 Abs. 1 GG zeigt, ebenso voraus wie es sie durch verschiedene Gewährleistungen schützt: durch die Anerkennung einer grundsätzlichen Verfassungsautonomie in Art. 28 Abs. 1 GG oder durch die grundsätzliche Zuständigkeitsvermutung zu Gunsten der Länder in Bezug auf alle drei Gewalten in Art. 30 GG, Art. 70 Abs. 1 GG, Art. 83 GG und Art. 92 GG beispielsweise.

Vor diesem Hintergrund überrascht es, in wie vielen Bestimmungen der Europäischen Verträge die nationale Identität der Mitgliedstaaten explizit oder implizit thematisiert wird, wie eine normative Bestandsaufnahme zeigt.

I. Identitätsklausel

Die zentrale Vorschrift zur nationalen Identität der Mitgliedstaaten findet sich in Art. 4 Abs. 2 EUV. Sie sticht durch ihren Wortlaut, ihre systematische Stellung im ersten Titel des EUV sowie vor allem auch durch ihre Entstehungsgeschichte gegenüber anderen Vorschriften hervor. Als Identitätsklausel[1] oder zentrales

---

* Für hilfreiche Zuarbeit danke ich meiner Mitarbeiterin *Milena Wolff*, LL.M. Der Beitrag ist erstveröffentlicht in Bezzenberger/Gruber/Rohlfing-Dijoux (Hg.), Die deutsch-französischen Rechtsbeziehungen, Europa und die Welt. Liber amicorum Otmar Seul, Baden-Baden 2014.

1 So *Streinz*, in: ders. (Hg.), EUV/AEUV, 2. Aufl. 2012, Art. 4 EUV, Rn. 11.

Achtungsgebot[2] bezeichnet und eingebettet in die Feststellung, dass der EU nicht übertragene Zuständigkeiten bei den Mitgliedstaaten verbleiben,[3] bestimmt die Vorschrift:

> *„Die Union achtet die Gleichheit der Mitgliedstaaten vor den Verträgen und ihre jeweilige nationale Identität, die in ihren grundlegenden politischen und verfassungsmäßigen Strukturen einschließlich der regionalen und lokalen Selbstverwaltung zum Ausdruck kommt. Sie achtet die grundlegenden Funktionen des Staates, insbesondere die Wahrung der territorialen Unversehrtheit, die Aufrechterhaltung der öffentlichen Ordnung und den Schutz der nationalen Sicherheit. Insbesondere die nationale Sicherheit fällt weiterhin in die alleinige Verantwortung der einzelnen Mitgliedstaaten."*

Von besonderer Bedeutung innerhalb dieser recht langen Klausel ist der Begriff der „nationalen Identität". Er fand erstmals mit der Gründung der Europäischen Union durch den Vertrag von Maastricht Eingang in das Primärrecht. Damals bestimmte Art. F Abs. 1 Hs. 1 EUV noch schlicht: „Die Union achtet die nationale Identität ihrer Mitgliedstaaten." Dieser Wortlaut wurde in den Verträgen von Amsterdam und Nizza beibehalten.[4]

Der Vorentwurf des Verfassungsvertrags aus dem Jahr 2002 bezog sich auf eine Union europäischer Staaten „unter Wahrung ihrer nationalen Identität".[5] Der Entwurf des Konventspräsidiums vom Februar 2003 sah die Übernahme des Achtungsgebots vor.[6] Daneben sollte der Begriff der nationalen Identität durch eine weitere Vorschrift präzisiert werden, welche den Bezug zur „verfassungsrechtlichen Struktur" sowie zur „Organisation der staatlichen Behörden auf nationaler, regionaler und kommunaler Ebene" hervorhob.[7] Im Konventsentwurf vom Juni 2003 wurden beide Vorschriften in Art. I-5 Abs. 1 S. 1 zusammengefügt.[8] Art. I-5 Abs. 1 S. 2 enthielt ein weiteres Achtungsgebot bzgl. der „grundlegenden Funktionen des Staates".

---

2 So *Puttler*, in: Calliess/Ruffert (Hg.), EUV/AEUV, 4. Aufl. 2011, Rn. 11.

3 Eine Feststellung, die angesichts des sogar in Bezug genommenen Art. 5 EUV ebenso klarstellend wie überflüssig ist.

4 Art. 6 Abs. 3 EUV.

5 Art. 1, Vorentwurf v. 28.10.2002, CONV 369/02.

6 Art. 1 Abs. 2, Entwurf der Art. 1 bis 16 des Verfassungsvertrages v. 06.02.2003, CONV 528/03.

7 Art. 9 Abs. VI, Entwurf der Art. 1 bis 16 des Verfassungsvertrages v. 06.02.2003, CONV 528/03: „Die Union achtet die nationale Identität ihrer Mitgliedstaaten, die mit deren grundlegenden Struktur und den wesentlichen Aufgaben eines Staates – insbesondere seiner politischen und verfassungsrechtlichen Struktur einschließlich der Organisation der staatlichen Behörden auf nationaler, regionaler und kommunaler Ebene – zusammenhängt."

8 Art. I-5 Abs. 1 S. 1, Konventsentwurf v. 13.06/10.07.2003, CONV 850/03: „Die Union achtet die nationale Identität der Mitgliedstaaten, die in deren grundlegender politischer und verfassungsrechtlicher Struktur einschließlich der regionalen und kommunalen Selbstverwaltung zum Ausdruck kommt."

Art. I-5 Abs. 1 VVE entsprach im Wesentlichen dem Konventsentwurf. Die Vorschrift wurde lediglich um ein zusätzliches Achtungsgebot („Gleichheit der Mitgliedstaaten") ergänzt.[9] Der Wortlaut des Art. I-5 Abs. 1 VVE wurde mit nur geringen Änderungen in den Vertrag von Lissabon übernommen. Nunmehr ist das Achtungsgebot in Art. 4 Abs. 2 EUV verankert und nur leicht modifiziert: Statt von „verfassungsrechtlichen" spricht der Text nun von „verfassungsmäßigen Strukturen", geschützt wird an Stelle der „kommunalen" nun die „lokale" Selbstverwaltung. Schließlich wurde der Satz 3 hinzu gefügt, wonach die nationale Sicherheit „weiterhin in die alleinige Verantwortung der einzelnen Mitgliedstaaten" fällt.

II. Weitere Normen

Über diese allgemeine und zugleich besonders relevante Vorschrift hinaus findet sich in den Verträgen eine überraschend große Zahl weiterer Normen, in denen der nationalen Identität der Mitgliedstaaten oder doch jedenfalls Teilaspekten Rechnung getragen wird.

- Schon die kurze Präambel des EUV spricht von *„der Achtung der Geschichte, der Kultur und der Traditionen der Völker"*.
- Im Kontext mit den allgemeinen Zielen der EU hält Art. 3 Abs. 3 UAbs. 4 EUV fest, dass die EU *den Reichtum der kulturellen und sprachlichen Vielfalt der Mitgliedstaaten wahrt und für den Schutz und die Entwicklung des kulturellen Erbes Europas sorgt.*
- Weiter tragen die Union und die Mitgliedstaaten nach Art. 13 AEUV bei der Festlegung und Durchführung der Politik zwar dem Tierschutz in vollem Umfang Rechnung, *berücksichtigen hierbei aber auch die Gepflogenheiten der Mitgliedstaaten insbesondere in Bezug auf religiöse Riten, kulturelle Traditionen und das regionale Erbe.*
- Art. 36 AEUV benennt das *„nationale Kulturgut von künstlerischem, geschichtlichem oder archäologischem Wert"* als Rechtfertigungsgrund für Beschränkungen der Warenverkehrsfreiheit.
- Art. 165 Abs. 1 AEUV, der der Union eine Unterstützungskompetenz im Bereich der Bildung einräumt, betont die Pflicht der Union zur Beachtung der *„Vielfalt der Kulturen und Sprachen"* der Mitgliedstaaten.

---

9 Art. I-5 Abs. 1 VVE, ABl. 2004, C 310/1: „Die Union achtet die Gleichheit der Mitgliedstaaten vor der Verfassung sowie die nationale Identität der Mitgliedstaaten, die in deren grundlegender politischer und verfassungsrechtlicher Struktur einschließlich der regionalen und kommunalen Selbstverwaltung zum Ausdruck kommt. Sie achtet die grundlegenden Funktionen des Staates, insbesondere die Wahrung der territorialen Unversehrtheit, die Aufrechterhaltung der öffentlichen Ordnung und den Schutz der nationalen Sicherheit."

- Auch Art. 167 AEUV, der der EU Koordinierungs-, Ergänzungs- und Unterstützungskompetenzen im Bereich der Kultur einräumt,[10] betont explizit noch einmal *„die Wahrung der nationalen und regionalen Vielfalt in den Mitgliedstaaten"*, hebt aber auch das gemeinsame kulturelle Erbe hervor. In diesem Zusammenhang benennt die Vorschrift das Ziel, *„die Kenntnis und Verbreitung der Kultur und Geschichte der europäischen Völker"* (im Plural!) zu verbessern. Explizit wird die Kompetenz der Union noch einmal auf die *„Wahrung und Förderung der Vielfalt ihrer Kulturen"* verpflichtet (Art. 167 Abs. 3 AEUV).
- Zusammen mit der Übertragung von – wenn auch nur koordinierenden, unterstützenden und ergänzenden – Kompetenzen im Bereich der Kultur auf die EU ist eine weitere Ermessensausnahme vom grundsätzlichen Beihilfenverbot in den AEUV aufgenommen worden. Nach Art. 107 Abs. 3 lit. d AEUV können *„Beihilfen zur Förderung der Kultur und der Erhaltung des kulturellen Erbes mit dem Binnenmarkt als vereinbar angesehen werden, soweit sie die Handels- und Wettbewerbsbedingungen in der Union nicht in einem Maß beeinträchtigen, das dem gemeinsamen Interesse zuwiderläuft"*.
- Eine besondere Vorschrift, eine „exception culturelle",[11] findet sich sodann in Art. 207 Abs. 4 UAbs. 3 lit. a AEUV. Während Handelsverträge grundsätzlich nur der qualifizierten Mehrheit im Rat bedürfen, verlangt diese Bestimmung Einstimmigkeit, wenn solche Verträge *„die kulturelle und sprachliche Vielfalt in der Union"* beeinträchtigen könnten. Jedem Mitgliedstaat kommt insofern ein Veto-Recht zu.
- Weiterhin hält das Protokoll Nr. 26 über Dienste von allgemeinem Interesse i.S.d. Art. 14 AEUV fest, dass zu den gemeinsamen Werten der Union in Bezug auf diese Dienste auch *„die Vielfalt der jeweiligen Dienstleistungen von allgemeinem wirtschaftlichem Interesse und die Unterschiede bei den Bedürfnissen und Präferenzen der Nutzer, die aus unterschiedlichen geografischen, sozialen oder kulturellen Gegebenheiten folgen können, zählen."*
- Und in der Erklärung zu Artikel 55 Absatz 2 des Vertrags über die Europäische Union heißt es: *„Die Konferenz ist der Auffassung, dass die Möglichkeit der Erstellung von Übersetzungen der Verträge in den Sprachen nach Artikel 55 Absatz 2 zur Verwirklichung des Ziels beiträgt, den Reichtum der kulturellen und sprachlichen Vielfalt der Union im Sinne von Artikel 3 Absatz 3 Unterabsatz 4 zu wahren. Sie bekräftigt diesbezüglich, dass die Union großen Wert auf die kulturelle Vielfalt Europas legt und diesen und anderen Sprachen weiterhin besondere Bedeutung beimessen wird."*
- Schließlich finden sich auch in der Grundrechtecharta Anerkennungen der nationalen Identität. Bereits die Präambel betont, dass *„die Union zur Erhaltung und zur Entwicklung dieser gemeinsamen Werte unter Achtung der Vielfalt der Kulturen und Traditionen der Völker Europas sowie der nationalen Identität der*

10 Vgl. insofern auch Art. 2 Abs. 5 u. Art. 6 lit. c AEUV.
11 *Hahn*, in: Calliess/Ruffert (Hg.); EUV/AEUV, 4. Aufl. 2011, Art. 207 AEUV, Rn. 107.

Mitgliedstaaten und der Organisation ihrer staatlichen Gewalt auf nationaler, regionaler und lokaler Ebene beiträgt.“

- Zuletzt bekräftigt Art. 22 GRCh als eher objektiv relevantes denn subjektiv wirkendes Grundrecht, dass *die Union die Vielfalt der Kulturen, Religionen und Sprachen achtet.*

III. Funktionale Differenzierung

Angesichts dieser Vielfalt an Normen, die sich in einem engen oder weiten Sinne zur nationalen Identität der Mitgliedstaaten innerhalb der Europäischen Union verhalten, verbietet sich eine einheitliche oder gar vereinheitlichende Betrachtung der rechtlichen Bedeutung der einzelnen Normen. Gleichwohl soll im Rahmen dieses Beitrag eine Typisierung vorgenommen und dabei vor allem das Bewusstsein dafür geschärft werden, dass die nationale Identität der Mitgliedstaaten auf drei Arten geschützt bzw. geachtet wird: Die nationale Identität wirkt zum einen als abstrakte Kompetenzübertragungsgrenze (II.), zum anderen als Steuerung und Schranke der konkrete Kompetenzausübung (III.) und schließlich – praktisch vielleicht am bedeutsamsten – als Rechtfertigungsgrund für das Abweichen von kompetenzgerecht erlassenem Unionsrecht (IV.).

B. Nationale Identität als Kompetenzübertragungsgrenze

Als Grenze für die Übertragung von Kompetenzen der Mitgliedstaaten auf die Europäische Union ist die nationale Identität vor allem vom Bundesverfassungsgericht thematisiert worden. In dieser Funktion scheint sie insofern nationalrechtlich, weniger hingegen europarechtlich verankert zu sein.

Zwar lässt sich auch die allgemeine Identitätsklausel des Art. 4 Abs. 2 EUV als Kompetenzübertragungsschranke begreifen, steht sie doch in systematischem Zusammenhang mit der das Prinzip der begrenzten Einzelermächtigung ergänzenden Zuständigkeitsvermutung für die Mitgliedstaaten in Art. 4 Abs. 1 EUV und wird sie doch insbesondere auch ergänzt um den Satz 3, dass „die nationale Sicherheit weiterhin in die alleinige Verantwortung der einzelnen Mitgliedstaaten fällt“. Doch ungeachtet der genauen Bedeutung dieser Bestimmungen[12] genügt dieser systematische Zusammenhang noch nicht, um aus dem Achtungsgebot eine abstrakte Kompetenzübertragungsschranke herauszulesen. Zudem wären Grenzen einer Kompetenzübertragung im Primärrecht ohnehin falsch verortet. Denn hier können sie allenfalls noch deklaratorische Bedeutung erlangen, nicht hingegen konstitutiv diejenige Kompetenzübertragung verhindern, die durch die Ratifizierung der Verträge bereits stattgefunden hat.

---

12 Vgl. bspw. *v. Bogdandy/Schill*, in: Grabitz/Hilf/Nettesheim, Das Recht der Europäischen Union, Stand: 50. EL 2013, Art. 4 EUV Rn. 2: „kein über Art. 1 Abs. 1 EUV und Art. 5 EUV hinausgehender rechtlicher Gehalt.“

Auch die anderen genannten Normen, in denen die nationale Identität der Mitgliedstaaten bzw. deren Teilaspekte thematisiert werden, lassen sich nicht als absolute Schranke einer Kompetenzübertragung verstehen. Wohl betreffen sie Angelegenheiten, die bereits von Verfassungs wegen nicht oder jedenfalls nicht vollständig in die Zuständigkeit der Europäischen Union und ihrer Organe gegeben werden sollten. Doch sind sie weder dem Wortlaut noch ihrer Intention nach als hinreichend bestimmte Normen formuliert, deren Missachtung ein Handeln der Europäischen Union in den Bereich ultra vires verweisen würde.

Insofern führt die nationale Identität der Mitgliedstaaten als absolute Grenze einer Kompetenzübertragung auf verfassungsrechtliches Terrain, das jedenfalls in und für Deutschland maßgeblich durch das Bundesverfassungsgericht beackert worden ist. Schon in der Solange-I-Entscheidung aus dem Jahr 1974 mahnte das Gericht, dass die Übertragung von Hoheitsrechten auf eine zwischenstaatliche Einrichtung nicht dazu führen dürfe, „*die Grundstruktur der Verfassung, auf der ihre Identität beruht, ohne Verfassungsänderung, nämlich durch die Gesetzgebung der zwischenstaatlichen Einrichtung zu ändern.*"[13] Noch deutlicher wird der Zusammenhang zwischen der geschriebenen Verfassung des Staates auf der einen Seite und seiner Identität auf der anderen Seite im Lissabon-Urteil aus dem Jahre 2009. Hier heißt es im Leitsatz 4:

> „[...] *Darüber hinaus prüft das Bundesverfassungsgericht, ob der unantastbare Kerngehalt der Verfassungsidentität des Grundgesetzes nach Art. 23 Abs. 1 Satz 3 in Verbindung mit Art. 79 Abs. 3 GG gewahrt ist. Die Ausübung dieser verfassungsrechtlich radizierten Prüfungskompetenz folgt dem Grundsatz der Europarechtsfreundlichkeit des Grundgesetzes, und sie widerspricht deshalb auch nicht dem Grundsatz der loyalen Zusammenarbeit (Art. 4 III EUV-Lissabon); anders können die von Art. 4 Abs. 2 Satz 1 EUV-Lissabon anerkannten grundlegenden politischen und verfassungsmäßigen Strukturen souveräner Mitgliedstaaten bei fortschreitender Integration nicht gewahrt werden. Insoweit gehen die verfassungs- und die unionsrechtliche Gewährleistung der nationalen Verfassungsidentität im europäischen Rechtsraum Hand in Hand.*"[14]

Und auch im Urteil zum Europäischen Stabilitätsmechanismus vom 12.9.2012 hält das Bundesverfassungsgericht fest:

> *„Eine notwendige Bedingung für die Sicherung politischer Freiräume im Sinn des Identitätskerns der Verfassung (Art. 20 I und II, Art. 79 III GG) besteht darin, dass der Haushaltsgesetzgeber seine Entscheidungen über Einnahmen und Ausgaben frei von Fremdbestimmung seitens der Organe und anderer Mitgliedstaaten der Europäischen Union trifft und dauerhaft „Herr seiner Entschlüsse" bleibt (vgl. BVerfGE 129, 124 (179 f.)).*"[15]

Nun kann und soll in diesem kleinen Rahmen nicht die Diskussion nachvollzogen und weitergeführt werden, die im Anschluss an die genannten Entscheidungen in

13 BVerfGE 37, 271, 279.
14 BVerfGE 123, 267, 353 f.
15 BVerfG, Urt. v. 12.09.2012, 2 BvR 1390/12 u.a., Rn. 213.

Deutschland entbrannt ist.[16] Vielmehr soll allein betont werden, dass der Schutz der nationalen Identität auf einer ersten Stufe den Mitgliedstaaten selbst überlassen ist. Ob und inwieweit sie hinsichtlich der nationalen Identität überhaupt dispositionsbefugt sind, ist zuvörderst eine Frage des jeweiligen Verfassungsrechts und seiner verbindlichen Interpretation durch die jeweiligen Verfassungsgerichte.

C. Nationale Identität als Steuerung und Schranke der Kompetenzausübung

Erst auf einer zweiten Ebene kommt sodann das primäre Recht der Europäischen Union, kommen also die dargestellten Bestimmungen des EUV und des AEUV, allen voran Art. 4 Abs. 2 EUV, zum Tragen. Ihre Bedeutung liegt primär darin, die Ausübung der der EU übertragenen Kompetenzen zu steuern und ihr gegebenenfalls Grenzen zu setzen.

Als „Prolegomenon der Kompetenzordnung“[17] wirken sämtliche der genannten Vorschriften zunächst als Auslegungshilfe bzw. – stärker – als Auslegungsmaxime. Sie können die Wahrnehmung der der Union übertragenen Kompetenzen konstruktiv in eine bestimmte Richtung lenken oder gar destruktiv erheblich begrenzen. Sie flankieren in dieser Funktion das Prinzip der begrenzen Einzelermächtigung und schützen die Mitgliedstaaten vor einer schleichenden Aushöhlung der ihnen verbliebenen Zuständigkeiten. Zugleich tragen sie dem prinzipiellen Vorrang einer Harmonisierung vor einer Unitarisierung Rechnung, wenn sie bei allem Bestreben nach gleichen Marktbedingungen insbesondere die Bedeutung der kulturellen und sprachlichen Vielfalt hervorheben, die nicht nur für die einzelnen Mitgliedstaaten, sondern insgesamt auch für die Europäischen Union prägend sein dürfte.

Insbesondere für die in Art. 4 Abs. 2 EUV normierte Identitätsklausel ist die Bedeutung als „Kompetenzausübungsschranke“,[18] als „äußerste Grenze für ein Tätigwerden der Union“[19] anerkannt. Zum Teil wird sie als „föderales Grundrecht“ bezeichnet, das zusammen mit den anderen genannten Regelungen der Verträge als Rahmen und Grenze für die Vorschriften über die Zuständigkeiten der Union diene.[20] Derart grundrechtlich betrachtet, wird der Vorschrift „in Übertragung grundrechtlicher Lehren“ gar „eine Pflicht entnommen, Unionsmaßnahmen so zu gestalten, dass ausreichend Flexibilität für die Mitgliedstaaten besteht, um den von Art. 4

---

16 Vgl. dazu bspw. *Grimm*, Der Staat 48 (209), S. 457 ff.; *Jestedt*, Der Staat 48 (2009), S. 497 ff.; *Schönberger*, Der Staat 48 (2009), S. 535 ff.; *Thym*, Der Staat 48 (2009), S. 559 ff.; *Ohler*, AöR 135 (2010), S. 153 ff.; *Ruffert*, DVBl. 2009, S. 1197 ff.; *Calliess*, ZG 2010, S. 1 ff.

17 *Oppermann*, DVBl. 2003, 1165 (1170).

18 *Kahl*, in: Calliess/Ruffert (Hg.), EUV/AEUV, 4. Aufl. 2011, Art. 10 EGV, Rn. 72; *Vedder*, in: Vedder/Heintschel v. Heinegg (Hg.), Europäisches Unionsrecht, 2012, Art. 4 EUV, Rn. 16.

19 *Puttler*, in: Calliess/Ruffert (Hg.), EUV/AEUV, 4. Aufl. 2011, Art. 4 EUV, Rn. 22.

20 *Pernice*, AöR 136 (2011), 185 (187).

Abs. 2 EUV geschützten Gehalten Rechnung zu tragen".[21] Eine solche Auffassung führt freilich zu der Frage, ob die Vorschrift tatsächlich eine positive Verpflichtung der Union begründet, Mitgliedstaaten bei Gefährdung ihrer grundlegenden staatlichen Funktionen jenseits bestehender Beistandspflichten unterstützend zur Seite zu treten. Hier werden mit anderen Worten neue normative Anknüpfungspunkte für die vertragswidrige Umgehung des „bail-out-Verbots" des Art. 125 Abs. 1 AEUV gesucht, letztlich aber nicht gefunden. Denn wie bereits der Wortlaut zu erkennen gibt, kann Art. 4 Abs. 2 EUV nicht kompetenzbegründend zugunsten der Union wirken, was im Übrigen Art. 4 Abs. 1 EUV i.V.m. Art. 5 EUV klarstellt.[22] Überzeugender ist es deshalb, die Identitätsklausel von jeder grundrechtlichen Dogmatik freizuhalten und sie als Ausprägung des Grundsatzes der loyalen Zusammenarbeit zu verstehen,[23] was ihren weichen Charakter gut treffen dürfte.

Bildet namentlich Art. 4 Abs. 2 EUV somit ein Gegengewicht zur nicht unerheblichen Kompetenzausweitung der Union, führt dies dazu, dass der EuGH in einem Streit über Bestand und Auslegung der Kompetenzen der Union auch die Vorgaben des Art. 4 Abs. 2 EUV im Interesse der Mitgliedstaaten zu berücksichtigen hat.[24] Der Begriff der „nationalen Identität" i.S.d. Art. 4 Abs. 2 EUV unterliegt insoweit der Definitionsgewalt des EuGH, der sich freilich bislang nicht zu dem Terminus verhalten hat. Dies mag auch daran liegen, dass die Vorschrift ursprünglich nicht der Zuständigkeit des Gerichtshofes unterfiel.[25] Der grundsätzliche Widerspruch, der zwischen der europarechtlichen Form und dem nationalen Inhalt des Begriffs liegt, musste in der Vergangenheit deshalb nicht aufgelöst werden. Er ist indes lösbar, wie die sensible Rechtsprechung des EuGH zu Fragen zeigt, in denen Aspekte der nationalen Identität als Rechtfertigungsgrund für das Abweichen von Europarecht fungieren (siehe unten D.). Insofern ist der EuGH gut beraten, wenn er sich nicht auf eine allgemein gültige abstrakte Definition einlässt, sondern die Belange der nationalen Identität in einer sich entwickelnden Kasuistik von Fall zu Fall berücksichtigt.

Schwierigkeiten bereitet im Übrigen nicht nur die Frage, ob und unter welchen Voraussetzungen die Achtungspflicht durch die EU verletzt wird, sondern auch die Frage, welche Rechtsfolgen eine etwaige Verletzung nach sich zieht. Zum Teil wird angenommenen, dass die Verletzung des Achtungsgebots zur Rechtswidrigkeit des Unionsaktes führt.[26] Etwas vorsichtiger wird formuliert, dass jedenfalls eine unverhältnismäßige Beeinträchtigung eines Gehalts von Art. 4 II EUV einen Grund für die Rechtswidrigkeit der Unionsmaßnahme darstellen könne.[27] Einigkeit besteht darin, dass die Verletzung der Identitätsklausel jedenfalls dazu führt,

---

21 *V. Bogdandy/Schill*, ZaöRV 70 (2010), 701 (727).
22 *V. Bogdandy/Schill*, in: G/H/N, Art. 4 EUV, Rn. 37.
23 *Puttler*, in: Calliess/Ruffert (Hg.), EUV/AEUV, 4. Aufl. 2011, Art. 4 EUV, Rn. 10.
24 *Puttler*, in: Calliess/Ruffert (Hg.), EUV/AEUV, 4. Aufl. 2011, Art. 4 EUV, Rn. 22.
25 *V. Bogdandy/Schill*, ZaöRV 70 (2010), 701, 705 f.
26 *Hatje*, in: Schwarze, EU-Kommentar, Art. 4 EUV, Rn. 16.
27 *V. Bogdandy/Schill*, in: G/H/N, Art. 4 EUV, Rn. 34; *Hatje*, in: Schwarze, EU-Kommentar, Art. 4 EUV, Rn. 16.

dass die Mitgliedstaaten sich nicht für die Nichtbefolgung einer unionsrechtlichen Pflicht verantworten müssen:[28] Wenn die Europäische Union die Identitätsklausel missachtet, dann kann sie umgekehrt nicht von den Mitgliedstaaten die Einhaltung der Unionstreue verlangen.

Insgesamt erscheint die Berücksichtigung der nationalen Identität im Rahmen der Kompetenzausübung der Europäischen Union eine politisch zwar verständliche, rechtlich aber kaum handhabbare Stellschraube im ewigen Konflikt zwischen der europäischen Rechtsetzung und mitgliedstaatlichen Souveränitätsansprüchen. Gegenüber der Berücksichtigung der nationalen Identität auf der ersten Stufe der Kompetenzübertragung bietet sie zwar den Vorteil, die widerstreitenden Interessen von Fall zu Fall und insofern sehr viel moderater in einen Ausgleich bringen zu können. Gleichwohl birgt auch sie die Gefahr, dass einzelne Fälle zu prinzipiellen Fragen abstrahiert werden. Zudem evoziert sie zahlreiche Folgeprobleme, die hier längst nicht alle angesprochen sind. Welche Rechtsfolgen es etwa nach sich ziehen soll, wenn ein europäischer Rechtsakt nur in einem Mitgliedstaat Befindlichkeiten hinsichtlich seiner nationalen Identität trifft, ist bislang noch gar nicht erörtert worden. Den Schutz der nationalen Identität ausschließlich an der Kompetenzverteilung zwischen der Europäischen Union und ihren Mitgliedstaaten ansetzen zu lassen, könnte jedenfalls eine Hebelwirkung mit sich bringen, die ohne Not aus den Angeln hebt, was auch durch ein wenig Öl am Funktionieren gehalten werden kann.

D. Nationale Identität als Rechtfertigungsgrund

Als ein solches Öl kommt eine dritte Stufe in Betracht, auf der sich die nationale Identität in der Europäischen Union behaupten kann. Denn neben den skizzierten Auswirkungen auf die Kompetenzverteilung zwischen der Europäischen Union und ihren Mitgliedstaaten erlangt die nationale Identität der Mitgliedstaaten eine weitere rechtliche Bedeutung, die nach der Kompetenzübertragung und der Kompetenzausübung quasi an dritter Stelle eine Feinsteuerung zulässt: Sie wirkt als Rechtfertigungsgrund für das Abweichen von kompetenzgerecht erlassenem Unionsrecht. Besonders deutlich kommt diese Funktion in Art. 107 Abs. 3 lit. d AEUV zum Ausdruck, der die staatliche Kulturförderung im Ergebnis von dem strengen Beihilfenregime ausnimmt.[29] Auch Art. 36 AEUV, der das nationale Kulturgut weitgehend den Vorgaben der Warenverkehrsfreiheit entzieht, ist deutlich als Rechtfertigungsgrund zu charakterisieren. Doch über diese geschriebenen Ausnahmetatbestände hinaus können weitere Aspekte der nationalen Identität als Rechtfertigungsgrund für Eingriffe in das Unionsrecht fungieren, wie zahlreichen Entscheidungen des EuGH zu

28 *V. Bogdandy/Schill*, in: G/H/N, Art. 4 EUV, Rn. 34; *Hatje*, in: Schwarze, EU-Kommentar, Art. 4 EUV, Rn. 16; siehe hierzu auch EuGH, Urt. v. 01.03.2012, Rs. C-393/10 – *O'Brien*, Rn. 49 ff.

29 Zu Recht weist *Lenksi*, Öffentliches Kulturrecht, 2013, S. 157, allerdings auf die geringe praktische Bedeutung dieser Ausnahmebestimmung hin.

den Grundfreiheiten und auch zur allgemeinen Freizügigkeit der Unionsbürger zu entnehmen ist.

Zwar vermeidet es der EuGH in den meisten der nachfolgend skizzierten Entscheidungen, explizit von der nationalen Identität zu sprechen. Er stellt noch nicht einmal einen Bezug zur Identitätsklausel des Art. 4 Abs. 2 EUV her. Freilich darf nicht übersehen werden, dass diese Norm bis zum Inkrafttreten des Vertrags von Lissabon von der Jurisdiktion des EuGH ausgenommen war. Insofern ist es schon bemerkenswert, dass in allen Entscheidungen das Bestreben des Gerichtshofes erkennbar ist, Verfassungswerte der Mitgliedstaaten zu achten.[30] In Entscheidungen, die wie *Sayn-Wittgenstein*[31], *Runevič-Vardyn*[32] und *Las*[33] nach dem Inkrafttreten des Vertrags von Lissabon ergangen sind, thematisiert der EuGH die nationale Identität nun explizit.

I. Warenverkehrsfreiheit

Zur Warenverkehrsfreiheit seien drei Entscheidungen in Erinnerung gerufen, in denen der EuGH Aspekte der nationalen Identität der Mitgliedstaaten bemüht hat, um Eingriffe in die Grundfreiheit zu rechtfertigen.

In der Rechtssache *Familiapress*[34] ging es um eine Überprüfung des österreichischen UWG, das den Verkauf solcher Zeitschriften verbietet, die den Verbrauchern unentgeltliche Zugaben anbieten oder gewähren. Durch dieses Verbot sollen kleinere Verlage geschützt werden. Der EuGH erkannte in der UWG-Vorschrift zutreffend eine Beeinträchtigung der Warenverkehrsfreiheit, weil die Verlage inhaltliche Änderungen an ihren Zeitschriften vornehmen müssen, soweit sie für den österreichischen Markt bestimmt sind. Allerdings diene die UWG-Bestimmung der Aufrechterhaltung der Medienvielfalt, was ein zwingendes Erfordernis darstellen könne. Der EuGH überließ die Beurteilung der Verhältnismäßigkeit des Verbots deshalb den österreichischen Gerichten. Mag der Bezug der Medienvielfalt zur nationalen Identität der Mitgliedstaaten auch nicht auf den ersten Blick erkennbar sein, so wird er deutlich, wenn man sich vor Augen führt, dass der EuGH die Medienvielfalt nicht abstrakt als Rechtfertigungsgrund berücksichtigt hat, sondern sich explizit mit der Situation in Österreich befasst hat. Die Ausgestaltung der Medienkultur lässt

---

30 *V. Bogdandy/Schill*, ZaöRV 70 (2010), 701 (707 f.).

31 EuGH, Urt. v. 22.12.2010, Rs. C-208/09 – *Ilonka Sayn-Wittgenstein/Landeshauptmann von Wien*, Slg. 2010, I13693, Rn. 92.

32 EuGH, Urt. v. 12.05.2011, Rs. C-391/09 – *Runevi-Vardyn und Wardyn*, 2011, Slg. 2011, I-3787, Rn. 86 ff.

33 EuGH, Urt. v. 16.04.2013, Rs. C-202/11 – *Anton Las/PSA Antwerp NV*, noch nicht in amtl. Slg.

34 EuGH, Urt. v. 26.06.1997, Rs. C-368/95 – *Vereinigte Familiapress Zeitungsverlags- und vertriebs GmbH/Heinrich Bauer Verlag*, Slg. 1997, I-3689, Rn. 18; s.a. EuGH, Urt. v. 13.12.2007, Rs. C-250/06 – *United Pan-Europe Communications Belgium u.a.*, Slg. 2007, I-11135.

sich so durchaus als ein Aspekt der nationalen Identität begreifen, der zudem noch rechtlich, gar verfassungsrechtlich, fundiert ist, wie eine weitere Entscheidung zu Österreich zeigt.

In der Rechtssache *Schmidberger*[35] ging es um eine von einem privaten Umweltschutzverein organisierte Versammlung auf der Brenner-Autobahn, die eine 30-stündige Blockade des Verkehrs bewirkte. Die österreichischen Behörden duldeten die Versammlung. Auf die auf Schadenersatz gerichtete Klage des deutschen Transportunternehmens Schmidberger erkannte der EuGH in der Duldung der Blockade durch Österreich zwar eine Beschränkung der Warenverkehrsfreiheit. Allerdings stelle der Schutz der Meinungs- und Versammlungsfreiheit einen ungeschriebenen Rechtfertigungsgrund dar. Erneut räumte das Gericht den Mitgliedstaaten in Bezug auf die Verhältnismäßigkeitsprüfung deshalb ein weites Ermessen ein. Hier wird mit der Meinungs- und Versammlungsfreiheit nun nicht „nur" eine bestimmte Kultur, sondern sogar ein verfassungsrechtlich verbrieftes Recht in Bezug genommen. Zwar dürfte sich die Meinungs- und Versammlungsfreiheit unter die Werte des Art. 2 S. 1 EUV subsumieren lassen, die nach Art. 49 Abs. 1 S. 1 EUV auch von den Mitgliedstaaten zu achten sind. Insofern ließe sich fragen, ob hier tatsächlich Aspekte der nationalen Identität oder nicht vielmehr allgemeine Werte der Europäischen Union rechtfertigend wirken. Doch indem die Rechtssache eben wieder den mitgliedstaatlichen Gerichten überlassen wurde, zeigt der EuGH, dass dieser Streit unabhängig von unionsrechtlichen Vorgaben zu entscheiden ist.

Ähnlich verhält es sich bei der Entscheidung in der Rechtssache *Dynamic Medien.*[36] Hier vertrieb die Avides AG ausländische DVD im deutschen Versandhandel, die entgegen dem deutschen Jugendschutzgesetz (JuSchG) nicht von einer obersten Landesbehörde oder einer innerstaatlichen Organisation der freiwilligen Selbstkontrolle zum Zweck des Schutzes Minderjähriger geprüft und eingestuft wurden. Ein Konkurrent machte gegen die Avides AG einen Unterlassungsanspruch wegen Verstoßes gegen das JuSchG geltend. Der EuGH erkannte in den Bestimmungen des JuSchG zwar eine Beschränkung der Warenverkehrsfreiheit. Allerdings sei eine Rechtfertigung aus Gründen des Minderjährigenschutzes möglich. In Bezug auf das Schutzniveau sei den Mitgliedstaaten ein Ermessensspielraum einzuräumen.

II. Arbeitnehmerfreizügigkeit

Zur Arbeitnehmerfreizügigkeit sei die Entscheidung des EuGH in der Rechtssache *Las* rekapituliert.[37] Ein Dekret der Flämischen Gemeinschaft erklärte für Arbeitgeber mit Betriebssitz im niederländischen Sprachgebiet den Gebrauch der niederländischen Sprache bei der Abfassung von Arbeitsverträgen für verbindlich. Ein Verstoß gegen das Spracherfordernis begründete die Nichtigkeit des Arbeitsvertrags. Der EuGH

35 EuGH, Urt. v. 12.06.2003, Rs. C-112/00 – *Schmidberger*, Slg. 2003, I-5659, Rn. 71 ff.
36 EuGH, Urt. v. 14.02.2008, Rs. C-244/06 – *Dynamic Medien*, Slg. 2008, I-505.
37 EuGH, Urt. v. 16.04.2013, Rs. C-202/11 – Anton Las/PSA Antwerp NV, n.n.v., Rn. 26.

erkannte in dieser Regelung eine Beschränkung der Arbeitnehmerfreizügigkeit. Doch immerhin sei der Schutz der mitgliedstaatlichen Amtssprachen gemäß Art. 3 Abs. 3 UAbs. 4 EUV, Art. 22 GRCh und Art. 4 Abs. 2 AEUV ein zwingender Grund des Allgemeininteresses, der insofern rechtfertigend wirken könne. Im Ergebnis stufte der EuGH die Regelung zwar als unverhältnismäßig ein, doch zeigt auch diese Entscheidung, dass bestimmte Aspekte der nationalen Identität als zwingende Gründe des Allgemeininteresses rechtfertigende Wirkungen entfalten können.

III. Niederlassungsfreiheit

Auch zur Niederlassungsfreiheit lässt sich in der Entscheidung in der Rechtssache *Viking*[38] ein Aspekt nationaler Identität erkennen, der rechtfertigend wirkt. Die finnische Reederei Viking beabsichtigte aus wirtschaftlichen Gründen die Ausflaggung eines Fährschiffes nach Estland. Die finnische Gewerkschaft FSU sowie die International Transport Workers' Federation (ITF) leiteten gegen dieses Vorhaben Arbeitskampfmaßnahmen ein, was der EuGH zwar als eine Beeinträchtigung der Niederlassungsfreiheit von Viking einstufte, in der Koalitionsfreiheit aber einen ungeschriebenen Rechtfertigungsgrund erkannte. Die Verhältnismäßigkeitsprüfung wurde daher dem nationalen Gericht überlassen.

IV. Dienstleistungsfreiheit

Zur Dienstleistungsfreiheit seien zwei Entscheidungen hervorgehoben. In der Rechtssache *Omega*[39] ging es um einen von der Omega-GmbH betriebenen Laserdrom, in dem Spielteilnehmer mit Lasergeräten beschossen werden konnten. Die Ausrüstung bezog die GmbH von einem britischen Unternehmen, mit dem sie später auch einen Franchisevertrag einging. Die Stadt Bonn untersagte den Spielbetrieb, da die simulierten Tötungshandlungen eine Gefahr für die öffentliche Ordnung darstellten. Der EuGH stellte fest, dass diese Beschränkung der Dienstleistungsfreiheit aus Gründen der öffentlichen Ordnung gerechtfertigt werden könne. Hierbei sei den Mitgliedstaaten ein Beurteilungsspielraum einzuräumen. Es seien unterschiedliche Schutzniveaus in den Mitgliedstaaten anzuerkennen. Vorliegend sei die Beschränkung gerechtfertigt, da die Untersagung dem Schutz der Menschenwürde gemäß Art. 1 Abs. 1 GG diene.

In der Rechtssache *Laval*[40] wollte das gleichnamige lettische Unternehmen einen öffentlichen Bauauftrag in Schweden durch die Entsendung seiner in Lettland angestellten und sozialversicherten Bauarbeiter erfüllen. Schwedische Gewerkschaften blockierten die Baustelle, um Laval zum Abschluss eines Tarifvertrags auf schwedischem Lohnniveau zu bewegen. Dies stellte eine Beeinträchtigung der Dienstleistungsfreiheit

---

38 EuGH, Urt. v. 11.12.2007, Rs. C-438/05 – *International Transport Workers' Federation u.a./Viking Line ABP u.a.*, Slg. 2007, I-10779, Rn. 45 ff.; 75 ff.

39 EuGH, Urt. v. 14.10.2002, Rs. C-36/02 – *Omega*, Slg. 2002, I-9609, Rn. 33 ff.

40 EuGH, Urt. v. 18.12.2007, Rs. C-341/05 – *Laval*, Slg. 2007, I-11767, Rn. 87 ff.

dar. Der EuGH betonte unter Berücksichtigung der nationalen Verfassungen, dass die Koalitionsfreiheit einen ungeschriebenen Rechtfertigungsgrund darstelle. Im Ergebnis seien die Blockademaßnahmen jedoch nicht legitim.

V. Unionsbürgerrechtliche Freizügigkeit

Schließlich lassen sich auch zur allgemeinen Freizügigkeit der Unionsbürger zwei Entscheidungen finden, in denen Aspekte der nationalen Identität rechtfertigend wirken.

Die Entscheidung in der Rechtssache *Sayn-Wittgenstein*[41] betraf die Österreicherin Ilonka Sayn-Wittgenstein. Sie erhielt nach ihrer Adoption durch einen Deutschen den Geburtsnamen „Fürstin von Sayn-Wittgenstein“. Zunächst trugen die österreichischen Behörden diesen Namen in das Personenstandsregister ein. Fünfzehn Jahre später verweigerten sie jedoch unter Berufung auf das Adelsaufhebungsgesetz die Namensanerkennung, sodass Frau Sayn-Wittgenstein in Deutschland und Österreich unterschiedliche Nachnamen führen musste. Dies stellte nach Auffassung des EuGH zwar eine Beeinträchtigung ihres Freizügigkeitsrechts dar. Jedoch seien die republikanische Staatsform und ihr folgend das Adelsaufhebungsgesetz Bestandteile der nationalen Identität, was unter Berufung auf die öffentliche Ordnung als Rechtfertigungsgrund geltend gemacht werden könne. In Bezug auf den Begriff der öffentlichen Ordnung seien mitgliedstaatliche Beurteilungsspielräume anzuerkennen. Vorliegend sei auch der Verhältnismäßigkeitsgrundsatz gewahrt. Erstmals wird hier die nationale Identität expressis verbis herangezogen, um die rechtfertigende Wirkung zu begründen. Indem der EuGH die nationale Identität aber als Teilaspekt der öffentlichen Ordnung versteht, bemüht er sich, nicht neben den geschriebenen Ausnahmen einen weiteren Rechtfertigungstatbestand zu schaffen. Für die Praxis ist die Frage der exakten normativen Verortung oder dogmatischen Begründung freilich irrelevant.

Offen gelassen hat der EuGH die präzise Herleitung eines allgemeinen, aus der nationalen Identität abgeleiteten Rechtfertigungsgrundes denn auch in der Entscheidung *Runevič-Vardyn* und *Wardyn*.[42] Hier ging es um das Problem, dass Namen und Vornamen natürlicher Personen nach litauischem Recht in Personenstandsurkunden den Schreibregeln der offiziellen Landessprache entsprechen müssen. Infolgedessen verweigerte das Standesamt von Vilnius die Abänderung von Namen in einer Geburts- und Heiratsurkunde von der litauischen in die polnische Schreibweise. Der EuGH stellte zunächst Anforderungen für das Vorliegen einer Beeinträchtigung der Freizügigkeit auf. Er betonte sodann, dass der Schutz der offiziellen Landessprachen der Mitgliedstaaten Bestandteil der nationalen Identität sei, sodass es sich um einen

41 EuGH, Urt. v. 22.12.2010, Rs. C-208/09 – *Ilonka Sayn-Wittgenstein/Landeshauptmann von Wien*, Slg. 2010, I-13693, Rn. 92.

42 EuGH, Urt. v. 12.05.2011, Rs. C-391/09 – *Runevi-Vardyn und Wardyn*, 2011, Slg. 2011, I-3787, Rn. 86 ff.

ungeschriebenen Rechtfertigungsgrund handle. Die Verhältnismäßigkeitsprüfung wurde dem nationalen Gericht überlassen.

E. Fazit

So verständlich der Wunsch der Mitgliedstaaten nach Sicherung ihrer nationalen Identität im Rahmen einer immer tieferen Europäischen Integration und so deutlich die Zielsetzung der rechtlichen Verankerung dieses Schutzinteresses in den Verträgen auch ist, so schwer sind die entsprechenden Klauseln rechtlich doch handhabbar. In ihrer allgemeinen Bedeutung führen zahlreiche Vorschriften innerhalb der Verträge, allen voran (aber bei weitem nicht alleine) die Identitätsklausel in Art. 4 Abs. 2 EUV, zu einer Verzahnung der unionalen mit der mitgliedstaatlichen Rechtsordnung – eine Verzahnung, die institutionell gewendet eine entsprechende Kooperation auch der kontrollierenden Gerichte erfordert. Doch in der konkreten Anwendung können Auseinandersetzungen jedenfalls dann zu einer enormen Sprengwirkung führen, wenn sie abstrakt auf der Ebene der Kompetenzverteilung zwischen der Union und ihren Mitgliedstaaten geführt werden. Berücksichtigt man Aspekte der nationalen Identität hingegen weniger bei der Kompetenzübertragung und auch nicht so sehr bei der Kompetenzausübung, sondern versteht man sie vielmehr als Rechtfertigungsgründe für das Abweichen von kompetenzgerecht erlassenem Unionsrecht, dann führt dies zwar vielleicht zu einer gewissen Aufweichung des Anspruchs auf einheitliche Geltung des Unionsrechts, befreit aber von einem abstrakt-theoretischen Klärungsbedarf und bietet flexible Lösungen von Fall zu Fall. Die Berücksichtigung der nationalen Identität auf einer solchen dritten Stufe trägt darüber hinaus dem Umstand Rechnung, dass nicht stets ex ante bestimmbar ist, was die nationale Identität ausmacht. Denn sie ist erstens von Mitgliedstaat zu Mitgliedstaat verschieden und wird sich zweitens auch innerhalb eines Mitgliedstaates mit der Zeit ändern können. Entscheidend ist, dass die nationale Identität der Mitgliedstaaten nicht gegen eine weitgehende Homogenität innerhalb der Europäischen Union ausgespielt wird. Umgekehrt liegt der Schutz der nationalen Identität ihrer Mitgliedstaaten auch im Interesse der Union, denn die nationale Identität der Mitgliedstaaten ist Grund und Voraussetzung für die Identität der Europäischen Union.

Haci Can

Das türkische Ausländerrecht im EU-Harmonisierungsprozess – Das Gesetz über Ausländer und internationalen Schutz

A. Einleitung

Das türkische Ausländerrecht hat inzwischen eine grundlegende Wandlung erfahren. Es gewinnt zunehmend an Bedeutung in der türkischen Rechtsordnung. Im Rahmen des EU-Harmonisierungsprozesses wurden mehrere innerstaatliche Vorschriften geändert oder ganz neu erlassen. Zuletzt wurde am 4.4.2013 ein allgemeines Ausländergesetz („das Gesetz über Ausländer und internationalen Schutz“[1]) erlassen, das u. a. eine Verbesserung der Rechtsstellung von Ausländern bezweckt. Im Folgenden wird daher ein Überblick über dieses neue Ausländergesetz gegeben.

B. Gesetzgebungsverfahren des Gesetzes über Ausländer und internationalen Schutz

Um die Mängel im türkischen Ausländer- und Asylrecht zu beheben und der Tatsache Rechnung zu tragen, wurden in der Vergangenheit immer wieder Diskussionen geführt und Maßnahmen ergriffen. Um die Aufgabe in den Angelegenheiten zu übernehmen und zu koordinieren, wurde am 15.10.2008 im Innenministerium eine Abteilung für Zuwanderung und Asyl errichtet.

Nach langwierigen Diskussionen unter Leitung dieser Abteilung wurde Anfang des Jahres 2012 ein Entwurf zum neuen Ausländergesetz erstellt.[2] Am 3.5.2012 wurde dieser Gesetzesentwurf dem türkischen Parlament (Türkiye Büyük Millet Meclisi) vorgelegt und am 4.4.2013 vom türkischen Parlament verabschiedet. Daraufhin

1 Türkisches Amtsblatt, 11/4/2013 Nr. 28615. Siehe zur inoffiziellen deutschen Übersetzung des Gesetzes *Meray-Tümer*, Türkisches Ausländer-und internationales Schutzgesetz, ZAR Heft 8/2013, S. 308 ff.; *Ekşi*, Yabancılar ve Uluslararası Koruma Kanunu (Tasarısı), 2012 Istanbul, S. 1 ff., abrufbar unter http://www.zar.nomos.de/fileadmin/zar/doc/ZAR_13_Online.pdf.

2 Bei der Ausarbeitung des Gesetzesentwurfs durch die Leitung dieser Abteilung für Zuwanderung und Asyl wurden die Ansichten dazu vertreten, dass sich der internationale Schutz im Wesentlichen auf einen vorübergehenden Status beziehen und im Gesetz daher manche Maßnahmen zur Aufhebung bzw. Beendigung dieses Status vorgesehen werden sollten. In den Diskussionen wurde aber auch zum Ausdruck gebracht, dass dem Antragsteller und Personen mit internationalem Schutzstatus Rechtsberatung und -unterstützung eingeräumt und administrativer Gewahrsam gesetzlich geregelt werden sollten.

erfolgte die förmliche Verkündung des Gesetzes im türkischen Amtsblatt (Resmi Gazete) vom 11.4.2013. Weite Teile des Gesetzes treten in materiell- und verfahrensrechtlicher Art erst ab dem 11.4.2014 in Kraft.

C. Die Gründe für die Verabschiedung des Gesetzes über Ausländer und internationalen Schutz

Als Gründe für die Verabschiedung des Gesetzes sind im Allgemeinen zu benennen:

- Verändernde Lage im Bereich der Zuwanderung und damit einhergehender Reform- und Änderungsbedarf im gesetzlichen Rahmen.
- Erfüllung völkerrechtlicher Pflichten insbesondere im Bereich des Asyl- und Flüchtlingsrechts.
- Anpassung an die EU-Vorgaben im Raum der Freiheit, der Sicherheit und des Rechts.[3]

I. Verändernde Lage im Bereich der Zuwanderung und damit einhergehender Reform- und Änderungsbedarf

Die Türkei leidet zunehmend unter der illegalen Migration, weil sie in den letzten Jahren Zufluchtsland für Flüchtlinge und Asylbewerber, z. B. aus dem Irak, Iran, Afghanistan etc. geworden ist.[4] Die Zahl der Flüchtlinge, Asylsuchenden und Migranten erhöhte sich in drastischer Weise. Zurzeit genießen Tausende Rechtsschutz in der Türkei. So wurde im Jahr 2013 über 600.000 syrischen Flüchtlingen Rechtsschutz gewährt.[5] Es wird im Jahr 2014 mit einem Anstieg der syrischen

---

3 Übernahme des EU-Besitzstandes: Der EU-Beitritt ist an strenge Auflagen gebunden; denn neue Mitglieder sollen erst dann aufgenommen werden, wenn sie in der Lage sind, den Pflichten einer EU-Mitgliedschaft uneingeschränkt nachzukommen. Dazu gehört auch die Einhaltung aller EU-Normen und Vorschriften. Für die Zwecke der Beitrittsverhandlungen sind diese in 35 Politikfelder (Kapitel) unterteilt: die Bedingungen und der Zeitplan für die Übernahme, Umsetzung und Durchsetzung aller geltenden EU-Vorschriften (des *„Besitzstandes"*) durch das *Beitrittsland*. Diese Vorschriften sind in 35 verschiedene Politikbereiche (Kapitel) unterteilt, darunter Verkehr, Energie, Umwelt usw., die jeweils getrennt voneinander verhandelt werden. Die Türkei begann im Oktober 2005 mit den Beitrittsverhandlungen. Von 35 Kapiteln, die das Land abarbeiten muss, ist bisher nur eines abgeschlossen. Über 13 weitere verhandelt die Türkei mit der EU, wenn auch mit schwindender Motivation. Die restlichen Kapitel werden von Zypern und Frankreich blockiert.

4 Siehe zuletzt *Haase/Obergfell*, Türkei Migrationsprofil und migrationspolitische Entwicklungen, Working Paper 54, Bundesamt für Migration und Flüchtlinge 2013, S. 12 ff.

5 Im Jahr 2011 wurde 217.206 Personen in der Türkei eine Aufenthaltserlaubnis aus verschiedenen Gründen gewährt, einschließlich der Arbeit und Bildung. Im Jahr 2011 erreichte die Zahl der festgenommenen irregulären Migranten in der Türkei

Schutzsuchenden auf 1.000.000 gerechnet. Es wird ebenfalls vermutet, dass die Zahl der anderen Ausländer steigt.

Die verändernde Lage im Lande hat die traditionelle Auffassung, dass Zuwanderung auf Personen türkischer Abstammung und Kultur begrenzt sein sollte, in Frage gestellt. Denn es besteht nunmehr die Gefahr, dass große Probleme durch die irreguläre Zuwanderung auftreten könnten. Ausländerrechtliche Regelungen erwiesen sich nämlich in ihrer Tragweite nicht als ausreichend, um der illegalen und irregulären Einwanderung wirksam zu begegnen und bestehende Probleme zu lösen. Die Behörden standen deshalb vor großen Schwierigkeiten bei der Lösung dieser Probleme.

Ein anderer Grund hierfür war die fehlende aufenthaltsrechtliche Differenzierung zwischen verschiedenen Gruppen von Ausländern hinsichtlich des Aufenthaltszwecks. Folgerichtig mussten Neuregelungen getroffen werden. Das türkische Ausländerrecht wurde zwar schon mehrfach revidiert und durch eine Vielzahl von Verordnungen und Verwaltungsvorschriften ergänzt. Trotzdem gab es Probleme und Defizite bei der Lösung der Zuwanderungsprobleme. Angesichts dieser schwierigen Lage hat das Bedürfnis die Schwierigkeiten durch neue gesetzliche Grundlagen und Reformen der administrativen Strukturen anzugehen, die einer effektiven Bewältigung dieser Probleme entgegenstehen, Priorität erlangt. Daher erwies sich eine neue gesetzliche Grundlage als dringend notwendig[6].

44.415, was einen Anstieg von 26% im Vergleich zu den Zahlen von 2010 bedeutet. Die Zahl der festgenommenen irregulären Migranten zwischen dem 1.1.2012 und dem 1.7.2012 betrug 14.559. Die Anzahl der von türkischen Behörden abgeschobenen irregulären Migranten im Jahr 2011 war 26.889 und zwischen dem 1.1.2012 und 1.7.2012 waren es 4.739. Inzwischen belief sich die Zahl der Drittstaatsangehörigen in den EU-Mitgliedstaaten, die im Jahr 2011 durch Ordnungskräfte bei der Eingabe oder dem Versuch der illegalen Einreise in die EU erfasst wurden, und die direkt aus der Türkei oder im Transit durch das türkische Gebiet kamen, auf 55.630. Dies entspricht einem leichten Anstieg von 2% auf die Zahlen von 2010. Die türkischen Grenzen blieben auch in der ersten Hälfte des Jahres 2012 porös. In der Zeit zwischen dem 1.1.2012 und 15.7.2012 belief sich die Zahl der irregulären Migranten, die im Transit durch oder direkt aus der Türkei kamen und durch die EU Mitgliedstaaten abgefangen wurden, auf 25.944. Billige Arbeitskräfte sind in der Türkei gefragt. Menschen aus Bulgarien, Armenien und Georgien arbeiten vor allem als Hausangestellte, Babysitter und Krankenpfleger. Die Türkei nahm im Jahr 2000 etwa 9.900 Flüchtlinge und Asylsuchende auf. Diese Zahl beinhaltet rund 4.600 anerkannte Flüchtlinge, davon sind 3.405 Iraner, 1.106 Iraker und 130 Menschen aus anderen Ländern. Im selben Jahr gewährte die Regierung 940 Nichteuropäern vorübergehendes Asyl, von denen 838 Iraner und 92 Iraker waren. Am Jahresende waren 3.440 Asylanträge bei den türkischen Behörden anhängig, von denen der Hauptteil von Iranern (2.494) und Irakern (861) gestellt wurde. Siehe dazu Statistiken der Generaldirektion für Sicherheit der Republik Türkei (http://www.egm.gov.tr/Sayfalar/Yabanci-Islemleri.aspx).

6 Über die Notwendigkeit einer Reform des geltenden Ausländerrechts bestand weitgehend Einigkeit.

II. Erfüllung völkerrechtlicher Pflichten im Bereich des Asyl- Flüchtlingsrechts

Das Asyl- und Flüchtlingssystem der Türkei wird von verschiedenen Seiten immer wieder bemängelt. Danach bleibe die Türkei deutlich hinter den internationalen Anforderungen zurück.[7] Durchgeführte Reformen im Lande wurden zumeist als ungenügend befunden. Deshalb ist die Türkei gefordert, dringend ein faires und menschenwürdiges Asylsystem entsprechend der Vorgaben der Genfer Flüchtlingskonvention und anderer internationaler Vereinbarungen[8] einzuführen, d. h. das Rückschiebungsverbot zu achten, die willkürliche Inhaftierung von Flüchtlingen einzustellen und ihnen soziale Rechte zu gewähren.[9]

Die Türkei bemüht sich deshalb durch Reformen zunehmend darum, internationale Standards insbesondere auf dem Gebiet des Asyl- und Flüchtlingsrechts zu erreichen. In dieser Hinsicht kann das Gesetz über Ausländer und internationalen Schutz als ein weiterer Schritt zur Erfüllung von internationalen Verpflichtungen angesehen werden.

---

7 Denn die Türkei besaß weder ein Asylgesetz noch eine Asylbehörde. Die innerstaatliche Umsetzung der Genfer Flüchtlingabkommen erfolgte erst im Jahr 1994. Dafür wurde aber kein spezifisches Gesetz verabschiedet, das den Umgang mit Flüchtlingen und Asylsuchenden regelt. Stattdessen wurden lediglich Verwaltungsvorschriften erlassen, insbesondere die „Asylvorschriften" aus dem Jahre 1994, die 1999 umfassend geändert und mit einer 2006 erlassenen Umsetzungsanweisung noch einmal völlig neu interpretiert wurden. Das Fehlen eines Gesetzes schwächt den Schutz von Flüchtlingen und Asylsuchenden und schafft eine undurchschaubare Situation, da die Vorschriften jederzeit ohne parlamentarische Kontrolle und öffentliche Debatte geändert werden können. Siehe dazu Stiftung Pro Asyl/Förderverein Pro Asyl e.V., Überleben im Transit – Zur Situation von Flüchtlingen in der Türkei, Veröffentlicht im März 2012, abrufbar unter http://www.proasyl.de/fileadmin/fm-dam/NEWS/2012/12_03_16_BHP_PA_Tuerkei__2__03.pdf.

8 Insbesondere stellt die Verpflichtung zur Einhaltung der Europäischen Menschenrechtskonvention einen wichtigen Referenzpunkt für den Schutz von Flüchtlingen und anderen Schutzbedürftigen dar.

9 Die Rechtsprechung des Europäischen Gerichtshofes für Menschenrechte etwa hat die Reformbedürftigkeit aufgezeigt und Anreize zu tatsächlich durchgeführten Reformen gegeben. Der EGMR hat unlängst geurteilt, dass die Türkei mit der willkürlichen Inhaftierung von Flüchtlingen in diesen Haftzentren internationales Recht verletzt. Nach der Rechtsprechung des EGMR bietet das Widerspruchs- bzw. Klageverfahren in der Türkei keinen ausreichenden Rechtsschutz. Klagen vor dem EGMR haben in vielen Fällen dazu geführt, dass dieser die Aussetzung einer Abschiebung angeordnet hat. Siehe auch Schöning, Die Türkei – ein sicherer Drittstaat für Flüchtlinge? Asylrecht nur für Flüchtlinge aus Europa, www.frsh.de; Der Schlepper Nr. 49 (12/2009), 44–45.

III. Anpassung an die EU-Vorgaben im Raum der Freiheit, der Sicherheit und des Rechts

Das Thema der Zuwanderung ist in den europäisch-türkischen Beziehungen zu einem zentralen Thema geworden. Bei manchen EU-Mitgliedsstaaten besteht die Befürchtung, es könnte im Falle eines EU-Beitrittes der Türkei zu einer weiteren, größeren Welle türkischer Arbeitsmigranten kommen. Zudem bestehen auch Bedenken, dass die Türkei aufgrund ihrer geographischen Lage und ihrer relativ lockeren Visumvergabe ein wichtiges Transitland für irreguläre Migrationsströme geworden ist. Deshalb verlangt die EU von der Türkei ihre Grenzen wirksamer zu kontrollieren, um die Transitmigration zu beschränken und Asylbewerber und Flüchtlinge in Übereinstimmung mit den Genfer Konventionen zu behandeln.[10]

Vor diesem Hintergrund ist die Türkei insbesondere in Verbindung mit den EU-Beitrittsverhandlungen unter zunehmenden Druck geraten ihre Gesetzgebung zu reformieren und irreguläre Migrationsströme zu kontrollieren. Auf diesem Gebiet wurde die Türkei aber von der EU nicht nur gefordert, sondern auch ständig unterstützt. Hier kann man zwei Beispiele geben: Zum einen erfolgte eine Unterstützung durch die von der EU geförderten Projekte zur Annäherung des türkischen Migrationsregimes an den europäischen Besitzstand. Zum anderen haben Twinning-Projekte die Angleichung des türkischen Verwaltungsapparates an EU-Standards gefördert.

Angesichts dieser Lage hat die Türkei damit begonnen, ihre Migrations-, Asyl- und Grenzschutzpolitik zu reformieren und sich den EU-Vorgaben anzunähern. Hierfür hat die Türkei u. a. einen nationalen Aktionsplan für Asyl und Migration erarbeitet. Die Türkei wollte mit einem neuen Ausländergesetz auch das Ziel einer weiteren Annäherung an die EU-Vorgaben verfolgen. Die Erarbeitung des neuen Ausländergesetzes erfolgte daher im Lichte der Bestimmungen des Unionsrechts. So wurde die Verabschiedung dieses neuen Ausländergesetzes von europäischer Seite als "*klares Bekenntnis, ein effektives Migrations-Management-System im Einklang mit den europäischen und internationalen Standards aufzubauen*" gewertet und *als Zeichen für die Entschlossenheit der Türkei, ein effizientes System für den Umgang mit Migranten aufzubauen* gesehen.[11] Aus europäischer Sicht gibt es aber

10 Die EU-Bedingungen in den Bereichen Zuwanderung, Asyl und irreguläre Migration werden jedoch erhebliche Anforderungen an die finanziellen Ressourcen und institutionellen Kapazitäten der Türkei stellen. Aus türkischer Sicht erweisen sich hohe Anpassungs- und Reformkosten, der drohende Verlust von regionalem Einfluss sowie mangelhafte Anreizstrukturen als die zentralen Hindernisse für eine weitergehende Übernahme des EU-Besitzstandes.

11 Die Reformen im türkischen Ausländerrecht wurden von europäischer Seite zumeist kritisch bewertet. Siehe zuletzt den Fortschrittsbericht 2013 der Kommission für die Türkei. Aus den offiziellen Dokumenten der EU ist Folgendes festzuhalten:
- Die Türkei leistet erfolgreich humanitäre Hilfe für die syrischen Flüchtlinge, doch ihr Asylsystem ist weit davon entfernt, die EU-Standards zu erfüllen. Sie

auch Vorbehalte, wonach das neue Gesetz als unzureichend gesehen wird, um die eigentlichen Probleme des Landes mit der Zuwanderung oder Flüchtlinge zu lösen. Eine andere Kritik richtet sich darauf, dass die Türkei auch in diesem Reformgesetz an geografischen Einschränkungen festhält.

D. Überblick über das Gesetz über Ausländer und internationalen Schutz

I. Bedeutung und Funktionen des Gesetzes

Das Gesetz über Ausländer und internationalen Schutz bildet die Grundlage des türkischen Ausländerrechts, indem es Einreise, Aufenthalt und Niederlassung von Ausländern in das Staatsgebiet bzw. im Staatsgebiet[12] regelt. Dazu fasst es zahlreiche vereinzelte Rechtsvorschriften zusammen und ersetzt damit das Gesetz über Aufenthalt und Reise von Ausländern in der Türkei[13] sowie einige Bestimmungen des Passgesetzes. Dadurch sollte auch die Effizienz des türkischen Ausländerrechts verbessert werden.

---

muss ihre Fähigkeit zur Verhinderung irregulärer Zuwanderung verbessern. Nachdem das Rückübernahmeabkommen EU-Türkei im Juni 2012 paraphiert wurde, ist nun von ausschlaggebender Bedeutung, dass es rasch abgeschlossen und angewandt wird und dass die Rückübernahmeverpflichtungen uneingeschränkt erfüllt werden.
- Die Reformen der Grenzverwaltung haben ebenfalls weiter Priorität. Nur begrenzte Fortschritte konnten bei der Angleichung des Visumsrechts verzeichnet werden.
- Das Fehlen angemessener Datenschutzvorschriften verhindert ein Vorankommen. Auf dem Gebiet der Bekämpfung von Terrorismus und organisierter Kriminalität sind Reformen notwendig. Insgesamt befindet sich die Angleichung in diesem Bereich in einem frühen Stadium.
- Ineffiziente Grenzkontrollen: Trotz eines im Mai 2012 geschlossenen Abkommens mit der EU-Grenzagentur Frontex seien die türkischen Grenzkontrollen nach wie vor „ineffizient und nutzten ihre Ressourcen nicht optimal“. Nach EU-Angaben kommt derzeit der Großteil illegaler Immigranten über die türkisch-griechische Grenze in die EU. 2011 soll es rund 55.000 illegale Übertritte gegeben haben.

12 Fasst man den Begriff Ausländer weit, fallen darunter auch die Regelungen über die Erwerbstätigkeit und soziale Sicherung von Ausländern.

13 Mit 126 Artikeln ist das Gesetz über Ausländer und internationalen Schutz wesentlich umfangreicher als das Gesetz über Aufenthalt und Reisefreiheit von Ausländern in der Türkei. In weiten Teilen lehnt sich es aber an die Bestimmungen dieses Gesetzes an. Dies gilt insbesondere für die Bestimmungen über Einreise und Aufenthalt von Ausländern. Es unterscheidet sich jedoch hinsichtlich der Ausweisung von Ausländern vom Gesetz über Aufenthalt und Reisefreiheit von Ausländern in der Türkei.

Das Gesetz über Ausländer und internationalen Schutz enthält eine vollkommene Neufassung des türkischen Asyl- und Flüchtlingsrechts. Damit wurde das erste Mal überhaupt dieser Problematik ein gesetzlicher Rahmen gegeben. Verschiedene bisher auf Verordnungsstufe geregelte Sachen des Asyl- und Flüchtlingsrechts wurden in das Gesetz aufgenommen. Seine Bedeutung als das erste Asyl- und Flüchtlingsgesetz besteht insbesondere darin, dass das bisher nicht besonders funktionstüchtige Asyl- und Flüchtlingssystem der Türkei den europäischen und internationalen Standards entsprechend angepasst wurde.

Auch das Gesetz über Ausländer und internationalen Schutz geht im Grunde genommen von der ausländerpolitischen Leitlinie „*Die Türkei ist im echten Sinne kein Einwanderungsland*" aus, auch wenn dieser Grundsatz nicht ausdrücklich im Gesetz verankert worden ist. Dieser Grundsatz besagt, dass sich die Türkei prinzipiell nicht als Einwanderungsland versteht und sie ein öffentliches Interesse an einer Begrenzung der weiteren Zuwanderung ins Staatsgebiet der Türkei verfolgt. Diese Grundsätze stehen aber der gleichberechtigten Zielsetzung, die Integration der dauerhaft im Staatsgebiet lebenden ausländischen Bevölkerung zu fördern, nicht entgegen.

Außerdem kann das Gesetz über Ausländer und internationalen Schutz als ein Übergang von der bisherigen „*Politik der Sicherheit*" zu einer an Rechtstaatlichkeit und Menschenrechten orientierten „*Migrations- und Flüchtlingsverwaltung*" betrachtet werden. Das Gesetz bietet nämlich eine stärkere rechtsstaatliche Stellung und Erleichterungen im Verfahren für die bereits in der Türkei anwesenden Ausländer. Hinzu kommt die Bemühung um die Verbesserung der Integration anwesender Ausländer. Darüber hinaus hat es die rechtsstaatlichen Defizite weitgehend behoben. Zahlreiche Bestimmungen des Gesetzes schließen Regelungslücken. Das Gesetz enthält in vielen Fällen Rechtsansprüche (Regel-Ausnahme-Vorschriften) anstelle der bisher geltenden Ermessensklauseln.

Aber das Gesetz über Ausländer und internationalen Schutz wird auf diese Weise nicht nur umfangreicher, sondern auch zugleich komplizierter. Es sieht nämlich zahlreiche neue Ermessensspielräume und unbestimmte Rechtsbegriffe vor. Diese erwecken in einem komplizierten System von Regeln und Ausnahmen den Eindruck, die Auslegung und Anwendung des Gesetzes werde noch einige Schwierigkeiten aufwerfen.

II. Inhaltliche Gestaltung des Gesetzes

1. *Aufbau des Gesetzes*

Das Gesetz über Ausländer und internationalen Schutz sieht materielle, prozessuale sowie administrative Regelungen vor. Es besteht neben einer Präambel aus 126 Artikeln, welche in fünf Kapiteln geteilt sind. In diesem Rahmen gliedert es sich hauptsächlich in drei Teile, die Ausländer, internationalen Schutz sowie organisatorische Fragen betreffen.

Das erste Kapitel (Art. 1–4) weist einige allgemeine Bestimmungen auf, die sich auf den Zweck, Anwendungsbereich, die Begriffsbestimmungen (Definitionen) und das Abschiebungsverbot (Rückführungsverbot) des Gesetzes beziehen.

Das zweite Kapitel, welches in vier Abschnitte geteilt ist, regelt die Themen Einreise, Aufenthalt und Ausweisung von Ausländern.

Das dritte Kapitel bezieht sich auf den internationalen Schutz von Ausländern. Im Ersten Abschnitt befinden sich die Bestimmungen über Arten des internationalen Schutzes und Ausschluss vom internationalen Schutz. Der zweite Abschnitt beinhaltet allgemeine Verfahrensvorschriften zum internationalen Schutz.

Das vierte Kapitel legt gemeinsame Bestimmungen fest, die sich auf die Förderung von Integration, Datenschutz und gerichtlichen Wegen beziehen.

Abschließend befasst sich das fünfte Kapitel mit dem Aufbau der Generaldirektion für Migration.

2. *Ziel und Zweck des Gesetzes*

Der Zweck des Gesetzes über Ausländer und internationalen Schutz wird in Art. 1 festgelegt. Demnach hat das Gesetz zunächst der Steuerung und Begrenzung des Zuzugs von Ausländern in die Türkei zu dienen. Darüber hinaus dient das Gesetz der Erfüllung humanitärer Verpflichtungen der Türkei. Um diese Zwecke zu erfüllen, regelt es die Einreise, den Aufenthalt, die Erwerbstätigkeit, den internationalen Schutz und die Förderung der Integration von Ausländern. Schließlich beinhaltet das Gesetz die Bestimmungen über die Organisation, Funktion, Befugnis und Verantwortung der an das Innenministerium gebundenen Generaldirektion für Migration. Diese Ziele werden in den einzelnen Vorschriften des Gesetzes konkretisiert.

3. *Anwendungsbereich des Gesetzes*

Das Gesetz über Ausländer und internationalen Schutz umfasst die Angelegenheiten und Verwaltungsakte im Umgang mit Ausländern und dem zu gewährenden internationalen Schutz bei diesbezüglich gestellten Anträgen an Grenzen, Grenzübergängen oder innerhalb der Türkei. Darunter fallen Anträge von Ausländern, die nicht in ihr Heimatland zurückkehren können und denen vorübergehend Schutz zu gewähren ist. Außerdem beinhaltet es Regelungen bei einem Massenzustrom von Vertriebenen und die Errichtung einer Flüchtlingsverwaltung und dessen Aufgaben, Zuständigkeiten und Verantwortlichkeiten.

Die Anwendung des Gesetzes gilt jedoch vorbehaltlich völkerrechtlicher Verträge und Bestimmungen in Sondergesetzen[14] (Art. 2 Abs. 2). Infolgedessen können

14 Das Gesetz über Ausländer und internationalen Schutz findet Anwendung, wenn Einreise und Aufenthalt nicht in anderen Gesetzen geregelt werden. Speziellere Gesetze haben also Vorrang. Möchte man den Status eines Ausländers klären, ist zunächst zu fragen, ob er unter eine der Spezialvorschriften fällt; nur wenn dies nicht der Fall ist, findet dieses Gesetz Anwendung.

manche Ausländer z. B. Angehörige diplomatischer und konsularischer Vertretungen, Staatsgäste und deren Begleitung oder aufgrund sonstiger Gesetze oder völkerrechtlicher Verträge befreite Personen außerhalb des Anwendungsbereichs des Gesetzes bleiben. Die Rechtsstellung solcher Ausländer wird folglich vorrangig nach diesen Sonderregelungen bestimmt.

Auch der sachliche Anwendungsbereich des Gesetzes ist beschränkt. Soziale und wirtschaftliche Rechte von Ausländern sind im Wesentlichen nicht geregelt. Darauf finden anderweitige Gesetze Anwendung.

Der *räumliche Geltungsbereich* des Gesetzes erstreckt sich auf das gesamte Staatsgebiet der Türkei.

Die zeitliche *Geltung* des Gesetzes beginnt in weiten Teilen ab dem 11.4.2014.

4. *Erneuerungen und wesentliche Bestimmungen des Gesetzes*

Das Gesetz über Ausländer und internationalen Schutz enthält umfangreiche Regelungen, die im Einklang mit den europäischen und internationalen Standards stehen und gewährt dementsprechend Ausländern zusätzliche Rechtspositionen. Die Erneuerungen und wesentlichen Bestimmungen des Gesetzes können wie folgt zusammengefasst werden:[15]

a) *Verankerung des Abschiebungsverbotes als Grundsatz*

Im Gesetz wird vor allem das Abschiebungsverbot als Grundsatz vorgesehen. Gemäß Art. 4 kann eine Person, die in den Anwendungsbereich des Gesetzes fällt, nicht in einen Staat abgeschoben werden, in dem sie der Folter oder unmenschlicher oder erniedrigender Behandlung oder Strafe ausgesetzt ist oder in dem ihr Leben oder ihre Freiheit wegen ihrer Rasse, Religion, Staatsangehörigkeit, ihrer Zugehörigkeit zu einer bestimmten sozialen Gruppe oder wegen ihrer politischen Überzeugung bedroht ist.

b) *Umfangreiche Regelung der Modalitäten (Bedingungen und Verfahren) der Einreise und des Aufenthalts von Ausländern*

Das Gesetz regelt im Wesentlichen die Modalitäten (Bedingungen und Verfahren) der Einreise und des Aufenthalts von Ausländern (Art. 5 ff.). Das Gesetz verlangt vor allem, dass die Ausländer für die Einreise und den Aufenthalt im Staatsgebiet grundsätzlich ein Visum und eine Aufenthaltsgenehmigung benötigen. Hier wird allerdings ausdrücklich festgelegt, dass die Ausländer, die im Zuge ihrer Einreise eine umfangreiche Untersuchung über sich ergehen lassen mussten, jetzt nur noch für vier Stunden festgehalten werden können (Art. 6/5). Es sieht zudem Ausnahmen von der Visum- und Aufenthaltsgenehmigungsplicht vor.

---

15 Siehe *Ekşi*, S. 111 ff.

Das Einreiseverbot kann grundsätzlich für eine Dauer von höchstens fünf Jahren verhängt werden (Art. 9). Eine Ausnahme gilt jedoch für Personen, die als eine ernsthafte Gefahr für die öffentliche Ordnung und Sicherheit zu sehen sind. Dann könnte sich das Verbot auf zehn Jahre erhöhen. Dem Ausländer mit abgelaufenem Visum oder abgelaufener Aufenthaltsgenehmigung droht hingegen nur ein Einreise- und Aufenthaltsverbot von einem Jahr, wenn dies von den zuständigen Stellen dem Gouvernement angezeigt und die Ausreise aus der Türkei beantragt worden ist.

Gemäß Art. 19 müssen Ausländer, die für mehr als 90 Tage in der Türkei bleiben, eine Aufenthaltserlaubnis beantragen. Die Aufenthaltserlaubnis verliert ihre Gültigkeit, wenn sie nicht innerhalb von sechs Monaten genutzt wird. Auch haben Behörden nun die Ermächtigungsgrundlage, Ehen von Ausländern mit türkischen Staatsangehörigen im Falle eines „begründeten Verdachts" auf Scheinehe zu untersuchen.

Die Einreise und der Aufenthalt von Ausländern im türkischen Staatsgebiet werden nach Art des Aufenhaltszwecks detailiert geregelt. Das Gesetz sieht die Erteilung von Aufenthaltstiteln je nach Zweck und Ausmaß der aufenthaltsrechtlichen Verfestigung vor. Dadurch soll einerseits dem Ausländer von vornherein klargemacht werden, ob ihm der Aufenthalt nur befristet erteilt wird, ob der Aufenthalt unbefristet ist oder ob das Aufenthaltsrecht für eine Verfestigung zu einem Daueraufenthaltsrecht dient. Hier wird allerdings die Rechtsstellung von Flüchtlingen, Ayslsuchenden und Staatenlosen besonders behandelt.

Im Gesetz werden folgende Aufenthaltsrechte vorgesehen: Die Aufenthaltsgenehmigung wird erteilt als

- Kurzaufenthaltserlaubnis (Art. 31–33)
- Familienaufenthaltserlaubnis (Art. 34–37)
- Aufenthaltserlaubnis für Schüler und Studenten (Art. 38–41)
- Unbefristete Aufenthaltserlaubnis (Art. 42–45)
- Aufenthalt aus humanitären Gründen (Art. 46–47)
- Aufenthaltserlaubnis für Opfer von Menschenhandel (Art. 48–49): Demnach erhalten Opfer von Menschenhandel automatisch eine befristete Aufenthaltserlaubnis von 30 Tagen.

Bei den Vorschriften über die einzelnen Aufenthaltstitel befinden sich keine Tatbestände, die den Nachzug von Kindern und Ehegatten betreffen. Die Familienaufenthaltserlaubnis wird besonders geregelt. Familienangehörige, die Gewalt in der Familie erfahren haben oder deren türkische Ehepartner verstorben sind, können mit ihren Kindern ungeachtet der Voraussetzung der mindestens dreijährigen Ehe in der Türkei bleiben (Art. 34).

Die studentische Aufenthaltserlaubnis gewährt den Eltern und anderen Angehörigen der Studierenden keinerlei Rechte bezüglich der Erlangung einer Aufenthaltserlaubnis (Art. 38 Abs. 3). Personen, die in der Türkei in einem zweijährigen oder vierjährigen Studiengang oder am Graduiertenkolleg studieren und promovierende Personen können arbeiten, wenn sie eine Arbeitserlaubnis einholen. Jedoch beginnt die Arbeitserlaubnis für Personen in einem zweijährigen oder vierjährigen

Studiengang erst nach dem ersten Jahr und darf nicht 24 Stunden in der Woche überschreiten (Art. 41 Abs. 1).

Ausländern, die sich ununterbrochen mindestens acht Jahre mit einer Aufenthaltserlaubnis in der Türkei aufgehalten haben oder die den durch den Ausschuss für Migrationspolitik festgelegten Voraussetzungen entsprechen, wird durch das Gouvernement mit der Zustimmung des Ministeriums eine unbefristete Aufenthaltserlaubnis erteilt. Flüchtlingen, bedingten Flüchtlingen, Personen mit subsidiärem Schutzstatus, Personen mit humanitärer Aufenthaltserlaubnis und Personen unter vorläufigem Schutz wird kein Anspruch zum Wechsel zur unbefristeten Aufenthaltserlaubnis gewährt (Art. 42). Ausländer mit einer unbefristeten Aufenthaltserlaubnis genießen die den türkischen Staatsbürgern gewährten Rechte und Pflichten mit Ausnahme der Wehrdienstpflicht, des Wahlrechts, der Beschäftigung im öffentlichen Dienst, der steuerfreien Einfuhr von Fahrzeugen und mit Ausnahme der Regulierungen in Sondergesetzen und vorbehaltlich der erlangten Rechte bezüglich der Sozialsicherheit und der Bestimmungen der die Ausübung dieser Rechte betreffenden Gesetzgebung. Der Ministerrat ist befugt die im ersten Absatz genannten Rechte teilweise oder gänzlich einzuschränken (Art. 48).

Bei Wegfall des Umstandes, der zur Erteilung der ursprünglichen Aufenthaltserlaubnis geführt hat oder bei Entstehung eines neuen Umstandes kann der Ausländer die Erteilung einer Aufenthaltserlaubnis beantragen, die dem neuen Aufenthaltszweck entspricht (Art. 29).

Eine weitere Erneuerung des Gesetzes dient der Verfahrensvereinfachung zum Zwecke der Umsetzung internationaler Verpflichtungen. Als Beispiel kann man hier die Abschaffung der Erforderlichkeit einer Aufenhaltserlaubnis für einen Ausländer anführen, der eine Arbeiterlaubnis erhalten hat. Gemäß Art. 26 gilt die Arbeitserlaubnis nunmehr als Aufenthaltserlaubnis. Ausländer müssen sich somit nicht mehr an mehrere Behörden wenden.

Die Rechtsstellung von Staatenlosen wird im Gesetz besonders geregelt (Art. 51). Demnach dürfen Personen mit einem Staatenlosenausweis einen Antrag zur Erlangung einer in diesem Gesetz genannten Aufenthaltserlaubnisses stellen. Saatenlose dürfen nicht abgeschoben werden, solange sie keine ernsthafte Gefährdung darstellen. Saatenlose sind darüber hinaus von dem für Ausländer geltenden Gegenseitigkeitsprinzip freigestellt. Sie dürfen gemäß den Bestimmungen des Gesetzes über Arbeitserlaubnisse von Ausländern arbeiten und sogar einen türkischen Reisepass erhalten.

c) Gesetzliche Regelung des materiellen Asyl- und Asylverfahrensrechts

Die wichtigsten Punkte des Gesetzes betreffen Änderungen im materiellen Asyl- und Asylverfahrensrecht. Die Rechtsstellung der Flüchtlinge und das Asylverfahren sind bislang in der Verordnung von 1994 geregelt. Das Gesetz lässt zwar die Grundstrukturen der Verordnung von 1994 unangetastet, nimmt aber erhebliche Änderungen insbesondere bezüglich der Beschleunigung des Asylverfahrens und der Rechtsstellung von Flüchtlingen vor. An dieser Stelle gewährleistet das Gesetz vor allem auch den humanitären Schutz von Flüchtlingen und Asylsuchenden. Flüchtlinge und Asylsuchende in der Türkei hatten bisher einen unklaren Aufenthaltsstatus, da es keine Asylgesetzgebung gab. Auch dies wird durch das Gesetz geändert.

Das Gesetz räumt Flüchtlingen und Asylbewerbern erstmals einen Rechtsstatus ein, der über die bisher gewährte Duldung als „*Gäste*" hinausgeht.[16] Das Gesetz definiert jedoch den Begriff „*Flüchtling*" in ähnlicher Weise wie die Verordnung von 1994. Gemäß Art. 61 des Gesetzes wird einem Ausländer die Flüchtlingseigenschaft zuerkannt, wenn er aufgrund von Ereignissen in europäischen Ländern wegen seiner Rasse, Religion, Staatsangehörigkeit, der Zugehörigkeit zu einer bestimmten sozialen Gruppe oder seiner politischen Überzeugung berechtigte Furcht vor Verfolgung hat und sich außerhalb des Landes befindet, dessen Staatsangehörigkeit er besitzt und den Schutz dieses Landes nicht in Anspruch nehmen will oder der sich als Staatenloser infolge von Ereignissen außerhalb des Landes befindet, in welchem er seinen Aufenthalt hatte und nicht dorthin zurückkehren kann oder wegen der erwähnten Befürchtungen nicht dorthin zurückkehren will. Demnach können nichteuropäische Flüchtlinge nur den Status eines bedingten (vorläufigen) Flüchtlings erhalten, wenn sie die Voraussetzungen für die Anerkennung als Flüchtling im Sinne der gesetztlichen Regelung erfüllen. Die bedingten Flüchtlinge dürfen sich bis zu einer Übersiedlung in ein drittes Land in der Türkei aufhalten (Art. 62).

Flüchtlinge, bei denen die Gefahr besteht, dass sie in ihrem Heimatland in Gefahr sind, werden nicht mehr abgeschoben. Darunter fallen Ausländer oder Staatenlose, die nicht als Flüchtling oder bedingter Flüchtling anerkannt werden können, aber bei einer Rückführung in das Herkunftsland oder Aufenthaltsland nicht den Schutz des Herkunftslandes oder Aufenthaltslandes genießen können oder wollen, weil sie zur Todesstrafe verurteilt wurden und die Todesstrafe vollstreckt werden wird. Es muss die Gefahr der Folter, unmenschlicher oder erniedrigender Behandlung bzw. Bestrafung und somit eine ernsthafte individuelle Bedrohung des Lebens oder der Unversehrtheit einer Zivilperson infolge willkürlicher Gewalt im Rahmen eines internationalen oder innerstaatlichen bewaffneten Konflikts vorliegen. In solchen Fällen wird nach Durchführung eines Anerkennungsverfahren der Status des subsidiären Schutzes gegeben. Der Status des subsidiären Schutzes begründet ein vorübergehendes Aufenthaltsrecht (Art. 63). Das heißt Menschen, die aus einer Zwangslage heraus in die Türkei kommen und nicht in ihre Heimat zurückkehren können, können ein vorübergehendes Aufenthaltsrecht erhalten.

Weiterhin gewährleistet das Gesetz einerseits internationalen Schutzstatus, Rechtsberatung und -unterstützung von Flüchtlingen (Art. 81), andererseits verankert es einige Garantien für Fälle administrativen Gewahrsams von Flüchtlingen. Demnach dürfen Flüchtlinge nicht allein deshalb, weil sie einen Antrag auf

16 Das gilt besonders für die mehreren hunderttausend syrischen Flüchtlinge im Lande. Die syrischen Flüchtlinge sollen unter den Status des „vorübergehenden Schutzes" fallen. Ein Teil von ihnen soll im Laufe der Zeit vom Recht des „Flüchtlings unter Bedingung" profitieren können und somit eine Arbeitserlaubnis bekommen.

internationalen Schutz gestellt haben, in administrativem Gewahrsam gehalten werden. Der administrative Gewahrsam von Flüchtlingen ist ein Ausnahmevorgang. Flüchtlinge dürfen nur in denen im Gesetz vorgesehenen Fällen in administrativen Gewahrsam genommen werden (Art. 68).

Der Antragsteller oder Personen mit internationalen Schutzstatus haben bestimmte Rechte. Sie

- können sich in der Türkei rechtmäßig aufhalten.
- sind vom Gegenseitigkeitsprinzip freigestellt.
- können mit ihren Familienmitgliedern die Bildungsdienste der Primär- und Sekundarstufe nutzen.
- erhalten bei Bedarf Zugang zur Sozialhilfe und Sozialleistungen.
- unterliegen den Bestimmungen des Gesetzes zur Sozialversicherung und der Allgemeinen Krankenversicherung Nr. 5510 vom 31.5.2006, wenn sie keine Krankenversicherung haben und die Mittel dafür aufbringen können.
- haben teilweise auch einen Zugang zum Arbeitsmarkt (Art. 88–89).

Das Gesetz beinhaltet auch Regelungen für die Gewährleistung des dringenden vorübergehenden Schutzes für Ausländer bei Massenzuströmen in die Türkei von vertriebenen Personen, die nicht in ihr Heimatland zurückkehren können (Art. 91).

d) Verstärkte rechtsstaatliche Abstützung der Abschiebung von Ausländern

Im Gesetz ist auch die Abschiebung von Ausländern geregelt (Art. 52 ff.). Den rechtsstaatlichen Anforderungen und den berechtigten Interessen des Ausländers wird durch die Neuregelung dadurch Rechnung getragen, dass die schon bisher von der Rechtsprechung entwickelten Rechtsgrundsätze nunmehr gesetzlich verankert sind. Außerdem ist die Generalklausel durch eine beispielhafte Aufzählung der Ausweisungsgründe konkretisiert. Die mit der weiten Ermessensklausel bisher verbundene Uneinheitlichkeit der Ausweisungspraxis wird nunmehr gesetzlich begrenzt.

Demnach können Ausländer in das Herkunftsland, ein Transitland oder ein drittes Land abgeschoben werden. Dabei muss jedoch das Abschiebungsverbot des Art. 4 des Gesetzes berücksichtigt werden. Die Betroffenen können gegen die Abschiebungsanordnung das Verwaltungsgericht einschalten. Die Klagefrist beträgt fünfzehn Tage nach Bekanntgabe der Entscheidung. Über gerichtliche Anträge gegen Entscheidungen nach Art. 72 (unzulässige Anträge) und 79 (beschleunigte Bewertung) ist innerhalb von fünfzehn Tagen zu entscheiden. Die Revision gegen das Urteil des Verwaltungsgerichts ist in diesen Fällen ausgeschlossen.

Die Anwesenheit von Ausländern im Staatsgebiet kann über die üblichen Ausweisungsgründe hinaus öffentliche außen- und innenpolitische Interessen berühren, die sich einer abschließenden gesetzlichen Aufzählung entziehen (Art. 54 Abs. 2). Staatenlose dürfen aber nicht abgeschoben werden, solange sie keine ernsthafte Gefährdung darstellen (Art. 51 Abs. 1 b).

e) Förderung der freiwilligen Rückkehr und Integration von Ausländern

Entsprechend der Forderung, dass sich der internationale Schutz im Wesentlichen auf einen vorübergehenden Statut beziehen sollte, werden dauerhafte Lösungen im Gesetz niedergelegt und dabei einige Institutionen wie die Unterstützung der freiwilligen Rückkehr und Integration von Ausländern vorgesehen. Eine Integration der im Land lebenden Ausländer ist eine bislang vernachlässigte, aber unerlässliche gesellschaftliche Aufgabe. Daher setzt sich das Gesetz zum Ziel Bedingungen zu schaffen, die die Integration der Ausländer begünstigen und ihre Eingliederung in die Gesellschaft zu fördern. Hierzu werden im Gesetz die Rahmenbedingungen formuliert. Die Generaldirektion für Zuwanderung soll ein starkes Gewicht auf eine neue Integrationspolitik legen und eine Fülle von Maßnahmen vorschlagen. Schließlich sollte die soziale Akzeptanz dadurch verbessert werden, dass Ausländer mit dauerhafter Aufenthaltsperspektive in Integrationskursen systematisch mit der türkischen Sprache und den Grundzügen der politischen Ordnung vertraut gemacht werden. Die Generaldirektion kann Integrationskurse planen und anbieten, um Ausländern, Antragstellern oder Personen mit internationalem Schutzstatus das erforderliche Wissen und Können zu vermitteln, welches ihnen die Integration in die Gesellschaft erleichtert. Sie sollen befähigt werden, sich in allen Bereichen des sozialen Lebens ohne die Vermittlung dritter Personen zu bewegen. Die Ausländer können außerdem an Kursen teilnehmen, die die politische Struktur, Sprache, das Rechtssystem, die Kultur und Geschichte des Landes auf Grundebene vermitteln (Art. 96).

E. Schluss

Das Gesetz über Ausländer und internationalen Schutz stellt eine wegweisende Entscheidung der Türkei im EU-Annäherungsprozess dar. Das Gesetz sieht nämlich erhebliche Erleichterungen und Verbesserungen für Ausländer bei Einreise, Aufenthalt und internationalen Schutz vor. Zu diesem Zweck werden die verstärkte rechtsstaatliche Abstützung, die verbesserte Integration der anwesenden Ausländer sowie Verschärfungen insbesondere bei der Missbrauchsbekämpfung in den Vordergrund gestellt. Das Gesetz enthält aber auch eine komplizierte Rechtsmaterie. Deshalb ist zu erwarten, dass die Auslegung und Anwendung des Gesetzes wegen der zahlreichen neuen Ermessensspielräume und unbestimmten Rechtsbegriffe Schwierigkeiten aufwerfen wird.

Christian Gomille

Parallele Teilklagen im deutsch-türkischen Rechtsverkehr

A. Einleitung[1]

Die Tagung am 10. und 11.5.2013 fand statt anlässlich des zehnjährigen Bestehens der Forschungsstelle für Türkisches Recht an der Augsburger Juristischen Fakultät. Die Konstellation paralleler Teilklagen im internationalen Zivilverfahrensrecht sei daher anhand eines Falls veranschaulicht, über den das *AG Augsburg* im Frühjahr 2012 entschieden hat und in dem es um die Rechtshängigkeit einer Auseinandersetzung in Augsburg einerseits und vor einem türkischen Gericht andererseits ging.

Eine in der Türkei lebende Frau stritt mit ihrem in Augsburg wohnenden früheren Ehemann um 90.000 Euro. Auf diesen Betrag bezifferte sie ihren Anteil an dem Erlös, den der Mann bei der Veräußerung eines in beider Miteigentum (je ½) stehenden Grundstücks erzielt hatte. Vor dem *AG Augsburg* machte sie den gesamten Betrag geltend.[2] Bereits zwei Jahre zuvor hatte sie eine Teilklage in Höhe von umgerechnet ca. 30.000 Euro vor einem türkischen Gericht erhoben, über die noch nicht entschieden war. Das *AG Augsburg* wies den Zahlungsantrag wegen entgegenstehender ausländischer Rechtshängigkeit vollständig ab. Das *OLG München* bestätigte diese Entscheidung.

Bei der Untersuchung dieser Beschlüsse in ihrem dogmatischen Kontext sollte man sich vergewissern, weshalb ein inländisches Gericht die ausländische Rechtshängigkeit prinzipiell zu beachten hat. Im Anschluss ist zu untersuchen, ob und ggf. welche Besonderheiten gelten, wenn es sich bei dem ausländischen Verfahren um eine Teilklage handelt. Zu unterscheiden sind dabei das autonome internationale Verfahrensrecht zum einen und das Unionsverfahrensrecht zum anderen.

---

1 Je nach Verfahrensart und maßgeblichem Verfahrensrecht im In- und Ausland gibt es unterschiedliche Begrifflichkeiten. So kennt die deutsche freiwillige Gerichtsbarkeit keine Rechtshängigkeit, sondern lediglich die Anhängigkeit eines Verfahrens. Dort gibt es außerdem keine Klagen. Die entsprechende Funktion übernehmen Anträge. Auch das türkische Verfahrensrecht trennt nicht zwischen Anhängigkeit und Rechtshängigkeit. Dieser sachlichen Unterschiede ungeachtet ist im Sinne einer einheitlichen Terminologie und der besseren Lesbarkeit im Folgenden nur noch einheitlich von *Rechtshängigkeit* und von *Klage* die Rede.

2 Die Ansprüche in Zusammenhang mit der Auseinandersetzung einer Eigentümergemeinschaft zwischen Ehegatten oder früheren Ehegatten außerhalb des Güterrechts ist eine sonstige Familiensache i.S.d. § 266 Abs. 1 Nr. 3 FamFG (Haußleiter/*Fest*, FamFG [1. Aufl. 2011], § 266 Rn. 36). Die sachliche Zuständigkeit des Amtsgerichts ergibt sich dann aus § 23a Abs. 1 Satz 1 Nr. 1 GVG.

B. Die grundsätzliche Berücksichtigung anderweitiger Rechtshängigkeit

I. Anderweitige Rechtshängigkeit vor einem inländischen Gericht

Das nationale deutsche Verfahrensrecht ist bestrebt, mehrere Verfahren über ein und denselben Gegenstand zu vermeiden.[3] Die Gründe dafür liegen auf der Hand: Inhaltlich soll das zuerst angestrengte von möglichen nachfolgenden Verfahren unbeeinflusst bleiben,[4] um der Gefahr inhaltlich widersprechender Entscheidungen von Anfang an zu begegnen.[5] Theoretisch wäre diese Gefahr zwar auch dann ausgeräumt, wenn das Verfahrensrecht von mehreren nebeneinander laufenden Verfahren das Ergebnis desjenigen als *inter partes* verbindlich erklärte, das zuerst formell rechtskräftig abgeschlossen ist. Das führte indes zu dem ebenfalls unerwünschten Wettlauf um die zeitlich früheste Entscheidung.[6] Hinzu kommen prozessökonomische Gesichtspunkte. Mehrere Verfahren über ein und denselben Gegenstand vervielfältigen ohne sachlichen Mehrwert den Arbeitsaufwand sowohl der Gerichte als auch den Verteidigungsaufwand des mehrfach in Anspruch Genommenen.[7]

Dem Ziel, mehrere Verfahren über den sachlich identischen Gegenstand zu vermeiden, trägt das deutsche Zivilverfahrensrecht durchweg Rechnung, wenn auch mit rechtstechnisch unterschiedlichen Instrumenten. So geschieht dies im Zivilprozess mittels der von Amts wegen zu berücksichtigenden Einrede anderweitiger Rechtshängigkeit gemäß § 261 Abs. 3 Nr. 1 ZPO,[8] in Familiensachen und den Angelegenheiten der freiwilligen Gerichtsbarkeit mittels der Vorgriffszuständigkeit des zuerst angerufenen Gerichts gemäß § 2 Abs. 1 FamFG.[9]

II. Anderweitige Rechtshängigkeit vor einem ausländischen Gericht

Diese Erwägungen zum Konflikt zweier nacheinander in Deutschland angerufener Gerichte müssen nicht zwangsläufig in gleicher Weise für den Fall gelten, dass der

---

3 Etwa Stein/Jonas/*H. Roth*, ZPO (22. Aufl. 2008), § 261 Rn. 1.

4 *Junker*, Internationales Zivilprozessrecht (2012), § 23 Rn. 2.

5 RGZ 160, 338, 344; BGHZ 4, 314, 322; BGH, NJW 2002, 1503; Stein/Jonas/*H. Roth* (Fn. 3), § 261 Rn. 1; *Rosenberg/Schwab/Gottwald*, Zivilprozessrecht (17. Aufl. 2010), § 98 Rn. 18; *Schack*, RabelsZ 58 (1994), 40, 51.

6 Stein/Jonas/*H. Roth* (Fn. 3), § 261 Rn. 1.

7 RGZ 160, 338, 344 f.; BGHZ 4, 314, 322; BGH, NJW 2002, 1503; Stein/Jonas/*H. Roth* (Fn. 3), § 261 Rn. 1; *Rosenberg/Schwab/Gottwald* (Fn. 5), § 98 Rn. 18; *Schack*, RabelsZ 58 (1994), 40, 51.

8 RGZ 160, 338, 340; *Rosenberg/Schwab/Gottwald* (Fn. 5), § 98 Rn. 18.

9 *Jacoby*, in: Bork/Jacoby/Schwab, FamFG (2. Aufl. 2013), § 2 Rn. 2; *Brehm*, Freiwillige Gerichtsbarkeit (4. Aufl. 2009), § 4 Rn. 46.

Kläger den identischen Verfahrensgegenstand zunächst vor ein ausländisches und sodann vor ein deutsches Gericht bringt. Außer Betracht könnten sie namentlich dann bleiben, wenn die Entscheidung des zuerst angerufenen ausländischen Gerichts in Deutschland keine Wirkungen zeitigte, denn in diesem Fall existierte im Inland kein rechtlich relevanter Konflikt zweier angerufener Gerichte. Bekanntermaßen ist dem aber nicht so, vielmehr werden ausländische Entscheidungen im autonomen Verfahrensrecht gemäß §§ 328 ZPO, 108 FamFG anerkannt. Im Anwendungsbereich des Unionsrechts ergibt sich Gleiches aus Art. 33 Abs. 1 Brüssel I-VO[10] bzw. aus Art. 21 Abs. 1 Brüssel IIa-VO.[11]

Das Anerkennen einer ausländischen Entscheidung bedeutet zunächst und zuvörderst, dass diese auch im Inland Rechtskraft wirkt.[12] Liegt also eine anerkennungsfähige ausländische Sachentscheidung vor, darf ein gleichwohl angerufenes deutsches Gericht über denselben Verfahrensgegenstand an sich nicht abermals in der Sache entscheiden.[13] Das kann nicht ohne Folge für die vorgelagerte Frage nach der Rechtshängigkeit bleiben. Ließe man nämlich gleichzeitige Prozesse zu, erkannte in der Folge aber grenzüberschreitend die materiellen Rechtskraftwirkungen der zuerst formell rechtskräftigen Sachentscheidung an, dann käme es nicht nur zum Wettlauf um früheste Entscheidung,[14] sondern auch zu einem wenig sachgerechten internationalen Wettlauf um den kürzesten Instanzenzug.[15] Außerdem greifen die aus dem nationalen Zivilprozessrecht bekannten prozessökonomischen Argumente

10 Verordnung (EG) Nr. 44/2001 des Rates vom 22. 12. 2000 über die gerichtliche Zuständigkeit und die Anerkennung und Vollstreckung von Entscheidungen in Zivil- und Handelssachen, Abl. vom 16.1.2001 L 12/1.

11 Verordnung (EG) Nr. 2201/2003 des Rates vom 27. 11. 2003 über die Zuständigkeit und die Anerkennung und Vollstreckung von Entscheidungen in Ehesachen und in Verfahren betreffend die elterliche Verantwortung und zur Aufhebung der Verordnung (EG) Nr. 1347/2000, Abl. vom 23.12.2003, L 338/1.

12 OLG Saarbrücken, NJW 1958, 1046; Rauscher/*Leible*, EuZPR/EuIPR (2011), Art. 33 Brüssel I-VO Rn. 4; *Nagel/Gottwald*, Internationales Zivilprozessrecht (6. Aufl. 2007), § 11 Rn. 115; *Schack*, Internationales Zivilverfahrensrecht (5. Aufl. 2010), Rn. 867; *Hess*, Europäisches Zivilprozessrecht (1. Aufl. 2010), § 6 Rn. 186.

13 Zöller/*Geimer*, ZPO (29. Aufl. 2012), § 328 Rn. 35; Wieczorek/Schütze/*Büscher*, ZPO (3. Aufl. 2007), § 322 Rn. 65; Prütting/Helms/*Hau*, FamFG (2. Aufl. 2011), § 108 Rn. 25; a.A. BGH, NJW 1964, 1626; 1986, 2193, 2194; 1987, 1146, dem zufolge im Inland eine inhaltlich identische zweite Sachentscheidung ergeht. Teile der Literatur schließen sich dem BGH in dieser Frage an (Saenger/*Dörner*, ZPO [5. Aufl. 2013], § 328 Rn. 8). Das Bedürfnis nach einem inländischen inhaltsgleichen Urteil resultiere daraus, dass das ausländische Urteil im Inland nicht das gleiche Maß an Verbindlichkeit genieße (BGH, NJW 1964, 1626). Dem kann mindestens für den Bereich des unionsrechtlich vereinheitlichten internationalen Zivilverfahrensrechts nicht gefolgt werden.

14 Stein/Jonas/*H. Roth* (Fn. 3), § 261 Rn. 54; *Reuß*, Jura 2009, 1, 4.

15 Rauscher/*Mankowski* (Fn. 12), Art. 27 Brüssel I-VO Rn. 3; *Schack* (Fn. 12), Rn. 833; *Junker* (Fn. 4), § 23 Rn. 2.

auch im internationalen Rechtsverkehr spätestens dann, wenn das Inland die ausländische Entscheidung anerkennt.[16]

Daraus folgt: Wenn ein Verfahrensgegenstand vor einem ausländischen Gericht geltend gemacht wurde und die dort ergehende formell rechtskräftige Entscheidung im Inland anerkannt werden wird, dann darf im Inland kein weiteres Verfahren über denselben Gegenstand rechtshängig werden.[17]

C. Der Rechtshängigkeitseinwand infolge einer in der Türkei erhobenen parallelen Teilklage

I. Das maßgebliche internationale Verfahrensrecht

Auch im Internationalen Zivilverfahrensrecht gilt, dass unionsrechtliche Regelungen vorrangig heranzuziehen sind, sodann etwaige bilaterale oder multilaterale Abkommen. Erst wenn auf den internationalen Ebenen keine einschlägige Rechtsquelle existiert, ist der Restanwendungsbereich des autonomen internationalen Verfahrensrechts eröffnet.[18]

Im Ausgangsbeispiel sind die vorrangigen Art. 27 bis 30 Brüssel I-VO nicht anwendbar. Sie regeln ihrem Wortlaut nach nur die gleichzeitige Rechtshängigkeit vor Gerichten verschiedener Mitgliedstaaten, betreffen also nicht den Rechtsverkehr zwischen Mitglied- und Drittstaaten.[19] Daran ändert auch nichts, dass die Brüssel I-VO generell auch dann anwendbar ist, wenn eine Partei in der Union aus einem Drittstaat heraus verklagt wird.[20] Dieses Verständnis vom Anwendungsbereich der Brüssel I-VO mag die internationale Zuständigkeit betreffen.[21] Auf die Regeln über die Anerkennung und die damit in engem Zusammenhang stehende Rechtshängigkeit ist es nicht übertragbar,[22] und zwar schon deshalb nicht, weil im Anwendungsbereich der Brüssel I-VO die Gegenseitigkeit allein zwischen den

16 *Schack*, RabelsZ 58 (1994), 40, 51; *Reuß*, Jura 2009, 1, 4.

17 BGH, NJW 1986, 2195; 1987, 3083; FamRZ 1992, 1058, 1059; 1994, 434; Stein/Jonas/*H. Roth* (Fn. 3), § 261 Rn. 53; *Nagel/Gottwald* (Fn. 12), § 5 Rn. 214; *Schack* (Fn. 12), Rn. 833; *ders.*, RabelsZ 58 (1994), 40, 51; *Reuß*, Jura 2009, 1, 4; a.A. *Schütze*, ZZP 104 (1991), 136, 148.

18 Statt aller Prütting/Helms/*Hau* (Fn. 13), § 97 Rn. 5.

19 Rauscher/*Mankowski* (Fn. 12), Art. 27 Brüssel I-VO Rn. 3: Die Normengruppe kann auch nicht dahingehend verstanden werden, dass den Gerichten der Mitgliedstaaten untersagt wäre, die ausländische Rechtshängigkeit zu berücksichtigen.

20 EuGH, NJW 2000, 3121, 3123; EuZW 2005, 345, 347; BGH, NJW-RR 2005, 1593, 1594; GRUR-RR 2013, 228 f.; Thomas/Putzo/*Hüßtege*, ZPO (34. Aufl. 2013), Vorbem. EuGVVO Rn. 12.

21 EuGH, NJW 2000, 3121, 3123; EuZW 2005, 345, 347; BGH, NJW-RR 2005, 1593, 1594; GRUR-RR 2013, 228 f.

22 Zöller/*Geimer* (Fn. 13), Art. 27 Brüssel I-VO Rn. 18; Rauscher/*Mankowski* (Fn. 12), Art. 27 Brüssel I-VO Rn. 3.

Mitgliedstaaten verbürgt ist. Im Übrigen ordnet das Unionsrecht die Auflösung einer Eigentümergemeinschaft unter ehemaligen Eheleuten dem Güterrecht zu.[23] Dieses ist aber Regelungsgegenstand weder der Brüssel I-VO noch der Brüssel IIa-VO.[24]

Nachdem zwischen Deutschland und der Türkei auch kein einschlägiges bilaterales oder multilaterales Abkommen besteht, kommt es im Ausgangsbeispiel zur Anwendung autonomen internationalen Verfahrensrechts. Das autonome internationale Verfahrensrecht ist in Deutschland verschiedentlich speziell kodifiziert, etwa in §§ 97 ff. FamFG. Der richtige Umgang mit der gleichzeitigen ausländischen Rechtshängigkeit ist jedoch weder für den Zivilprozess noch für die freiwillige Gerichtsbarkeit oder die Familiensachen geregelt.[25] Hier kommen dann die einschlägigen Normen des nationalen Verfahrensrechts entsprechend zur Anwendung, also §§ 261 Abs. 3 Nr. 1 ZPO, 2 Abs. 1 FamFG.[26]

II. Der identische Verfahrensgegenstand als zentrale Voraussetzung

1. *Einheitliche Ermittlung* lege fori

Die Beachtlichkeit ausländischer Rechtshängigkeit steht und fällt maßgeblich mit der Identität des Verfahrensgegenstands, und zwar gleichviel, ob – wie im Ausgangsbeispiel § 2 Abs. 1 FamFG – oder § 261 Abs. 3 Nr. 1 ZPO analog zur Anwendung kommt.[27] Dabei erhebt sich sogleich die Frage, welches Verständnis vom Verfahrensgegenstand dann maßgeblich ist. Kann es dasjenige des deutschen Verfahrensrechts sein oder sind im Hinblick auf den internationalen Kontext Anpassungen erforderlich?

Nach h.M. gilt vor deutschen Gerichten auch bei internationalen Sachverhalten das *lex fori*-Prinzip.[28] Danach wenden die deutschen Gerichte in den vor ihnen anhängigen Verfahren nur deutsches Verfahrensrecht an.[29] Wenn man das ernst nimmt, dann gibt es kein verfahrensrechtliches Kollisionsrecht.[30] Konsequenterweise stellten sich dann Probleme verfahrensrechtlicher Vorfragenanknüpfung von

---

23 MünchKomm-ZPO/*Gottwald*, Münchener Kommentar zur Zivilprozessordnung (3. Aufl. 2008), Art. 1 Brüssel I-VO Rn. 13; Rauscher/*Mankowski* (Fn. 12), Art. 1 Brüssel I-VO Rn. 12.

24 *Hess* (Fn. 12), § 7 Rn. 117.

25 *Schütze*, Das internationale Zivilprozessrecht in der ZPO (2. Aufl. 2011), § 261 Rn. 2.

26 BGH, NJW 1986, 2195; 1987, 383; 2001, 524, 525; NJW-RR 1994, 642; DStR 1997, 1735; MünchKomm-ZPO/*Becker-Eberhard*, Münchener Kommentar zur Zivilprozessordnung (4. Aufl. 2013), § 261 Rn. 73; Stein/Jonas/*H. Roth* (Fn. 3), § 261 Rn. 53.

27 Die weitere zentrale Voraussetzung der verbürgten Gegenseitigkeit ist im Verhältnis von Deutschland und der Türkei erfüllt (*Schütze*, Rechtsverfolgung im Ausland [4. Aufl. 2009], 176).

28 BGH, NJW 1985, 552, 553; Stein/Jonas/*H. Roth* (Fn. 3), § 261 Rn. 55.

29 BGH, WM 1977, 793, 794.

30 Vgl. *Geimer*, Internationales Zivilprozeßrecht (5. Aufl. 2005), Rn. 20.

vornherein nicht. Die Identität der Verfahrensgegenstände wäre ohne weiteres anhand des herrschenden zweigliedrigen Verfahrensgegenstandsbegriffs zu überprüfen, und zwar gleichermaßen für das deutsche und das ausländische Verfahren. Zu diesem Ergebnis gelangt jedenfalls die h.M.[31]

2. Ausländische Rechtshängigkeit – ausländischer Verfahrensgegenstand?

Zwingend ist das freilich nicht. Bei Fällen mit Auslandsbezug berücksichtigen deutsche Gerichte trotz grundsätzlicher Geltung des *lex fori*-Prinzips recht häufig ausländisches Verfahrensrecht. Ob und wann das möglicherweise kollidierende Verfahren im Ausland nämlich überhaupt rechtshängig geworden ist, bestimmt sich im Anwendungsbereich der § 261 Abs. 3 Nr. 1 ZPO bzw. § 2 Abs. 1 FamFG nach dem ausländischen Verfahrensrecht.[32] An sich scheint solch ein Vorgehen auch im Hinblick auf den Verfahrensgegenstand vorzugswürdig. Denn wenn die ausländische Entscheidung auch im Inland Rechtskraft wirkt und sofern sie dabei im Inland dieselben Rechtskraftwirkungen entfaltet wie im Ausland, kommt das autonome internationale Verfahrensrecht bei der Anwendung der §§ 261 Abs. 3 Nr. 1 ZPO, 2 Abs. 1 FamFG nicht umhin, den ausländischen Verfahrensgegenstand nach der Rechtskraftwirkung der ausländischen Entscheidung zu bestimmen.[33]

Was eine ausländische Entscheidung im Inland bewirkt, ist freilich hoch umstritten. Manche gehen davon aus, dass sie dieselben Rechtskraftwirkungen entfaltet wie im Urteilsstaat.[34] Diese Sichtweise bringt freilich dann Schwierigkeiten mit sich, wenn es um solche Entscheidungswirkungen geht, die im deutschen Verfahrensrecht schlechthin nicht existieren.[35] Das betrifft etwa die Rechtskrafterstreckung auf die der Entscheidung zugrunde liegenden Tatsachenfeststellungen, eine Entscheidungswirkung, die dem türkischen Verfahrensrecht trotz der engen Formulierung des Art. 237 HUMK (Zivilprozessgesetz der Türkei) nicht unbekannt ist, sei es auch nur in einzelnen Fällen und unter engen Voraussetzungen.[36] Zu solchen unerwünschten Ergebnissen gelangt nicht, wer – in Übereinstimmung mit einer weiteren Auffassung – nur solche ausländischen Urteilswirkungen anerkennt, die im deutschen Verfahrensrecht zumindest der Art nach vorkommen.[37] Legt man dies zugrunde, wäre in Deutschland wegen § 322 Abs. 2 ZPO auch die rechtskräftige Entscheidung

31 Stein/Jonas/*H. Roth* (Fn. 3), § 261 Rn. 55.
32 BGH, FamRZ 1992, 1058, 1059.
33 „Doppelqualifikation", vgl. *Buschmann*, Rechtshängigkeit im Ausland als Verfahrenshindernis (1995), 173.
34 *Rauscher*, Internationales Privatrecht (4. Aufl. 2012), 2460.
35 *Schack* (Fn. 12), Rn. 882.
36 *Direnisa*, Die materielle Rechtskraft im deutschen und türkischen Zivilverfahrensrecht (2012), 101.
37 Saenger/*Dörner* (Fn. 13), § 328 Rn. 6; Zöller/*Geimer* (Fn. 13), § 328 Rn. 22; MünchKomm-ZPO/*Gottwald* (Fn. 26), § 328 Rn. 160.

über präjudizielle Rechtsverhältnisse anzuerkennen.[38] Dies bliebe nicht ohne Folgen für den deutsch-türkischen Rechtsverkehr, da Entscheidungen türkischer Gerichte jedenfalls unter bestimmten Voraussetzungen auch diese vorgreiflichen Rechtsverhältnisse in Rechtskraft erwachsen lassen können.[39] Aber auch diesem Vorschlag wird man sich nicht anschließen können. Durch die mögliche Perpetuierung einer fehlerhaften ausländischen Entscheidung würde eine Schutzfunktion der nach § 322 ZPO begrenzten Rechtskraftwirkung zu Gunsten des Unterlegenen ausgehebelt und sein internationales Prozessrisiko spürbar erhöht.[40] Eine ausländische Entscheidung kann im Inland deshalb maximal diejenigen Rechtskraftwirkungen haben, die einer entsprechenden inländischen Entscheidung zukommen.[41]

Die Rechtskraftwirkungen der ausländischen Entscheidung im Inland sprechen danach nicht dagegen, den Streitgegenstand im autonomen internationalen Verfahrensrecht einheitlich nach der inländischen *lex fori* zu beurteilen.

3. Eigener Verfahrensgegenstand des autonomen internationalen Verfahrensrechts?

a) Der Einfluss des materiellen Rechts auf den Verfahrensgegenstand

Dass für die Zwecke der §§ 261 Abs. 3 Nr. 1 ZPO, 2 Abs. 1 FamFG im internationalen Bezug der Verfahrensgegenstand *lege fori* bestimmt werden könnte, stellen andere schließlich unter Hinweis auf den Einfluss in Frage, den das materielle Recht auf das Verfahrensrecht ausübt.

So mag ein der Sache nach identisches Phänomen im Ausland anders geregelt sein als im Inland. Das kann etwa bei der Scheidung der Fall sein, die mal als gerichtliche Scheidung ausgestaltet ist, mal als Privatscheidung unter bloßer registerrechtlicher Mithilfe eines Gerichts.[42] Solche Unterschiede können zu wortlautverschiedenen Anträgen führen, je nachdem, in welchem Staat man sich befindet. Legt man in solchen Konstellationen den zweigliedrigen Verfahrensgegenstand des deutschen Zivilverfahrensrechts unbesehen zugrunde, kommt man allein aufgrund der hier und dort wortlautverschiedenen Anträge zu dem mitunter sachwidrigen Ergebnis, dass unterschiedliche Verfahrensgegenstände vorliegen und parallele Verfahren über das sachlich identische Begehren im In- und Ausland möglich sind.[43]

Um solche Effekte zu vermeiden, entwickeln manche alternative Konzepte zur Bestimmung des identischen Streitgegenstands. Teils wird vorgeschlagen, zunächst den Verfahrensgegenstand in beiden Staaten nach der jeweiligen *lex fori* zu ermitteln

---

38 Musielak/*Stadler*, ZPO (10. Aufl. 2013), § 328 Rn. 36.
39 *Direnisa* (Fn. 36), 99, 101.
40 *Schack* (Fn. 12), Rn. 885.
41 *Schack* (Fn. 12), Rn. 886.
42 *Reuß*, Jura 2009, 1, 4.
43 *Heiderhoff*, Die Berücksichtigung ausländischer Rechtshängigkeit in Ehescheidungsverfahren (1998), 218.

und sodann einen Vergleich auf der Sachebene zu ziehen.[44] Andere sprechen sich dafür aus, den eigentlichen Gegenstand des Verfahrens funktional zu ermitteln.[45] Beide Ansätze stehen in gewisser Nähe zur Kernpunkttheorie des *Europäischen Gerichtshofs*.[46]

b) Relevanz für Teilklagekonstellationen?

Inwieweit solche Problemlagen tatsächlich zu einer grundsätzlichen Abkehr von der Bestimmung des Verfahrensgegenstands *lege fori* nötigen, sei dahingestellt. Jedenfalls in den hier letztlich allein interessierenden Fällen paralleler grenzüberschreitender Teilklagen wirkt der Ausgang der Kontroverse sich nicht auf das Ergebnis aus. Denn hier hängt das klägerische Begehren kaum von der materiellrechtlichen Ausgestaltung ab. Charakteristisch ist vielmehr, dass von einem einheitlichen aber teilbaren Anspruch – regelmäßig auf Leistung in Geld gerichtet – lediglich ein Teil geltend gemacht wird.[47] In diesem Fall liefert der zweigliedrige Verfahrensgegenstandsbegriff der deutschen *lex fori* sachgerechte Ergebnisse.

III. Der Rechtshängigkeitseinwand bei offenen parallelen Teilklagen

Wenn danach für die anderweitige ausländische Rechtshängigkeit die Maßstäbe der *lex fori* gelten, kommen die Regeln des deutschen Verfahrensrechts über die parallele Teilklage ungekürzt zur Anwendung.

Wenn man der ganz h.M. folgt, dann hindert eine in der Türkei rechtshängige Teilklage den Kläger nicht daran, einen weiteren Teil seines einheitlichen Anspruchs in Deutschland gerichtlich geltend zu machen. Das folgt daraus, dass der Verfahrensgegenstand zugleich durch den Antrag und den zugrunde liegenden Lebenssachverhalt festgelegt wird und deshalb auf den geltend gemachten Betrag beschränkt ist.[48] Für den Ausgangsfall des *AG Augsburg* ergibt sich daraus, dass die Streitgegenstände beider Verfahren zwar teilweise identisch sind, nämlich insoweit, als die Antragstellerin den in der Türkei eingeklagten Betrag in Deutschland abermals geltend macht. Nachdem der Einwand der entgegenstehenden Rechtshängigkeit einem zweiten Verfahren aber nur

44 Vgl. *Mittenzwei*, Die Verhinderung von Verfahrenskollisionen nach deutschem und europäischem Zivilprozessrecht (2005), 191.
45 *Heiderhoff* (Fn. 43), 216.
46 *Reuß*, Jura 2009, 1, 4.
47 *Musielak* (Fn. 38), § 322 Rn. 67; das türkische Recht hat ein identisches Verständnis von der Teilklage, siehe dazu *Kulaksiz*, Die Teilklage im deutschen und türkischen Zivilprozessrecht (2004), 2.
48 MünchKomm-ZPO/*Becker-Eberhard* (Fn. 26), § 261 Rn. 60; Stein/Jonas/*H. Roth* (Fn. 3), § 261 Rn. 27.

entgegensteht, soweit der Verfahrensgegenstand identisch ist,[49] hätte das *AG Augsburg* den Antrag nicht in voller Höhe abweisen dürfen.

IV. Der Rechtshängigkeitseinwand bei verdeckten parallelen Teilklagen

Für die verdeckte parallele Teilklage gilt letztlich nichts anderes.

Überträgt man insoweit die zur Rechtskraft entwickelten Grundsätze eins zu eins auf die Frage nach der anderweitigen Rechtshängigkeit, dann ist eine parallele Teilklage im Inland auch dann möglich, wenn der Kläger im Ausland lediglich eine verdeckte Teilklage erhoben hat. Denn jedenfalls wenn man der h.M. folgt, erfasst die Rechtskraft weder des stattgebenden noch des abweisenden Urteils über die verdeckte Teilklage den nicht geltend gemachten Teil des einheitlichen Anspruchs.[50] Auch hier bleibt es dabei, dass der Verfahrensgegenstand auf den geltend gemachten Betrag beschränkt ist.[51]

---

49 *Rosenberg/Schwab/Gottwald* (Fn. 5), § 98 Rn. 22.

50 *Rosenberg/Schwab/Gottwald* (Fn. 5), § 154 Rn. 15.

51 Verbreitet ist demgegenüber eine These, der zufolge die Rechtshängigkeitssperre eingreift, wenn gleichzeitig Teile desselben Anspruchs in mehreren Klagen verdeckt geltend gemacht werden (MünchKomm-ZPO/*Becker-Eberhard* [Fn. 26], § 261 Rn. 61; Stein/Jonas/*H. Roth* [Fn. 3], § 261 Rn. 27). Hintergrund ist eine Entscheidung des *Reichsgerichts* (RGZ 45, 405). Hier hatte der Kläger als unmittelbare Folge eines Unfalls einen Leistenbruch und in dessen Folge einen Erwerbsminderungsschaden erlitten. Um diesen ersetzt zu bekommen, erhob er im ersten Forum Klage auf Zahlung einer Erwerbsminderungsrente. Noch bevor dieses Verfahren rechtskräftig abgeschlossen war, stellte sich als weitere Folge des Unfalls ein Nervenleiden ein, das die Erwerbsminderung vergrößerte. In einem zweiten Forum erhob der Geschädigte eine weitere Klage auf Zahlung einer höheren Erwerbsminderungsrente. Das *Reichsgericht* hielt diese zweite Klage wegen entgegenstehender anderweitiger Rechtshängigkeit für unzulässig, weil die erste Klage dahin zu verstehen sei, dass der Kläger seinen gesamten Schadensersatzanspruch geltend gemacht habe (RGZ 45, 405, 407). Dem liegt freilich ein Missverständnis zugrunde. Zunächst besteht das Charakteristische jeder verdeckten Teilklage gerade darin, dass der Kläger nicht zu erkennen gibt, dass er lediglich einen Teil eines einheitlichen Anspruchs geltend macht. Dass es sich um eine Teilklage handelt, wird stets erst dann sichtbar, wenn mit einer weiteren Klage Nachforderungen geltend gemacht werden. Die Rechtshängigkeit der ersten Klage kann der zweiten folglich nur dann entgegenstehen, wenn die zweite Klage abermals den gesamten Anspruch einfordert oder aber einen Anspruchsteil, der bereits Gegenstand der ersten Klage ist. In beiden Konstellationen liegen aber bereits keine Teilklagen vor. Im konkreten Fall des *Reichsgerichts* kommt hinzu, dass die zweite Klage mit der weiteren Gesundheitsverletzung auf neue Tatsachen gestützt war, die den Erwerbsminderungsschaden erhöhten. Diese Tatsachen hätte der Kläger unabhängig von der Rechtskraft oder Rechtshängigkeit im ersten Verfahren ohnehin in einem zweiten Verfahren selbständig geltend machen können, weil sie vom Gegenstand des ersten Verfahrens nicht erfasst sind (Stein/Jonas/*Leipold* [Fn. 3],

D. Das Rechtsschutzbedürfnis für parallele Teilklagen

I. Das Rechtsschutzbedürfnis und die Möglichkeit zur Klageerweiterung

Im Ergebnis könnte das *AG Augsburg* den Antrag aber dennoch zu Recht vollständig abgewiesen haben. Denn die Diskussion um die Zulässigkeit paralleler Teilklagen ist mit dem Verfahrensgegenstand noch nicht erschöpft. Vielmehr stellt sich auch die Frage nach dem Rechtsschutzbedürfnis. Wenn nämlich der Anspruchsteller über den im ersten Forum geltend gemachten Teil hinaus weitere Beträge gerichtlich einfordern will, dann kann er zu diesem Zweck den im ersten Forum bereits gestellten Antrag erweitern.[52] Verglichen mit der Anstrengung eines eigenständigen, parallelen Verfahrens ist das sowohl für den Anspruchsteller selbst als auch für seinen Gegner einfacher und spart zugleich gerichtliche Ressourcen. Weshalb also sollte man das Rechtsschutzbedürfnis für eine weitere Teilklage in einem weiteren Forum bejahen?

Diese zum deutschen Recht geläufige Argumentation ist auf den grenzüberschreitenden Fall jedenfalls dann übertragbar, wenn auch das ausländische Verfahrensrecht, dem das erste Verfahren unterliegt, die Erweiterung der Klage zulässt. Zwar macht Art. 185 HUMK die nachträgliche Klageerweiterung grundsätzlich vom Einverständnis des Gegners abhängig. Jedoch besteht für den Kläger die Möglichkeit, zumindest auf Basis von Art. 185 Ziff. 2 HUMK den eingeklagten Betrag auch ohne dieses Einverständnis nachträglich zu erhöhen.[53] Insoweit ist die türkische verfahrensrechtliche Situation im Ergebnis mit der in Deutschland sich aus §§ 263, 264 Nr. 2 ZPO ergebenden mehr oder weniger vergleichbar. Folglich könnte im Ausgangsbeispiel das Rechtsschutzbedürfnis für das Parallelverfahren vor dem *AG Augsburg* fehlen, so dass der Antrag auch insoweit zu Recht abgewiesen wäre, als er den in der Türkei geltend gemachten Betrag übersteigt.

Die h.M. lehnt ein solches Vorgehen allerdings unter Hinweis darauf ab, dass das Verhältnis beider Teilklagen zueinander systematisch allein bei Verfahrensgegenstand und Rechtshängigkeit zu verorten sei.[54]

---

§ 322 Rn. 145). Das Problem mit der zweiten Klage bestand darin, dass sie nicht erkennen ließ, inwieweit die nun erhobene Klageforderung auf den neuen Tatsachen beruhen sollte. Das ist aber keine Frage von anderweitiger Rechtshängigkeit oder entgegenstehender Rechtskraft, sondern ein Problem mangelnder Bestimmtheit des Klageantrags.

52 *Blomeyer*, Zivilprozeßrecht · Erkenntnisverfahren (2. Aufl. 1985), § 49 III. 2.

53 *Kulaksiz* (Fn. 47), 117.

54 MünchKomm-ZPO/*Becker-Eberhard* (Fn. 26), § 261 Rn. 60; Stein/Jonas/*H. Roth* (Fn. 3), § 261 Rn. 27.

II. Die Bedeutung der negativen Zwischenfeststellungswiderklage

Doch springt dieses Argument der h.M. zu kurz, ist es doch rein technisch und lässt die hinter dem Institut der Teilklage stehenden Interessen von Anspruchsteller und Anspruchsgegner allzu sehr außer Betracht.

Betrachtet man zunächst die Position des Anspruchstellers, so folgt bereits aus der Dispositionsmaxime, dass er selbst darüber entscheidet, in welchem Umfang er einen Anspruch einklagt.[55] Dass das Prozessgericht keine über den jeweiligen Teilbetrag hinaus rechtskräftige Entscheidung treffen darf, ergibt sich letztlich aus § 308 Abs. 1 ZPO: Wenn das Prozessgericht nicht mehr zusprechen darf als beantragt, dann darf es dem Kläger auch nichts absprechen, was er nicht zur Entscheidung gestellt hat.[56] Diese Sichtweise erkennt an, dass es legitime und schutzwürdige Gründe gibt, einen einheitlichen Anspruch nur teilweise vor Gericht zu bringen. Dabei handelt es sich insbesondere um die Minimierung des Kostenrisikos.[57] Wenn mehrere Gerichtsstände eröffnet sind, mag man gegebenenfalls sowohl die Einschätzung des einen als auch diejenige des anderen testen. Dagegen steht das Interesse des Gegners an einer einheitlichen Entscheidung. Wenn man die Teilklage zulässt, sieht er sich der Notwendigkeit ausgesetzt, sich mehrfach gerichtlich wegen eines einheitlichen Anspruchs verteidigen zu müssen. Das deutsche Prozessrecht gibt dem Gegner mit der Zwischenfeststellungsklage freilich ein Instrument an die Hand, mit dem er dieses Dilemma vermeiden kann.[58] Ist also über die erste Teilklage rechtskräftig entschieden worden, ist das Interesse des Anspruchsgegners an einer einheitlichen Entscheidung nur dann und nur deshalb von vornherein nachrangig, wenn er die negative Zwischenfeststellungswiderklage nicht erhoben hat.

Diese Wertung des § 256 Abs. 2 ZPO entscheidet über das Rechtsschutzbedürfnis für parallele Teilklagen. Wenn der Gegner auch bei parallelen gegen ihn gerichteten Teilklagen die Möglichkeit hat, mittels der negativen Zwischenfeststellungswiderklage eine einheitliche Entscheidung über den Anspruch herbeizuführen, ist das Rechtsschutzbedürfnis des Anspruchstellers zu bejahen. Besteht sie nicht, ist es zu verneinen.

---

55 BGH, NJW 2003, 3058, 3059; OLG Frankfurt/Main, NJW-RR 1997, 700, 701; OLG Saarbrücken, BeckRS 2009, 24236; *Grunsky*, Grundlagen des Verfahrensrechts (2. Aufl. 1974), 502; *Piekenbrock*, NJW 1999, 1360, 1361.

56 *Grunsky* (Fn. 55), 502; vgl. auch MünchKomm-ZPO/*Gottwald* (Fn. 26), § 322 Rn. 126.

57 Wolf/Vorwerk/*Gruber*, ZPO (9. Ed. 2013), § 322 Rn. 24; *Grunsky* (Fn. 54), 502.

58 *Grunsky* (Fn. 55), 504.

III. Parallele Teilklagen und negative Zwischenfeststellungswiderklage im inländischen Verfahren

Wählt man zur Orientierung – was das *lex fori*-Prinzip ja durchaus nahelegt – das nationale Verfahrensrecht, so sind im Wesentlichen zwei Konstellationen von Interesse.

Im ersten Fall erhebt der Anspruchsteller eine Teilklage, auf die der Beklagte mit der negativen Zwischenfeststellungswiderklage reagiert. Dieser schließt sich sodann eine weitere Teilklage in einem zweiten Forum an. Jedenfalls nach h.M. kann der Anspruchsteller auf die negative Feststellungsklage mit einer Leistungsklage in einem anderen Forum reagieren, durch die dann das Interesse an der negativen Feststellung entfällt.[59] Bei der Teilklage gilt insoweit nichts anderes; die im ersten Forum erhobene Zwischenfeststellungswiderklage verhält sich zu der im zweiten Forum erhobenen weiteren Teilklage dann wie eine selbständige negative Feststellungsklage. Ergeben beide Teilklagen in der Summe den gesamten Anspruch, droht aus dem vorgreiflichen Rechtsverhältnis kein weiterer Streit und die negative Zwischenfeststellungsklage wird unzulässig. Hier hat es der Anspruchsgegner also nicht in der Hand, den Streit über den gesamten Anspruch mittels der negativen Zwischenfeststellungswiderklage in einem Verfahren zu konzentrieren. Ebenso liegt es, wenn beide Teilklagen nicht den gesamten Anspruch abdecken. Die zweite Teilklage lässt das Feststellungsinteresse für die im ersten Forum erhobene negative Zwischenfeststellungswiderklage zwar nicht vollständig entfallen. Es bleibt aber nur noch insoweit bestehen, als die zweite Teilklage nicht über den Anspruch entscheidet. Die negative Zwischenfeststellungswiderklage bleibt folglich nur noch mit dem Antrag zulässig, dass dem Anspruchsteller kein Anspruch über den Betrag hinaus zustehe, den er mit der Teilklage im anderen Forum geltend gemacht habe.[60] Abermals kann der Anspruchsgegner keine in einem Forum konzentrierte Entscheidung über den gesamten Anspruch herbeiführen.

Zu identischen Ergebnissen führt der zweite Fall, in dem der Anspruchsteller gleichzeitig zwei Teilklagen in unterschiedlichen Foren erhebt. Sofern beide Teilklagen den Gesamtanspruch erfassen, bleibt für eine negative Feststellungsklage von vornherein kein Raum. Bleiben sie dahinter zurück, mag man dem Anspruchsgegner die negative Feststellungsklage im Übrigen zwar zubilligen, sei es als Zwischenfeststellungswiderklage oder als selbständige Feststellungswiderklage in einem der beiden Foren. Das ändert aber weder daran etwas, dass diese negative Feststellungsklage nur insoweit zulässig ist, als in dem jeweils anderen Forum nicht über den Anspruch entschieden wird, noch daran, dass der Anspruchsgegner den Anspruchsteller nicht zur Konzentration des Verfahrens in einem Forum zwingen kann.

59 BGHZ 99, 340, 341 f.; BGH, NJW 1973, 1500; 1994, 3107 f.; 2006, 515, 516; Thomas/Putzo/*Reichold* (Fn. 20), § 256 Rn. 19.

60 Vgl. Stein/Jonas/*H. Roth* (Fn. 3), § 256 Rn. 123.

Danach bleibt festzuhalten: Anders als im Fall der aufeinander folgenden Teilklagen kann der Anspruchsgegner bei parallelen Teilklagen eine mehrfache Prozessführung nicht über das Instrument der negativen Zwischenfeststellungswiderklage vermeiden. Diese Konsequenz geht einseitig zu Lasten des Beklagtenschutzes und ist korrekturbedürftig. Aus der Perspektive des deutschen Verfahrensrechts ist daher das Rechtsschutzbedürfnis für parallele Teilklagen zu verneinen.

IV. Parallele Teilklagen und negative Zwischenfeststellungswiderklage im autonomen internationalen Verfahrensrecht

Was aber folgt aus diesem Befund für das autonome internationale Verfahrensrecht?

Zunächst gilt, dass eine im Ausland erhobene negative Feststellungsklage einer späteren Leistungsklage im Inland nicht entgegensteht.[61] Es bleibt auch insoweit beim Dogma vom Vorrang der Leistungsklage. Folglich muss das als Forum einer zweiten Teilklage angerufene deutsche Gericht auch in diesem Fall das Rechtsschutzbedürfnis für die zweite Teilklage verneinen. Denn in Übereinstimmung mit dem Dogma vom Vorrang der Leistungsklage würde das im Ausland geltend gemachte Äquivalent zur negativen Zwischenfeststellungswiderklage eine weitere parallele Teil(leistungs)klage in Deutschland nicht verhindern können. Abermals entscheidet also allein der Anspruchsteller darüber, ob der Gegner sich in einem oder in mehreren Foren gleichzeitig dem Anspruch erwehren muss. Auch im internationalen Kontext gilt es, dieses Ergebnis zu vermeiden.

Zwar sind im türkischen Recht weder die selbständige noch die Zwischenfeststellungsklage gesetzlich geregelt.[62] Die selbständige Feststellungsklage ist jedoch sowohl in der positiven als auch in der negativen Variante in Rechtsprechung und Literatur anerkannt.[63] Weshalb es ausgeschlossen sein sollte, diese bei Vorliegen der übrigen Voraussetzungen in Form der im türkischen Prozessrecht ebenfalls vorgesehenen Widerklage[64] geltend zu machen, ist nicht ersichtlich. Alternativ hierzu wird vorgeschlagen, die negative Feststellungsklage über das Institut der Prozessverbindung gemäß Art. 45 HUMK mit der Teilklage zu koppeln, um auf diese Weise ein Äquivalent zur deutschen Regelung des § 256 Abs. 2 ZPO zu konstruieren.[65]

Danach ist festzuhalten: Das türkische Prozessrecht eröffnet dem Beklagten einer Teilklage mittels einer negativen Feststellungsklage jedenfalls im Ergebnis die Möglichkeit, über den gesamten Anspruch einheitlich im Forum der Teilklage entscheiden zu lassen. Diese Möglichkeit darf nicht dadurch unterlaufen oder relativiert werden, dass das deutsche autonome internationale Verfahrensrecht im Inland eine

---

61 *Schack* (Fn. 12), Rn. 839.

62 *Direnisa* (Fn. 36), 215, 218.

63 So berichtet es jedenfalls *Direnisa* (Fn. 36), 218.

64 *Ercan*, Richter und Parteien im Scheidungsverfahren (2000), 48.

65 *Direnisa* (Fn. 36), 218.

weitere Teilklage zulässt. Folglich gibt es auch kein Rechtsschutzbedürfnis für solch eine zweite Teilklage im Inland.

E. Exkurs: Parallele Teilklagen im Unionsverfahrensrecht

Abschließend sei noch kurz auf die Zulässigkeit paralleler Teilklagen im Geltungsbereich des Art. 27 Brüssel I-VO eingegangen. Ist danach vor dem Gericht eines Mitgliedstaats eine Klage zulässig erhoben worden, scheidet eine gleichzeitige Klage über denselben Anspruch vor den Gerichten eines anderen Mitgliedstaates im Ergebnis aus. Was die parallelen Teilklagen anbelangt, besteht der wesentliche Unterschied zum autonomen internationalen Verfahrensrecht darin, dass der Fokus sich weg vom Rechtsschutzbedürfnis und hin zu demselben Anspruch im Sinne des Art. 27 Brüssel I-VO bewegt, der unionsrechtlichen Entsprechung des Verfahrensgegenstands.

Unter welchen Voraussetzungen zwei Verfahren denselben Gegenstand haben, ist verordnungsautonom zu bestimmen.[66] Auf Grundlage der Rechtsprechung des *Europäischen Gerichtshofs* gilt hier die sog. Kernpunkttheorie. Danach betreffen beide Verfahren denselben Anspruch, wenn sie auf derselben Grundlage beruhen und denselben Gegenstand haben.[67] Das ist weit zu verstehen und es genügt, wenn die Gegenstände im Kern identisch sind.[68] In dem der *Gubisch*-Entscheidung zugrunde liegenden Fall erhob der Käufer in Italien eine Klage auf Feststellung der Nichtigkeit des Kaufvertrags, nachdem die Verkäuferin ihn vor einem deutschen Gericht auf Zahlung des Kaufpreises verklagt hatte. Der *Europäische Gerichtshof* gelangte hier zu dem Ergebnis, dass die Wirksamkeit des Vertragsverhältnisses der gemeinsame Kern beider Verfahren sei.[69]

Nimmt man dieses weite Verständnis ernst, so kann an sich kein Zweifel bestehen, dass parallele Teilklagen in verschiedenen Mitgliedstaaten denselben Anspruch im Sinne des Art. 27 Brüssel I-VO betreffen. Das folgt allein schon daraus, dass es in beiden Verfahren um dasselbe einheitliche Forderungsrecht des Klägers geht. Die wohl h.M. lehnt diese Konsequenz der Kernpunkttheorie für Teilklagen jedoch

---

66 EuGH, NJW 1989, 665, 666; EuZW 1998, 443, 444; BGH, RuS 2013, 249, 250; BeckRS 2013, 9101 Tz. 17; MünchKomm-ZPO/*Gottwald* (Fn. 23), Art. 27 Brüssel I-VO Rn. 6; *Geimer*, in: *ders./Schütze*, Europäisches Zivilverfahrensrecht (3. Aufl. 2010), Art. 27 Brüssel I-VO Rn. 29; Rauscher/*Leible* (Fn. 12), Art. 27 Brüssel I-VO Rn. 8; *Hess* (Fn. 12), § 6 Rn. 156.

67 EuGH, NJW 1989, 665, 666; *Hess* (Fn. 12), § 6 Rn. 156.

68 BGH, GRUR 2011, 1112, 1114; BeckRS 2013, 9101 Tz. 27; MünchKomm-ZPO/*Gottwald* (Fn. 23), Art. 27 Brüssel I-VO Rn. 7; *Geimer*, in: *ders./Schütze* (Fn. 66), Art. 27 Brüssel I-VO Rn. 30; Rauscher/*Leible* (Fn. 12), Art. 27 Brüssel I-VO Rn. 8b; *Hess* (Fn. 12), § 6 Rn. 156.

69 EuGH, NJW 1989, 665, 666.

ab.[70] Das überzeugt jedoch nicht, da die Zulässigkeit der parallelen Teilklage auch im internationalen Unionsverfahrensrecht unter Umständen dazu führte, dass der Anspruchsgegner nicht mehr mittels einer negativen (Zwischen)Feststellungswiderklage eine Konzentration des Streits im ersten Forum erzwingen kann. Zuzugeben ist zwar, dass die im ersten Forum erhobene negative (Zwischen)Feststellungswiderklage eine parallele Teilklage in einem anderen Mitgliedstaat gemäß Art. 27 Brüssel I-VO sperrt.[71] Jedoch funktioniert dies nicht mehr, wenn der Kläger seinen Anspruch sogleich jeweils in Teilen vor Gerichten mehrerer Mitgliedstaaten geltend macht.

F. Zusammenfassung

Wird die Entscheidung eines ausländischen Gerichts im Inland voraussichtlich anerkannt, darf während der Dauer des zuerst angestrengten ausländischen Verfahrens im Inland kein weiteres Verfahren über denselben Gegenstand rechtshängig werden. Im Verhältnis zur Türkei beurteilt ein deutsches Gericht die anderweitige ausländische Rechtshängigkeit nach autonomem internationalem Zivilverfahrensrecht, also in entsprechender Anwendung der §§ 261 Abs. 3 Nr. 1 ZPO, 2 Abs. 1 FamFG. Der Gegenstand sowohl des inländischen als auch des ausländischen Verfahrens wird dabei *lege fori* ermittelt. Nachdem der Gegenstand jeder Teilklage auf den eingeklagten Betrag beschränkt ist, scheitert die Zulässigkeit paralleler Teilklagen nicht an anderweitiger Rechtshängigkeit. Jedoch besteht nach autonomem internationalem Zivilverfahrensrecht kein Rechtsschutzbedürfnis für parallele Teilklagen im In- und Ausland. Dem entspricht es, dass parallele Teilklagen im Kontext des Unionsverfahrensrechts denselben Gegenstand betreffen und deshalb dort ebenfalls unzulässig sind.

---

70 *Geimer*, in: *ders./Schütze* (Fn. 66), Art. 27 Brüssel I-VO Rn. 41 m.w.N. auch zur Gegenauffassung; Rauscher/*Leible* (Fn. 12), Art. 27 Brüssel I-VO Rn. 10b.

71 *Schack* (Fn. 12), Rn. 849.

2. Teil: Zivilrecht und Wirtschaftsrecht

Mustafa Dural

Die Verwestlichungsbestrebungen im türkischen Zivilrecht und die Neuerung des Schuldrechts

A. Die Verwestlichungsbestrebungen im Zivilrecht

I. Historische Entwicklung

Die Modernisierungs- und Kodifizierungsbestrebungen im Zivilrecht begannen schon vor der Gründung der Türkischen Republik, d.h. in der Mitte des 19. Jahrhunderts, genauer gesagt im Jahre 1839 mit einem Befehl des Sultans. In diesem Befehl war die Kodifizierung des Rechts angeordnet worden. Dies geschah auf zwei Wegen. Auf einer Seite hat man die Gesetze mancher westlicher Länder (hauptsächlich Frankreich) übernommen, wie z.B. das Handelsgesetzbuch, das Strafgesetzbuch oder die Zivilprozessordnung.

Der zweite Weg war die Vergesetzlichung des islamischen Rechts, die man bei der Vorbereitung des Zivilrechts bevorzugte. Dieses Zivilgesetzbuch, kurz „Mecelle" genannt, das man als Vereinheitlichung oder Zusammenstellung übersetzen kann, bestand aus einer Einführung und 16 Büchern bzw. Titeln. Doch war die Mecelle kein Zivilgesetzbuch im eigentlichen Sinne. Es umfasste nur das Obligationenrecht, die Zivilprozessordnung und zum Teil das Sachenrecht. Das Familienrecht, Erbrecht und der größte Teil des Sachenrechts waren in diesem Gesetz nicht geregelt. In diesen Bereichen, insbesondere im Familienrecht, wurden später besondere Gesetze erlassen. Das Familienrecht, das durch einen Beschluss geregelt wurde, befasste sich hauptsächlich mit den Ehen der nicht islamischen Untertanen des Sultans. Dieser Beschluss blieb ziemlich kurz in Kraft.

Mit der Begründung der Türkischen Republik konnte von einem säkularistischen Staat nicht erwartet werden, dass er ein religiöses bzw. islamisches Recht hat. Deshalb hat man gleich nach der Gründung der Republik mit der Änderung des Rechts begonnen. So wurden z.B. von Italien das Strafgesetzbuch und von Deutschland die Strafprozessordnung übernommen.

Im Bereich des Zivilrechts war es jedoch umstritten, ob man ein Zivilgesetzbuch eines europäischen Landes übernimmt oder ein einheimisches Gesetz, das hauptsächlich auf islamischem Recht basiert, vorbereiten soll. Dieses Mal wog der Gedanke ein europäisches Zivilgesetz zu übernehmen schwerer und man entschied sich für das schweizerische Zivilgesetzbuch und Obligationenrecht. Beide Gesetze wurden vom französichen Text übersetzt und traten gleichzeitig am 4.10.1926 in Kraft.

Die Bevorzugung des schweizerischen ZGB wurde im Begleitschreiben des Gesetzes damit begründet, dass es sehr neu, demokratisch und sozial ist. Der wahre Grund aber war, dass die prominenten Juristen der damaligen Zeit, einschließlich des Justizministers, in der Schweiz Jura studiert hatten, weshalb sie im schweizerischen Recht bewandert waren.

Die Übernahme des schweizerischen ZGB war eine Rechtsreform. Denn dadurch ging man von einem Rechtssystem, nämlich vom islamischen, in ein ganz anderes, nämlich westliches, über. Dagegen kann das tZGB von 2002 nicht als Reform angesehen werden, obwohl man dies feurig behauptet. Denn dadurch ist nicht in ein anderes Rechtssystem übergangen worden, sondern das alte tZGB wurde der Gegenwart angepasst.

Nach dem Inkrafttreten des türkischen ZGB wurden bis 1951 keine Änderungen oder Änderungsbestrebungen vorgenommen. Die einzige Ausnahme ist die Herabsetzung des Heiratsalters im Jahre 1938. Es wurde für Männer von 18 auf 17 und für Frauen von 17 auf 15 herabgesetzt. Die Begründung war, dass das alte Heiratsalter den türkischen Gewohnheiten und Bräuchen nicht entsprach. Dieses Argument wird allen späteren Änderungsarbeiten vorgehalten, was die Regelungen durcheinander brachte.

Ab dem Jahre 1951 begannen die Änderungsarbeiten. Ziel dieser Änderungen war die Verbesserung der Übersetzungsfehler und die Anpassung des tZGB an die bis dahin entwickelte Judikatur sowie Modernisierung des Zivilrechts. Zu diesem Zweck wurde vom Justizministerium ein Ausschuss bestellt, der im Jahre 1971 dem Ministerium einen Vorentwurf vorlegte. Jedoch blieb es nur dabei.

Im Jahre 1974 wollte das Ministerium nur die Änderung des Familienrechts. Aber der damit beauftragte Ausschuss löste sich schon bei der ersten Tagung mit der Begründung auf, dass eine solche partielle Änderung im Gesetz Widersprüche hervorrufen könnte.

Im Jahre 1976 wurde wieder ein Ausschuss bestellt mit der Aufgabe den Vorentwurf von 1971 zu revidieren und der Zeit anzupassen. Jedoch wurde er vom gleichen Justizminister aufgelöst.

Im Jahre 1981 beschloss der damalige nationale Sicherheitsrat die Wiederaufnahme der Revision des ZGB und verkündete das mit einem Gesetz, damit die Vorbereitungsarbeiten des aufzustellenden Ausschusses nicht wie vorher von dem Willen des Justizministers abhängt. Dieser Ausschuss beendete den Vorentwurf im Jahre 1984. Auch dieser Vorentwurf blieb ohne Erfolg. Basierend auf diesem Vorentwurf wurden in den Jahren 1988 und 1990 teilweise Änderungen im Familienrecht und Erbrecht vorgenommen. Dazu kann man einige Beispiele nennen. Im Jahre 1988 ist den geschiedenen Ehepaaren ein gegenseitiger Unterhaltsanspruch ohne Zeitbegrenzung und die Scheidung mit gegenseitigem Einverständnis anerkannt worden. Im Jahre 1990 ist der geschiedenen Ehefrau unter bestimmten Voraussetzungen das Recht anerkannt worden, den Namen ihres Exmannes weiter zu tragen. Im selben Jahr ist die Erbberechtigung der vierten Parantele, also der Parantele der Urgroßeltern und ihrer Kinder aufgehoben worden. Auch der Unterschied der Erbanteile zwischen den ehelichen und unehelichen Kindern ist abgeschafft worden. Die erwähnten Regelungen sind später ungeändert ins neue tZGB von 2002 aufgenommen worden.

1994 wurde wieder ein Ausschuss mit derselben Aufgabe beantragt. Der ausgefertigte Vorentwurf wurde in 1998 dem Justizministerium vorgelegt. Dieser Vorentwurf wurde wegen Erneuerung der Wahlen ipso iure nichtig.

Im Jahre 1999 wurde vom Justizministerium wieder eine Kommission aufgestellt um den Vorentwurf von 1998 zu revidieren. Der Vorentwurf dieser Kommission wurde vom Justizministerium zum Entwurf bearbeitet und dem Parlament vorgelegt. Das Gesetz wurde vom Parlament mit dem Titel türkisches Zivilgesetzbuch verabschiedet. Es wurde am 8.12.2001 im amtlichen Blatt veröffentlicht und trat am 1.1.2002 in Kraft.

Die wichtigsten Änderungen sind im Familienrecht und Erbrecht vorgenommen worden. Die bedeutendste Änderung im Familienrecht ist die Neuerung der Güterstände. Es wurde nämlich statt der Gütertrennung die Errungenschaftsbeteiligung als ordentlicher Güterstand eingeführt. Geändert wurde auch die Heiratsfähigkeit. Nach Art. 124 tZGB wird die Heiratsreife für beide Geschlechter mit Vollendung des 17. Lebensalters erreicht. Auch das Adoptionsrecht ist neu geregelt worden. Zu beachten ist hier, dass eine Ehe zwischen den Adoptiveltern und dem Kind, sowie zwischen den Adoptiveltern und dem Nachkommen oder dem Ehegatten des Adoptivkindes und vis versa, als nichtig erklärt worden ist. Dass das Pflichtteilsrecht des Adoptivkindes nicht aufgehoben werden kann, ist als eine neue Regelung eingeführt worden.

Wichtig sind auch die neuen Regelungen im Kindschaftsrecht. Der Unterschied zwischen einem ehelichen und außerehelichen Kind ist abgeschafft worden. Das Sorgerecht dieser Kinder ist der Mutter vorbehalten.

Auch der Name des außerehelichen Kindes ist neu geregelt worden. In Art. 321 tZGB war vorgesehen, dass das außereheliche Kind den Namen der Mutter trägt, auch wenn es vom Vater anerkannt wurde oder ein Vaterschaftsurteil vorliegt. Diese Regelung ist später jedoch geändert vorden.[1]

Einige Beispiele aus dem Erbrecht: Nach Art. 506 tZGB beträgt der neue Pflichtteil der Nachkommen die Hälfte und der der Eltern ein Viertel ihrer Erbanteile. Für den überlebenden Ehepartner ist der ganze Erbanteil zugleich auch der Pflichtteil, wenn er die Erbschaft zusammen mit den Nachkommen und der Elternparantele teilt; in allen anderen Fällen beträgt er drei Viertel seines Erbanteils.

Wichtig ist auch zu erwähnen, dass dem überlebenden Ehepartner bei der Erbteilung ein Vorrecht bezüglich des Hauses oder der Wohnung und dem Hausrat anerkannt worden ist.

Es ist in der Türkei zur Gewohnheit geworden, dass im Zivilrecht das schweizerische ZGB als Vorbild genommen wird. Auch das neue türkische Zivilgesetzbuch von 2002 lehnt sich stark an das schweizerische ZGB an. Dazu kommen aber auch die Harmonisierungsbestrebungen mit dem EU-Recht. Jedoch wurde dieses Mal das schweizerische ZGB nicht wie im Jahre 1926 Wort für Wort übersetzt, sondern der

1 Siehe unten II. Die wichtigsten Änderungen im neuen tZGB und Anfechtungen durch das VerfG.

Gesetzgeber hat sich von den neuen Regelungen des ZGB zwar inspirieren lassen, wobei aber bemerkt werden muss, dass es sich dabei lediglich um eine teilweise Inspiration handelt. Denn der türkische Gesetzgeber hat die neuen Institutionen nicht in ihrer vollen Regelung übernommen, sondern bestimmte Vorschriften mit der Begründung abgewiesen, dass sie den türkischen Gewohnheiten widersprächen. Das gleiche Argument gilt auch für das EU-Recht. Dadurch wurden viele Regelungen schwer verständlich, teilweise sogar unverständlich. So übernahm das türkische ZGB zwar die Volladoption des schweizerischen ZGB, behielt aber ausdrücklich die Verbindung zwischen dem Adoptierten und seinen biologischen Eltern, beziehungweise Verwandten (Art. 314 tZGB) – einschließlich des Erbrechts – bei. Oder es wurden Vorschriften dazwischen eingefügt, die systematisch und sinngemäß überhaupt nicht an diese Stelle passen oder überhaupt den Grundprinzipien des Zivilrechts widersprechen. So ist beispielsweise in Art. 181 Abs. 2 tZGB geregelt, wie es sich verhält, wenn einer der Ehegatten während der Scheidungsklage stirbt. Dies ist eine Vorschrift, die nicht absurder sein kann. Dort heißt es: *„Stirbt der Kläger während des Scheidungsverfahrens und setzt ein Erbe des Klägers das Verfahren fort, so gilt der vorstehende Absatz, sofern ein Verschulden der beklagten Partei nachgewiesen wird.“*[2] Nach Art. 181 Abs. 1 tZGB geht der Gesetzgeber grundsätzlich davon aus, dass, wenn einer der Parteien während der Scheidungsklage stirbt, die Ehe nicht mit der Scheidung endet, sondern mit dem Tod, weshalb das gesetzliche Erbrecht und die Ansprüche aus der vor der Scheidung getroffenen letztwilligen Verfügung weiter bestehen. Danach folgt jedoch eine Ausnahme, und zwar für den Fall des Todes *des Klägers*. Stirbt nämlich der klagende Ehegatte während des Verfahrens, so haben seine Erben das Recht die Scheidungsklage weiterzuführen. Führt einer der Erben des verstorbenen Klägers die Klage weiter und gelingt es ihm zu beweisen, dass das Verschulden des Beklagten bei der Scheidung schwerer wiegt, so kommt Art. 181 Abs. 1 tZGB zur Anwendung. Das heißt der beklagte Ehegatte verliert das auf Grund der Ehe bestehende gesetzliche Erbrecht sowie, sofern ausdrücklich nicht etwas anderes bestimmt ist, die Ansprüche aus einer vor der Scheidung getroffenen letztwilligen Verfügung.

Nach den Motiven ist die von den Erben weitergeführte Klage nicht eine Scheidungsklage, sondern sie richtet sich auf die Feststellung des Verschuldens des überlebenden Ehegatten und ist somit eine Feststellungsklage.[3] Aus den Motiven geht hervor, dass die Erben diese Klage nicht als Rechtsnachfolger des Verstorbenen erheben, sondern in ihrem Namen. Deshalb stellt sich die Frage, wie prozessrechtlich, während einer Scheidungsklage, die bekanntlich höchstpersönlich ist, eine Parteiänderung möglich ist. Auch angesichts des Verbotes der Erweiterung des

2 Art. 181. Abs. 1 tZGB: *„Die geschiedenen Ehepaare können nicht mehr gesetzliche Erben füreinander sein und verlieren die Rechte aus Verfügungen von Todes wegen, die vor der Scheidung gemacht worden sind, wenn nichts anderes vorgesehen ist“.*

3 Motive 96 und 377.

Klagebegehrens und der Verteidigung während des Verfahrens ist es sehr zweifelhaft, ob die Vorschrift prozessrechtlich praktisch anwendbar ist.

Zu diskutieren ist, warum dieses Recht nur für den Erben des Klägers anerkannt worden ist. Hier aber muss unterstrichen werden, dass mit dieser Erwägung nicht gemeint ist, dass die Vorschrift des Art. 181 Abs. 2 tZGB falsch sei, weil sie die Erben der Parteien einer Scheidungsklage unterschiedlich behandelt. Diese Vorschrift ist jedoch an sich absurd.

Zu bemerken ist, dass diese Vorschrift vom VerfG mit dem Urteil vom 21.1.2010, Nr. 102/14 aufgehoben wurde.[4] Die Begründung war die ungleiche Behandlung der Erben der Parteien. Nach diesem Urteil wurde Art. 181 Abs. 2 tZGB vom Gestzgeber neu aufgefasst und den Erben beider Parteien der Scheidungsklage ein Recht auf Feststellung des schwereren Verschuldens anerkannt. Also ist diese absurde Vorschrift noch lebendiger geworden.

Es wurde auch die Angabe des Ortsdatums als Gültigkeitsform beim eigenhändigen Testament aufgehoben.

II. Die wichtigsten Änderungen im neuen tZGB und Anfechtungen durch das VerfG

Gleich nach dem in Kraft treten des neuen tZGB begannen die Änderungen und Anfechtungen durch das VerfG. Die wichtigsten davon sind:

1) Geändert wurden fast alle Bestimmungen des Vereinsrechts, mit der Begründung diese mit dem EU-Recht zu harmonisieren.
2) Art. 164 tZGB regelt die Scheidung wegen böswilliger Verlassung. Dort war vorgesehen, dass die Mahnung für eine Rückkehr in die gemeinsame Wohnung durch einen Richter zu erfolgen hat. Im Jahre 2011 ist diese Befugnis auch dem Notar anerkannt worden.[5]
3) Art. 181 Abs. 2 tZGB gab den Erben des während der Scheidungsklage verstorbenen Klägers das Recht, die Scheidungsklage weiterzuführen und zu beweisen, dass der Beklagte bei der Scheidung schwereres Verschulden hatte. Dass diese Vorschrift vom VerfG wegen ungleicher Behandlung der Erben beider Parteien angefochten worden ist, ist oben erwähnt worden.[6] Daraufhin wurde diese Vorschrift so geändert, dass die Erben sowohl des verstorbenen Klägers als auch des Beklagten das Recht haben, die Scheidungsklage nach dem Tod ihrer Erblasser weiterzuführen.[7]
4) Art. 289 tZGB regelt die Anfechtungsfristen der Ehelichkeit. Danach ist die Klage innerhalb eines Jahres nachdem der Ehemann von der Geburt Kenntnis erhalten hat, auf jeden Fall aber innerhalb von fünf Jahren nach der Geburt zu

4 Amtliches Blatt, Nr. 27737.
5 Gesetzesnummer 6217 (Amtliches Blatt Nr. 27905).
6 Siehe oben I. Historische Entwicklung.
7 Gesetzes Nr. 6217 (Amtliches Blatt 27905).

erheben. Das VerfG hat die fünfjährige Verwirkungsfrist wegen der Begrenzung des Schutzes für das Wesen des Menschen sowie der Grundrechte des Ehemanns für verfassungswidrig erklärt und diese Vorschrift annuliert.[8]

5) Art. 303 tZGB regelt die Verwirkungsfristen für die Vaterschaftsklage. Nach Abs. 2 verwirkt das Klagerecht des Kindes, wenn ihm ein Beistand ernannt ist, in einem Jahr nach der Anmeldung der Beistandschaft, wenn kein Beistand ernannt worden ist, in einem Jahr nach der Volljährigkeit des Kindes. Das VerfG stellte in seinem Urteil vom 27.10.2011, Nr. 71/143[9] (*„ist kein Beistand ernannt worden, so beginnt die Verwirkunsfrist mit der Volljährigkeit des Kindes“)* fest, dass Art. 303 tZGB verfassungswidrig ist und begründete das mit den gleichen Argumenten wie bei Art. 289 tZGB.[10]
6) Art. 319 tZGB regelt die Verwirkungsfristen für die Aufhebung der Adoption. Danach verwirkt das Klagerecht für die Aufhebung in einem Jahr nach der Kenntnis des Aufhebungsgrundes, auf jeden Fall aber in fünf Jahren nach der Adoption. Das VerfG hielt diese Frist in seinem Urteil vom 27.12.2012, Nr. 35/203 für verfassungswidrig – mit der Begründung diese Frist begrenze die Freiheit der Rechtssuche – und fochte daher die Vorschrift an.
7) Nach der originalen Fassung des Art. 321 tZGB trägt das außereheliche Kind den Namen der Mutter, auch wenn es vom Vater anerkannt worden ist oder ein Vaterschaftsurteil vorliegt. Das VerfG fand in dieser Vorschrift einen Verstoß gegen die öffentliche Ordnung und annulierte sie in seinem Urteil vom 2.7.2009, Nr. 114/105.[11] Im gleichen Urteil wurde der Regierung eine Frist von einem Jahr gegeben, damit sie eine neue Regelung anordnet.

   Aber es muss bemerkt werden, dass eine ganz entgegengesetzte Regelung schon vor dem Urteil des VerfG in Kraft getreten war. Nämlich in Art. 4 des Gesetzes über das Personenstandsregister[12] ist vorgesehen, dass das außereheliche Kind den Namen des Vaters trägt, wenn es vom Vater anerkannt worden ist oder ein Vaterschaftsurteil vorliegt. Nach dieser neuen Regelung trägt das außereheliche Kind nur dann den Namen der Mutter, wenn es vom Vater weder anerkannt worden ist noch ein Vaterschaftsurteil vorliegt.
8) Des Weiteren wurde im Jahre 2007 das Pflichteilsrecht der Gebrüder und Geschwister (Art. 505 tZGB) aufgehoben.[13] In Verbindung damit auch Art. 506 tZGB, der die Pflichtteilsquoten regelt.

---

8 Urteil des VerfG vom 25.6.2009, Nr. 30/96 (Amtliches Blatt 27369).
9 Amtliches Blatt 28197.
10 Siehe bei II. Die wichtigsten Änderungen im neuen tZGB und Anfechtungen durch das VerfG, Nr. 4.
11 Amtliches Blatt 27369.
12 Amtliches Blatt 26153.
13 Gesetzes Nr. 5650 (Amtliches Blatt 26518).

9) Geändert worden ist auch Art. 598 tZGB, der den Erhalt des Erbscheins regelt. Bis zur Erscheinung des Gesetzes Nr. 6217,[14] bekamen die Erben den Erbschein nur bei den Gerichten. Nach der neuen Regelung sind auch die Notare ermächtigt, den Erbschein auszustellen.

B. Die Neuerung des Schuldrechts

I. Neuerungsarbeiten

Wie oben erwähnt,[15] ist auch das Schuldrecht im Jahre 1926 von der Schweiz übernommen worden. Obwohl das Schuldrecht nicht in das schweizerische ZGB eingefügt ist, ist es ein untrennbares (fünftes) Buch des schweizerischen ZGB. Dass das so ist, ist auch an dem Namen des Gesetzes zu erkennen. Das Gesetz heißt: *„Das Zivilgesetzbuch ergänzendes fünftes Buch: Obligationenrecht"*.[16]

II. Änderungen im Obligationenrecht

Die Änderungsarbeiten des türkischen Obligationenrechts (tOR) begannen im Jahre 1998. Bis zu dieser Zeit wurden keine wesentlichen Änderungen vorgenommmen. Der damit beauftragte Ausschuss lag im Jahre 2005 dem Justizministerium einen Vorentwurf vor. Auch hier wurde das schweizerische Obligationenrecht als Vorbild genommen. Zwar wird behauptet, dass die Obligationenrechte anderer Länder und insbesondere das EU-Recht in Betracht gezogen wurden. Aber von diesen fehlt jede Spur im Gesetz. Das Justizministerium bearbeitete diesen Vorentwurf zum Entwurf und lag es dem Parlament vor. Das Gesetz wurde am 11.1.2011 vom Parlament verabschiedet, im Amtlichen Blatt veröffentlicht[17] und trat am 11.7.2012 in Kraft.

Gleich nach der Veröffentlichung, jedoch noch vor dem Inkrafttreten begannen die Änderungen im Gesetz. Diese Änderungen betrafen hauptsächlich den Mietvertrag der bedachten Wohnungen und Arbeitsplätze. Laut dem Gesetz mit der Nummer 6217[18] wurde die Anwendung der Art. 322, 324, 330, 339, 341, 342, 343, 345, 346 und 353 für fünf Jahre verschoben, wenn der Mieter ein Kaufmann oder eine juristische Person des Privatrechts oder des öffentlichen Rechts ist. Gleich

14 Amtliches Blatt 27905.

15 Siehe oben I. Historische Entwicklung.

16 Eine ähnliche Auffassung ist auch im Art. 646 des neuen Obligationenrechts zu finden. Dort heißt es: *„Dieses Gesetz ist das fünfte Buch des Zivilgesetzes vom 22.11.2001, Nr. 4721"* und ergänzt das Zivilgesetzbuch. Diese Trennung ist auf formelle und historische Entwicklungen des ZGB und OR zurückzuführen. Es trat nämlich zuerst das OR als eidgenossisch (1881) in Kraft, das ZGB hingegen erst im Jahre 1912. Da der Gesetzgeber die Artikelnummern des OR nicht ändern wollte, hat er es nicht ins ZGB eingefügt. Diese Trennung gilt auch für tZGB und tOR.

17 Gesetzes-Nummer 6098.

18 Amtliches Blatt Nr. 27905.

danach erließ die Regierung einen Beschluss mit Gesetzeskraft (decret loi),[19] in dem ausgedrückt wurde, dass die oben genannten Artikelnummern versehentlich falsch angegeben worden sind. Die richtigen Artikel sind 323, 325, 331, 340, 342, 344 und 354. Im gleichen Beschluss ist die Verschiebungsfrist auf acht Jahre erhöht worden.

Eine andere Änderung betrifft Art. 384 tOR. Laut diesem Artikel ist bei der Bürgschaft die Zustimmung des Ehepaares Gültigkeitsvoraussetzung, es sei denn es liegt ein Trennungsurteil vor oder das Ehepaar ist gesezlich berechtigt getrennt zu leben. Diese Vorschrift verursachte im Handelsleben große Schwierigkeiten. Deshalb wurde dem Art. 384 tOR ein dritter Absatz zugefügt, in dem die Ausnahmen (haupsächlich Handels- und Bankgeschäfte) für die Zustimmung des Ehepaares vorgesehen sind.

19 Amtliches Blatt Nr. 28351.

Mustafa Aksu

Allgemeine Geschäftsbedingungen im neuen Türkischen Obligationengesetzbuch im Vergleich zum deutschen Recht

A. Überblick über die Entwicklung von AGB im türkischen Recht

Mit dem neuen Türkischen Obligationengesetzbuch[1] (TOGB) haben die AGB im türkischen Recht eine unmittelbare und zentrale Grundlage (Art. 20–25) erfahren. Bis zu den neuen Regelungen im TOGB waren die Vorschriften über AGB nur über einige Gesetze verstreut. Beispielsweise hatte das Türkische Handelsgesetzbuch in zwei Artikeln (Art. 766 und Art. 1266 II) Regeln, die unmittelbar das AGB-Recht betrafen und im Hinblick auf die Inhaltskontrolle von Bedeutung waren.[2] Nach Art. 766 THGB waren die vertraglichen Vorschriften einschließlich der AGB unwirksam, die zur Beseitigung oder zur Beschränkung der Haftung des Transporteurs führten.[3] Gemäß Art. 1266 THGB[4] mussten Versicherungspolicen ohne Mühe lesbare Versicherungsregeln enthalten, die zuvor vom Handels- und Industrieministerium bewilligt worden waren.[5] Bei einer Nichterfüllung der im Gesetz vorgesehenen Bedingungen (Art. 1266 THGB) durch die Versicherungsklauseln mussten die gesetzlichen Regeln ersetzend Anwendung finden.

Selbst im Verbraucherschutzgesetz gab es zunächst keine besondere Regelung für das AGB-Recht. Erst mit der Novellierung des Verbraucherschutzgesetzes im Jahre

---

1 Das alte Obligationengesetzbuch (OG) mit Gesetzesnummer 818, das seit 4.9.1926 ein Grundbestandteil des geltenden Zivilrechts ist, wurde ab 1.7.2012 mit dem Türkischen Obligationengesetzbuch (TOG) vollständig ersetzt. Das neue Gesetz wurde am 11.1.2011 durch das Parlament erlassen und am 4.2.2011 im Amtsblatt (Resmi Gazete) veröffentlicht.

2 Siehe hierzu *Akdag-Güney*, Die Umsetzung der Verbraucherschutzrichtlinien in der Türkei am Beispiel der missbräuchlichen Klauseln, ZEuP 2009, 109, 115; *Aydoğdu*, 6098 Sayılı Türk Borçlar Kanununda Düzenlenen Genel İşlem Şartlarının Konu Bakımından Uygulama Alanı, DEHFD 2011, Sayı 2, S. 1, 3.

3 Eine ähnliche Regelung beinhalten Art. 853 und 854 THGB. Das alte THGB wurde mit einem neuen Gesetz (das neue THGB) völlig ersetzt. Das neue THGB wurde am 13.1.2011 durch das Parlament erlassen und am 1.2.2011 im Amtsblatt veröffentlicht.

4 Eine *teilweise ähnliche* Regelung befindet sich nun im Art. 1425 THGB.

5 Eine solche Überprüfung der AGB wird in der Lehre „Kontrolle durch die Verwaltung“ bezeichnet, siehe nur *Antalya*, 6098 Sayılı Türk Borçlar Kanunu'na Göre Borçlar Hukuku Genel Hükümler, Band I, Istanbul 2012, S. 287.

2003 wurden Regelungen über die missbräuchlichen Vertragsklauseln[6] eingeführt, die vor allem AGB betrafen. Der Gesetzgeber wollte damit unter anderem auch die Harmonisierung des türkischen Rechts mit dem EU-Recht herbeiführen.[7] Insofern beruht Art. 6 TVerbSchutzG auf Art. 3 der Richtlinie EWG/93/13 des Rates über missbräuchliche Klauseln in Verbraucherverträgen.[8]

Auch im Bankengesetz gibt es eine Vorschrift, die das AGB-Recht (wortwörtlich Standardverträge) betrifft (Art. 76 II). Ebenso enthält das Bank-, und Kreditkartengesetz solche das AGB-Recht betreffende Regeln (Art. 24).[9]

Aufgrund dessen, dass das alte Obligationengesetz über keine unmittelbare Regelung zum AGB-Recht verfügte und das AGB-Recht nur in den oben erwähnten einzelnen Gesetzen geregelt war, lassen sich die neuen Regelungen im TOGB als eine wichtige Reform im türkischen Schuldrecht bezeichnen. Daraus ergibt sich allerdings nicht, dass die neuen Regelungen inhaltlich auch richtig ausgestaltet wurden. Im Folgenden wird nach einem allgemeinen Überblick ein besonderes Augenmerk auf eventuelle Schwächen der neuen Regelung gelegt.

B. Die AGB-Regeln (Art. 20–25 TOGB) im Allgemeinen

Das TOGB hat wie das alte OGB zwei Abteilungen: In der ersten Abteilung finden sich die allgemeinen Bestimmungen. In der zweiten Abteilung werden dagegen die besonderen Schuldverhältnisse sowie Kauf-, Schenkungs-, Miet-, Dienst- und Werkvertrag etc. geregelt.

---

6 Das Änderungsgesetz wurde am 14.3.2003 im Amtsblatt veröffentlicht. Unter Berücksichtigung des Zwecks der Gesetzesänderung und ihrer Entstehungsgeschichte (d.h. Anpassung an das EU-Recht) lässt sich der Inhalt des Art. 6 TVerbSchutzG wie folgt darstellen: Die Vertragsbedingungen, welche durch den Verkäufer oder den Dienstleistungsanbieter ohne eine Verhandlung mit dem Verbraucher einseitig in den Vertrag eingeführt sind und im Hinblick auf die Rechte und die Pflichten der Parteien in einer dem Gebot von Treu und Glauben verstoßenden Weise ein Ungleichgewicht zulasten des Verbrauchers herbeiführen, stellen missbräuchliche Bedingungen dar, welche für den Verbraucher nicht verbindlich sind. Der Ausdruck „ohne eine Verhandlung mit dem Verbraucher" wird im dritten Absatz erklärt: „Wenn eine Vertragsbedingung vorher vorbereitet war und der Verbraucher auf ihren Inhalt nicht eingewirkt hat, insbesondere weil die betreffende Regelung Teil eines Formularvertrags (Standardvertrages) ist, wird angenommen, dass diese Vertragsbedingung mit dem Verbraucher nicht ausgehandelt wurde". Daraus ergibt sich entsprechend der EU-RL eindeutig, dass es sich bei den missbräuchlichen Vertragsklauseln nicht immer um die AGB handeln muss.

7 Siehe dazu, *Akdag-Güney*, ZEuP 2009, 109, 110 ff.

8 http://eur-lex.europa.eu/LexUriServ/LexUriServ.do?uri=CELEX:31993L0013:DE:HTML.

9 Hierzu siehe *Kuntalp*, Bankalar ve Genel İşlem Koşulları, in: Türk Hukukunda Genel İşlem Şartları Sempozyumu, Bildiriler-Tartışmalar, 8 Nisan 2011 Ankara, S. 81, 82 ff. (im Folgenden wird es als *Kuntalp*, GİŞ Sempozyumu,... zitiert).

Die Quellen von Schuldverhältnissen sind im ersten Abschnitt der ersten Abteilung geregelt. Dieser Abschnitt teilt sich wiederum in drei Teilabschnitte, in die Schuldverhältnisse aus Vertrag, aus unerlaubter Handlung (Delikte) und aus ungerechtfertigter Bereicherung. Die AGB-Regeln befinden sich zweckmäßig in der ersten Abteilung des Gesetzes (im Allgemeinen Teil), wobei sie ein Teil des ersten Abschnittes sind. Sie sind im Rahmen des ersten Teilabschnittes über die Schuldverhältnisse aus dem Vertrag mitgeregelt.

Laut der Gesetzesbegründung für die Einführung der AGB-Regelungen im TOGB wurden auch die AGB-Vorschriften des BGB berücksichtigt. Allerdings lässt sich im Vergleich mit dem BGB sofort feststellen, dass die AGB-Regeln im TOGB zahlen- und umfangmäßig viel geringer sind.

Die AGB-Regeln im TOGB werden in der Gesetzesbegründung und auch in der Lehre als zwingende Vorschriften bezeichnet.[10] Wie in § 305 BGB werden die AGB in Art. 20 TOGB definiert. Art. 21 sieht vor, unter welchen Voraussetzungen die AGB Bestandteil des Vertrages werden können. Dort wird ferner geregelt, welche Wirkung ungewöhnliche Klauseln in den AGB haben. Die Wirkung der Nichtgeltung von AGB auf den sonstigen Vertrag (etwa Folgen der Teilunwirksamkeit) und die Auslegung von AGB werden jeweils in Art. 22 und 23 geregelt. Art. 24 regelt die Wirkung der dem Verwender einseitige Änderung bzw. Einführung der neuen Regelungen ermöglichenden Klauseln. Die Inhaltskontrolle bei den AGB wird in Art. 25 ziemlich knapp geregelt.

Im TOGB gibt es auch sonstige Vorschriften, die unmittelbar AGB betreffen. Beispielsweise werden die Pflichten des Vermieters in Art. 301 TOGB, die Aufhebung der Haftung der Gastwirte in Art. 578 II TOGB und die Haftung des Betreibers von Garagen, Autoparkanlagen oder ähnlichen Räumen (Orten) in Art. 579 III TOGB geregelt.[11] Hier werden allerdings *nur* die AGB-Vorschriften im Allgemeinen Teil des TOGB erörtert.

C. Definition von AGB (Art. 20 TOGB) und die Feststellung der Eigenschaften von AGB

Auch im türkischen Recht wird hinsichtlich der AGB-Kontrolle zuerst von der Feststellung der AGB-Eigenschaften der jeweiligen Regeln vorgegangen. Dabei ist von Bedeutung, wie solche Regeln im Gesetz definiert und welche Eigenschaften sie zeigen sollen.

---

10 Siehe nur *Reisoğlu*, Türk Borçlar Hukuku Genel Hükümler, 23. Aufl., İstanbul 2012, S. 75; *Antalya* (Fn. 5), S. 288; *Aydoğdu*, DEHFD 2011, 1, 11.

11 Siehe dazu *Erdem*, Genel İşlem Şartlarında Bağlayıcılık Denetimi, İzmir Barosu Dergisi, Mayıs 2012, 119, 135 f.

I. Gesetzliche Definition von AGB

Art. 20 TOGB lautet wie folgt:

> *„Allgemeine Geschäftsbedingungen sind solche Vertragsregelungen, die der Verwender (der Verfasser = Düzenleyen) zur zukünftigen Benutzung bei einer Vielzahl von Verträgen einseitig (vorher) vorbereitet und der anderen Vertragspartei bei Abschluss des Vertrages gestellt (vorgelegt) hat. Für die Bezeichnung (als AGB) sind ihre Stelle im Vertragstext (Vertragsurkunde) oder in einer Zusatzurkunde, ihr Umfang, ihre Schrift und Form (Gestalt) ohne Bedeutung.*
>
> *Es ist für die Bezeichnung der Vertragsbedingungen als AGB unbedeutend, wenn die solche Bedingungen beinhaltenden Texte mit denen zum gleichen Zweck vorgesehenen Verträgen nicht identisch sind.*
>
> *Die AGB liegen trotz des Hinweises vor, welcher sich in einem AGB beinhaltenden Vertrag oder in einem gesonderten Vertrag befinden, und die Informationen enthalten, dass die Bedingungen im Einzelnen nach Aushandeln vereinbart wurden.*
>
> *Die ABG-Vorschriften gelten auch für solche Verträge, die durch die Personen oder Institutionen vorbereitet worden sind, welche aufgrund Gesetzes oder infolge einer durch die zuständigen Behörden erteilten Erlaubnis ihre Dienste (Aufgaben) verrichten.“*

II. Eigenschaften von AGB im türkischen Recht

Legt man die Definition in Art. 20 TOGB zugrunde, lassen sich die Eigenschaften von AGB im türkischen Recht wie folgt darstellen:

1. Vertragsinhalt bzw. Vertragsbedingungen

Bei den AGB muss es sich um solche Regeln handeln, die Inhalt eines Vertrages sind bzw. sein können. Theoretisch können alle vertraglichen Regelungen und folglich alle[12] Verträge[13] darunter subsumiert werden. Das TOGB sieht hierzu keine

12 Unabhängig davon, ob beispielsweise die kollektivarbeitsrechtlichen Verträge (Tarifverträge, Betriebsvereinbarungen usw.) privatautonom erklärbar sind oder nicht, werden kollektivvertragliche Regeln sowohl ihrem Wesen nach als auch entsprechend dem Schutzzweck des AGB-Rechts nicht unter die AGB-Kontrolle gestellt. Auch wenn das TOGB im Gegensatz zum BGB (§ 310 IV BGB) hierzu keine besondere Regelung hat, wird das gleiche Prinzip auch im türkischen Recht gelten.

13 Siehe *Aydoğdu*, DEHFD 2011, 1, 8 und 35 (m.w.H.); *Erdem*, İzmir BD 2012, 119, 124: „Sözleşmenin esaslı unsurlarının da genel işlem şartları ile düzenlenmesi mümkündür.“; *Antalya* (Fn. 5), S. 288, 299 f. Allerdings ist *Antalya* der Meinung, dass die Art. 20–25 TOGB für die Verträge zwischen den Handelsleute nicht anwendbar sind, weil das THGB (Art. 54 ff.) hierzu besondere Regelungen getroffen hat (S. 295 f.). Da die Regelung in THBG (Art. 54 ff.) eigentlich nur die Inhaltskontrolle (und zwar nur im Rahmen des unlauteren Wettbewerbs) treffen und die Regelungen im

Einschränkung im Gegensatz zu § 310 IV BGB vor. Bei Vertragsklauseln, die nur eine Partei betreffen bzw. nur von dieser unterschrieben werden, wird man dennoch in der Regel von einer vertraglichen Regelung sprechen. Es wird in der Regel auf die Deckung der Regelung durch den eigentlichen bzw. angenommenen Willen der Parteien ankommen. Man wird dabei auch ausgehend vom Schutzzweck von AGB-Vorschriften auch solche Regeln unter AGB-Kontrolle stellen, die nur eine Partei betreffen und eine Art von Ermächtigungsgrundlage (Einwilligung) für ein Handeln der anderen Vertragspartei darstellen. Im deutschen Recht wird auch die vorformulierte Einwilligung des Patienten für die Leichenöffnung, unabhängig davon, ob sie als rechtsgeschäftliche Willenserklärung oder als Ermächtigung zur Vornahme einer tatsächlichen Handlung zu werten ist, unter AGB-Kontrolle gestellt.[14] Dies lässt sich auch für das türkische Recht gut vertreten.[15]

Mit den gleichen Überlegungen kann angenommen werden, dass die die vorvertraglichen Verhaltenspflichten betreffenden Klauseln ebenfalls wie vertragliche behandelt werden sollen.[16] Es ist nicht erforderlich, dass ein Vertrag zustande kommt. Außerdem können die eine gesetzliche Regelung wiederholenden Vertragsklauseln in der Regel darunter subsumiert werden. Theoretisch können AGB den ganzen Inhalt eines Vertrages ausmachen, sodass auch die Hauptleistungspflichten als AGB gestaltet werden können.[17] Ob solche Regeln auch unter die Inhaltskontrolle gestellt werden sollen oder nicht, ist dagegen eine andere Frage.[18]

2. Vorherige und einseitige Vorbereitung

AGB müssen *in der Regel* vorher und einseitig vorbereitet sein. Das bedeutet allerdings nicht, dass sie immer schriftlich vorbereitet und vorgelegt sein müssen. Die Bedingungen müssen nicht schriftlich oder in sonstiger Weise (Diskette, Tonband, Computer) stofflich fixiert sein. Der Verwender kann auch alles in seinem Kopf

TOGB generell verfasst sind, kann die Meinung von *Antalya* nicht geteilt werden; siehe und vergleiche hierzu *Oğuzman,/Öz*, Borçlar Hukuku Genel Hükümler I, 11. Aufl. Istanbul 2013, S. 165.

14 Siehe dazu BHG NJW 1990, 2313 m.w.H. und mit Anm. Deutsch (2315).

15 Siehe dazu *Atamer*, Yeni Borçlar Kanunu Hükümleri Uyarınca Genel İşlem Koşullarının Denetlenmesi –TKHK m. 6 ve TTK m. 55, f. 1, (f) ile Karşılaştırmalı Olarak, in: Türk Hukukunda Genel İşlem Şartları Sempozyumu, Bildiriler-Tartışmalar, 8 Nisan 2011 Ankara, S. 9, 13 (im Folgenden wird es als *Atamer*, GİŞ Sempozyumu, ...zitiert); *Aydoğdu*, DEHFD 2011, 1, 8f.

16 Hierzu wird der Fall mit dem Schild beim Eingang eines Supermarktes als Beispiel gegeben, wo auf dem Schild steht, „Lassen Sie bitte Ihre Tasche an der Information, sonst ist der Laden berechtigt, beim Verlassen Ihre Tasche zu durchsuchen."

17 Für türkisches Recht anderer Meinung, *Antalya* (Fn. 5), S. 290.

18 Im deutschen Recht unterliegen solche Regeln nicht der Inhaltskontrolle, jedoch aber der Einbeziehungs- oder Transparenzkontrolle (siehe dazu *Schulte-Nölke*, in: Bürgerliches Gesetzbuch, Handkommentar, 5. Aufl., Schulze, R. (Schriftleitung), 7. Aufl. 2012, § 305 Rn. 2 f., (im Folgenden wird HK-BGB/*Schulte-Nölke*, §... zitiert).

nachdenken (Speichern im Kopf) und dies seiner jeweiligen Vertragspartei bei den Verhandlungen mündlich mitteilen.[19]

Da die Schrift und Form (Gestalt) von AGB nach Art. 20 I Satz 2 TOGB ohne Bedeutung sind, ist es möglich, dass durch die betriebliche Anwendung (Betriebsübung)[20] arbeitsrechtlich relevante AGB entstehen können. Es ist ferner selbstverständlich, dass handschriftliche Vertragsbedingungen auch AGB darstellen können.[21]

Der Text des Art. 20 I lässt annehmen, dass die AGB durch den Verwender selbst vorbereitet sein müssen. Allerdings entspricht eine solche Annahme nicht dem Zweck des AGB-Schutzes. Es gilt vielmehr, wie es sich auch aus der Begründung des Gesetzes entnehmen lässt, dass der Verwender auch solche Klauseln benutzen kann, die er nicht vorbereitet hat.[22]

3. Benutzungsvorhaben für eine Vielzahl von Verträgen

AGB werden mit dem Zweck vorformuliert, um bei einer Vielzahl von Verträgen verwendet zu werden. Eine tatsächliche Verwendung bei mehreren Verträgen ist allerdings nicht erforderlich.[23] Bereits bei der ersten Benutzung können sie als AGB bezeichnet werden, wenn sie für einen solchen Zweck erdacht bzw. vorformuliert sind. Dabei kommt es allerdings nicht auf die Absicht des *Verwenders*, sondern auf die des Verfassers an.[24] Beispielsweise können die Klauseln bei einem Mietvertrag als AGB bezeichnet werden, die der Vermieter zuvor als Vorlage gekauft und dem Mieter vorgelegt hat.[25]

4. Vorlegung durch den Verwender

Die AGB müssen durch den Verwender vorgelegt werden. Der Verwender kann auch solche Texte vorlegen, die beispielsweise durch eine Berufskammer (Handelskammer usw.) vorbereitet worden sind. Wenn die beiden Parteien sich zusammen entschieden haben, dass beispielsweise ein Anwalt für sie die Vertragsbedingungen

---

19 Siehe hierzu *Bork*, Allgemeiner Teil des Bürgerlichen Gesetzbuchs, 3. neubearbeitete Aufl., Tübingen 2011, Rn. 1753; BGHZ 141, 108, 109 f.; BGH NJW 2005, 2543, 2544; 1992, 2759; 1988, 410; OLG Dresden BB 1999 228. *Atamer*, GİŞ Sempozyumu, S. 9, 14.

20 Ob bei den betrieblichen Übungen ein entsprechender Wille vom Arbeitgeber und Arbeitnehmer vorliegt, ist eine andere Frage, die eine ausführliche Bewertung erfordert.

21 Für deutsches Recht siehe *Bork*, Allgemeiner Teil des Bürgerlichen Gesetzbuchs, 3. neubearb. Aufl., Tübingen 2011, Rn. 1752.

22 Für deutsches Recht, wo es eine solche Einschränkung nicht gibt, siehe nur *Bork*, AT BGB, Rn. 1754.

23 Für deutsches Recht siehe nur *Bork*, AT BGB, Rn. 1753; für türkisches Recht siehe nur *Atamer*, GİŞ Sempozyumu, S. 9, 16 f.; *Aydoğdu*, DEHFD 2011, 1, 18.

24 Siehe dazu *Lorenz/Gärtner*, Grundwissen – Zivilrecht: Allgemeine Geschäftsbedingungen, JuS 2013, 199, 200.

25 Siehe dazu *Atamer*, GİŞ Sempozyumu, S. 9, 19.

vorbereiten soll, kann nicht mehr von AGB die Rede sein. Hier liegt eine Individualvereinbarung vor.

Werden von beiden Parteien eigene AGB (AGB-Kollision; battle of the forms) vorgelegt, kommt es auf die Umstände des Einzelfalls an: Decken sie sich nicht, wird man von einem Dissens ausgehen müssen. Hierbei kann die Theorie des letzten Wortes nicht angenommen werden,[26] es sei denn, dass das Schweigen der anderen Vertragspartei im konkreten Fall als Zustimmung ausgelegt werden kann. Das wird allerdings in der Regel nicht der Fall sein, weil er auch durch das Vorlegen eigener AGB eigentlich den Willen, dass das Schweigen nicht als Zustimmung gelten soll, zum Ausdruck bringen wird.

Haben sich die Parteien in den wesentlichen Punkten geeinigt und decken sich die AGB teilweise, wird der Vertrag zustande kommen. Die Vertragslücken müssen dann durch das Gesetz bzw. durch den Richter unter Berücksichtigung des Vertrages gefüllt werden.

5. *Keine Individualvereinbarung*

Art. 20 TOGB enthält keine dem § 305 I Satz 3 ähnelnde Regelung, wonach die zwischen den Parteien im Einzelnen ausgehandelten Vertragsbedingungen (Individualvereinbarung) keine AGB sind. Ebenso hat die türkische Regelung keine dem § 305 b BGB (Vorrang der individuellen Regelungen vor Allmeinen Geschäftsbedingungen) entsprechende Regelung. Die beiden Punkte sind allerdings unbedeutend, weil man ausgehend von den allgemeinen Prinzipien ohne weiteres zu den gleichen Ergebnissen kommt.

Hinsichtlich der Feststellung einer Individualvereinbarung ist es entscheidend, ob die jeweilige Klausel ernsthaft zur Debatte gestellt war und der anderen Vertragspartei echter Gestaltungsraum zur Durchsetzung eigener Interessen gewährt wurde.[27] Allein die Ermöglichung, die ungewollte AGB zu streichen, wird für die Annahme einer Individualvereinbarung nicht gleich hinreichend sein. Es wird auf den Zeitraum, die Länge von AGB usw. ankommen. Außerdem kann man ein Rechtgeschäft zwischen den Kaufleuten unterschiedlich bewerten als ein Verbrauchergeschäft.

Die Beweislast für eine Individualvereinbarung trägt der Verwender. Auch wenn dies im TOGB nicht gesondert geregelt ist, ergibt es sich aus der allgemeinen Regelung in Art. 6 TZGB (i.V.m. Art. 5 TZGB). Dies lässt sich auch auf eine analoge Anwendung von Art. 6 Abs. 5 des Türkischen Verbraucherschutzgesetzes stützen,[28] wo klar geregelt ist, dass der Käufer bzw. Dienstleistungsbringer das Vorliegen einer Individualvereinbarung zu beweisen hat.

---

26 Siehe *Koller*, Schweizerisches Obligationenrecht Allgemeiner Teil, OR AT, Handbuch des allgemeinen Schuldrechts, 3. Aufl., Bern 2009, § 23, Rn. 62.

27 Siehe dazu *Lorenz/Gärtner*, JuS 2013, 199, 200; siehe auch BGH, NJW 2000, 1111 („reale Möglichkeit"); *Reisoğlu* (Fn. 10), S. 73.

28 Siehe dazu *Atamer*, GİŞ Sempozyumu, S. 9, 24 f.

Ein solcher Beweis kann allerdings nicht durch den die AGB beinhaltenden Vertragstext erbracht werden (Art. 20 III TOG). Durch diese Vorschrift will der Gesetzgeber verhindern, dass die AGB-Regeln des Gesetzes umgangen werden. Sonst wäre es dem AGB-Verwender ohne weiteres möglich, scheinbar individuelle Vereinbarungen zu erreichen und dies zu beweisen. In Art. 20 III TOG wurde ferner geregelt, dass auch solche angeblich individuelle Regelungen selbst in einem anderen gesonderten Vertrag nicht hinreichend sein werden, die Eigenschaft der Vertragsbedingungen als AGB zu beseitigen. Im BGB liegt eine solche gesondert für diesen Fall vorgesehene Regelung nicht vor. Allerdings beinhaltet § 306 a BGB ein umfassendes Umgehungsverbot, das sich sowohl auf den Inhalt der Klauseln als auch auf die Umgehung der Qualifikation als AGB bezieht.[29] Folglich wird im deutschen Recht angenommen, dass eine von der anderen Vertragspartei unterschriebene Erklärung über die individuelle Aushandlung der jeweiligen Regelung nicht hinreichend ist[30] und eine derartige Klausel in AGB erst recht als unbeachtlich gilt.[31] Die strikte Regelung verhindert an sich nicht, dass die vom Verwender einseitig vorbereiteten Klauseln ausnahmsweise durch die andere Vertragspartei bei einer realen Möglichkeit über die Einflussnahme zum Vertragsgestaltung als Vertragsinhalt akzeptiert wird.[32]

Hierbei ist auch die Regelung in Art. 20 II TOGB zu erwähnen, wonach die scheinbar unterschiedlichen Formulierungen von AGB in unterschiedlichen Verträgen für die Bezeichnung als AGB unbedeutend sind. Das ist eigentlich eine Erscheinungsform des allgemeinen Umgehungsverbots (siehe Art. 2 TZGB). Würde man solche Regeln im Gegensatz zum Gesetz als Individualvereinbarung ansehen, hätte der Verwender ohne weiteres in der Hand, die schützenden AGB-Vorschriften

---

29 BGH, Urteil vom 8.3.2005 – XI ZR 154/04 (OLG Köln), NJW 2005, 1645; *Löhnig/Gietl*, JuS 2012, Grundfälle zum Recht der Allgemeinen Geschäftsbedingungen, 393, 397 m.w.H.

30 Siehe BGH, NJW 77, 432, 624; HK-BGB/*Schulte-Nölke*, § 305 Rn. 7.

31 HK-BGB/*Schulte-Nölke*, § 305, Rn. 7: „Vielmehr muss der Verwender seine ernst gemeinte *Verhandlungsbereitschaft* der anderen Vertragspartei gegenüber eindeutig offen legen. Die andere Seite muss eine reale Möglichkeit haben, den Vertragsinhalt mit zu beeinflussen (BGH, NJW 2000, 1111). Auf diese Möglichkeit oder auf das Gegenteil kann auch aus den äußeren Umständen (z.B. Machtgefälle, Bildungsstand, berufliche Position) geschlossen werden. Wenn einzelne Klauseln ausgehandelt sind und deshalb unter Abs. I S. 3 fallen, ändert dies nichts am Charakter der anderen Vertragsteile, die weiterhin AGB sein können (vgl. „soweit" in Abs. 2 S. 3)".

32 Für deutsches Recht siehe nur BGH, NJW 1977, 624–626; HK-BGB/*Schulte-Nölke*, § 305, Rn. 8: „Nach der Rechtsprechung und der herrschenden Ansicht im Schrifttum ergibt sich aus § 305 I S. 3 (früher § 1 II AGBG), dass eine (kontrollfreie) im Einzelnen ausgehandelte Vertragsbedingung auch dann vorliegen kann, wenn eine vorformulierte Klausel unverändert zum Vertragsbestandteil geworden ist". Für türkisches Recht hierzu kritisch *Atamer*, GİŞ Sempozyumu, S. 9, 22 f.; *Aydoğdu*, DEHFD 2011, 1, 29 ff.

leicht zu umgehen. Im deutschen Recht ist das generelle Umgehungsverbot in § 306 a BGB Grundlage für die gleiche Schlussfolgerung.

D. Bindungs- bzw. Geltungsvoraussetzungen von AGB (Übernahme bzw. Einbeziehung von AGB) und Wirkung der ungewöhnlichen Klauseln (Art. 21)

I. Voraussetzungen für die Einbeziehung von AGB

Die vom Verwender vorgelegten und als AGB bezeichneten Klauseln werden erst dann Bestandteil des Vertrages, wenn sie durch die andere Vertragspartei angenommen bzw. durch ihren Willen überhaupt gedeckt sind. Die Frage nach der Inhaltskontrolle der schon angenommenen AGB ist dagegen eine andere, die erst später zu behandeln ist. Allerdings unterscheidet Art. 21 TOGB bereits hinsichtlich der Einbeziehungsvereinbarung zwischen den gewöhnlichen und ungewöhnlichen AGB:

> *„Die dem Interesse der anderen Vertragspartei widersprechenden AGB werden erst dann Inhalt des Vertrages, wenn der Verwender die andere Vertragspartei über das Vorhandensein solcher AGB (Klausel) bei (vor) Vertragsschluss ausdrücklich informiert und ihr ermöglicht, den Inhalt von AGB zu erfahren und wenn die andere Vertragspartei sie akzeptiert hat. Anderenfalls werden sie nicht Bestandteil des Vertrages.*
> *Auch solche AGB werden nicht Bestandteil des Vertrages, die der Natur des Vertrages und den Besonderheiten des Vertragsgegenstandes fremd sind."*

Wie sich aus der gemeinsamen Betrachtung von den beiden Absätzen ergibt, werden hier sowohl die Fragen der Einbeziehung von AGB als auch die Inhaltskontrolle geregelt. Allerdings müssen auch die für die andere Vertragspartei günstigen Vertragsklauseln erst durch sie angenommen werden.[33] Daher verdient Art. 21 TOG zu Recht Kritik.[34]

Art. 21 TOG und § 305 II BGB decken sich nur teilweise und Art. 21 TOG sieht im Grunde eine unflexible Lösung vor. Denn einerseits macht Art. 21 TOG überhaupt keine Unterscheidung zwischen den praktisch sehr unterschiedlichen Fällen. Daher ist er nach seinem Wortlaut auch bei solchen Verträgen anzuwenden, wo es aus praktischen Gründen (z.B. die Busreisenden, die erst beim Einsteigen in den Bus zahlen) kaum möglich ist, der anderen Vertragspartei beim Vertragsschluss ausdrücklich über die AGB zu informieren und ihm die Möglichkeit zum Erfahren des AGB-Inhalts zu verschaffen [siehe beispielsweise die in § 305 a 1 oder 2 a BGB geregelten Fälle].

---

33 Siehe hierzu *Atamer*, GİŞ Sempozyumu, S. 28.
34 Siehe *Atamer*, GİŞ Sempozyumu, S. 27 ff.; *Aydoğdu*, DEHFD 2011, 1, 21 ff.; *Kuntalp*, GİŞ Sempozyumu, S. 81, 94 f.

Das TOGB enthält ferner keine den § 305 III und § 305 a BGB entsprechenden Ausnahmen. Schließlich gibt es keine dem § 310 I BGB vergleichbare Regelung, sodass die Einbeziehungsvoraussetzungen für alle Verträge gleichermaßen gelten. Zwischen den eventuellen Vertragsparteien (Verträge zwischen den Handelsleuten, Verbraucherverträge usw.) wird nicht unterschieden.

Auch wenn die türkische Regelung keine solche Ausnahme beinhaltet, dass der Verwender aufgrund der unverhältnismäßigen Schwierigkeiten beim Vertragsschlusses durch deutlich sichtbaren Aushang am Orte des Vertragsschlusses auf die AGB hinweist (§ 305 II Nr. 1 BGB), wird man durch die zweckmäßige Auslegung der türkischen Regelung ähnliche Ausnahmen (Aushang von AGB im Bus oder am Warenautomat usw.) zulassen müssen.

Formell betrachtet wird es für die Einbeziehung von AGB in der Regel erforderlich sein, dass der Verwender die andere Vertragspartei über den einzelnen Inhalt der AGB informiert. Die schützenden AGB-Vorschriften sind ja gerade auch deswegen da, weil die AGB in den Verträgen von der Privatautonomie her mehr oder weniger als problematisch erscheinen. Die hinreichend ausgehandelten Vertragsbedingungen würden ohnehin keine AGB darstellen. Ein ausdrücklicher Hinweis auf den für die andere Partei ungünstigen Inhalt kann unter Umständen die Eigenschaft von AGB aufheben. Die türkische Regelung für die Einbeziehung von AGB ist in der Hinsicht äußerst streng. Denn es kommt nicht nur auf die Information über ihre Anwendung, sondern auch auf die Information über ihren den Interessen der anderen Vertragsparteien widersprechenden Inhalt an. Daher ist es zweckmäßiger, die türkische Regelung dahingehend zu verstehen, dass der Verwender auf die AGB, nicht dagegen auf den Inhalt von AGB hinweist. Würde man diese Regelung streng anwenden, wäre der Bereich der Inhaltskontrolle im türkischen Recht ziemlich eingeschränkt. Denn die benachteiligenden Regelungen, die andere Partei benachteiligen, würden unter Umständen entweder als Vertragsbedingung bereits ausgeschaltet oder sie wären bereits als Individualvereinbarung zu bezeichnen, sodass es zu einer Inhaltskontrolle nicht mehr käme. Hierbei ist auch problematisch, was unter der Formulierung „*der des Interesses der anderen Vertragspartei widersprechenden Vertragsklauseln*" zu verstehen ist[35] und wie die ausdrückliche Informierung über solche Klausel geschehen soll. Außerdem sind die Einbeziehungsvoraussetzungen in Art. 21 TOG strenger als die im TVerbSchutzG, was zu einer paradoxalen Rechtslage führt. Denn würde man bei einem Anwendungskonflikt von Gesetzen

35 Dass es sich hier eigentlich um eine Inhaltskontrolle handelt, wird auch durch diese Kritik noch ersichtlicher. Denn die Vertragsbedingungen müssen dann bereits hier wahrscheinlich in einem gegenübergestellten Zusammenhang betrachtet werden. Einzeln betrachtet kann beinahe jede Vertragsbedingung, die die rechtliche Lage der Gegenpartei betrifft, als solche bezeichnet werden, die ihren Interessen entgegensteht.

dem TVerbSchutzG gegenüber dem TOG Vorrang geben,[36] würden beispielsweise die Handelsleute mehr geschützt werden als die Verbraucher.

Die Aufklärung über die Anwendung und den Inhalt von AGB muss beim (vor) Vertragsschluss erfolgen.

Die Einbeziehung von AGB setzt auch voraus, dass für die andere Vertragspartei die Möglichkeit verschafft wird, den Inhalt der AGB zu erfahren. Hierbei gibt es keine Konkretisierung. Daher kann es durch Zusenden, Möglichkeit zum Download, Aushang, Hinweis auf Einsichtsexemplar und Ähnlichem geschehen. Die Verschaffung der Möglichkeit zur Kenntnisnahme erfordert, dass die AGB für den Durchschnittskunden ohne Schwierigkeit lesbar sind. Aufgrund der strengen Formulierung der türkischen Regelung wird man ein Transparenzgebot[37] bereits bei der Einbeziehung von AGB leicht ableiten können.[38]

Die AGB werden erst dann Inhalt des Vertrages, wenn sie durch die andere Vertragspartei angenommen sind. Da hierfür keine besondere Regelung vorgesehen ist, sind die allgemeinen Prinzipien anzuwenden. Daher kann die andere Vertragspartei ihr Einverständnis mit AGB durch eine Globalübernahme[39] (ohne die AGB gelesen zu haben), oder durch sogenannte Vollübernahme (durch Lesen und Kenntnisnahme der AGB) zum Ausdruck bringen.[40] Eine konkludente Übernahme der AGB ist auch möglich.[41] Werden die AGB allerdings nachträglich zugesandt (zum Beispiel mit dem Lieferschein), wird das bloße Schweigen nicht als Zustimmung gelten. Es wird hier bereits an dem Vorlegen der AGB beim Vertragsschluss

---

36 Da das TVerbSchutzG gegenüber dem TOG ein besonderes Gesetz ist, wird es bei einem Konflikt *in der Regel* Vorrang haben (Art. 30 TVerbSchutzG, siehe hierzu nur *Akdag-Güney*, ZEuP 2009, 109, 114). Allerdings wird man bei einem späteren allgemeinen Gesetz, wie es beim TOG der Fall ist, ausgehend vom Schutzzweck des Gesetzes annehmen müssen, dass die strengeren Einbeziehungsvoraussetzungen auch für die Verbraucher gelten müssen. Hier wird also das TOG gegenüber dem TVerbSchutzG Vorrang haben, *Sirmen*, Tüketici Sözleşmelerindeki Genel İşlem Şartlarının Denetlenmesine İlişkin Düzenlemeler, in: Türk Hukukunda Genel İşlem Şartları Sempozyumu, Bildiriler-Tartışmalar, 8 Nisan 2011 Ankara, S. 109, 110 f. (im Folgenden wird als *Sirmen*, GİŞ Sempozyumu,... zitiert); siehe und vgl. hierzu *Oğuzman/Öz* (Fn. 13), S. 165.

37 Für deutsches Recht siehe HK-BGB/*Schulte-Nölke*, § 305, Rn. 16 m.w.H., (das hiesige Vorliegen des Transparenzgebots und dessen Verhältnis zum Transparenzgebot bei der Inhaltskontrolle sind umstritten).

38 Für die Geltung des Transparenzgebots im türkischen Recht siehe, *Atamer*, GİŞ Sempozyumu, S. 9, 47 ff.; für Verbraucherschutzrecht siehe nur *Akdag-Güney*, ZEuP 2009, 131 ff.; Çınar, Türk Hukukunda Haksız Şartlar, İstanbul 2009, S. 163 ff.

39 *Koller* (Fn. 26), § 23, Rn. 18; *Erdem*, İzmirBD, Mayıs 2012, 119, 128 ff.; *Antalya* (Fn. 5), S. 307 f.; *Aydoğdu*, DEHFD 2011, 1, 25 ff.

40 *Koller* (Fn. 26), § 23, Rn. 23; *Antalya* (Fn. 5), S. 306 f.; *Aydoğdu*, DEHFD 2011, 1, 25; *Erdem*, İzmirBD, Mayıs 2012, 119, 126 ff.

41 Siehe *Antalya* (Fn. 5), S. 307; *Erdem*, İzmirBD, Mayıs 2012, 119, 132 ff.; *Aydoğdu*, DEHFD 2011, 1, 25.

fehlen. Allerdings kann es im unternehmerischen Verkehr unter Umständen (z.B. durch wiederholte Hinweise in Rechnungen bei ständiger Geschäftsbeziehung)[42] zu einer nachträglichen Einbeziehung von AGB auf dieser Weise kommen (abgesehen von Abwehrklauseln der anderen Vertragsparteien).[43] Wie oben bereits erwähnt, verdient die Vorgehensweise des türkischen Gesetzgebers, unternehmerischen und sonstigen Verkehr gleichermaßen zu regeln, Kritik, weil für die ebenso strengen Einbeziehungsvoraussetzungen beim unternehmerischen Verkehr eigentlich keine materielle Grundlage vorliegt.

II. Keine Geltung von ungewöhnlichen Vertragsklauseln (überraschenden Klauseln)

Der angenommene Wille der Vertragspartei durch eine Globalübernahme wird allenfalls für solche Inhalte gelten, die im Rahmen des Vertragsgeschehens für gewöhnlich gehalten werden können. Für die ungewöhnlichen (überraschenden) Klauseln wird man dagegen grundsätzlich von Dissens ausgehen müssen, sodass sie nicht Inhalt des Vertrages geworden sind, also nicht bindend sind. Dieser Grundgedanke liegt Art. 21 II TOGB zugrunde.

Art. 21 II TOGB und § 305 c I BGB decken sich inhaltlich nicht ganz. Während in § 305 c BGB die Ungewöhnlichkeit der Regelung für die Vertragspartei deutlich zum Ausdruck gebracht wird, wird in Art. 21 II TOGB nur die Fremdheit der jeweiligen Klausel im Vergleich zum Vertrag oder zur Beschaffenheit der Sache geregelt. Insofern ist nicht klar, ob wie im deutschen Recht ein Überraschungs- und Überrumpelungseffekt[44] hinzukommen muss. Ausgehend vom Sinn und Zweck dieser Regelung ist anzunehmen, dass es auch im türkischen Recht einen Überraschungseffekt geben muss. Allerdings wird nicht die persönliche Erkenntnismöglichkeit der konkreten Vertragspartei, sondern die des durchschnittlichen Kunden entscheidend sein. Bei der Feststellung überraschender Klauseln sind die Einzelheiten des konkreten Falles, auch wenn es in der türkischen Regelung nicht so deutlich ist, zu berücksichtigen. Daher kann es unter Umständen vorkommen, dass eine objektiv gesehen gewöhnliche Klausel sich für das konkrete Vertragsgeschehen als ungewöhnlich darstellt, weil sie von den Vorstellungen und Absichten der konkreten Vertragsparteien wesentlich abweicht.[45] Umgekehrt kann ein deutlicher Hinweis auf eine an sich ungewöhnliche Klausel den Überraschungseffekt aufheben.[46]

---

42 Siehe BGB, NJW-RR 1991, 570, 571.
43 Siehe dazu BGH NJW-RR, 2001, 484.
44 Siehe dazu *Bork*, AT BGB, Rn. 1768.
45 Siehe dazu HK-BGB/*Schulte-Nölke*, § 305 c Rn. 2.
46 Siehe HK-BGB/*Schulte-Nölke*, § 305c, Rn. 2; BGH NJW 1997, 2677. Vgl. aber *Antalya* (Fn. 5), S. 309.

III. Rechtsfolge des Nichtvorliegens der Einbeziehungsvoraussetzungen

Im türkischen Recht ist umstritten, wie die Formulierung im Gesetz, d.h. „gelten die AGB als ungeschrieben" zu verstehen ist (Nichtigkeit, Ungültigkeit usw.).[47] Die Begründung des Art. 21 TOGB lässt annehmen, dass diese Regelung durch die wertpapierrechtlichen Vorschriften des schweizerischen OR inspiriert wurde.[48] Dort werden einige Vorschriften (Art. 995 I und II; Art. 999 II; Art. 1002 I; Art. 1006 I usw.[49]) des Schweizerischen OGB erwähnt. Wie die in der Begründung erwähnten schweizerischen Vorschriften und die Begründung der nachfolgenden Regelung (Art. 22 TOGB) zeigen, werden hier sowohl die Einbeziehung als auch die Geltung von AGB konfus zusammen geregelt. Hier geht es eigentlich darum, ob die AGB Vertragsbestandteil geworden sind.[50] Die AGB, für welche die Einbeziehungsvoraussetzungen nicht vorliegen und/oder die ungewöhnlichen AGB werden nicht Bestandteil des Vertrages.

E. Wirkung der nicht Vertragsbestandteil gewordenen AGB auf den sonstigen Vertrag (Art. 22 TOG)

Art. 22 TOGB regelt die Wirkung solcher AGB, die nicht Vertragsbestandteil geworden sind. Der Artikel lautet wie folgt:

> *„Abgesehen von den als ungeschrieben bezeichnenden AGB behalten die sonstigen Vertragsregelungen ihre Geltung. In diesem Fall kann der Verwender nicht behaupten, dass er beim Nichtvorligen jener AGB den Vertrag mit sonstigen Bedingungen nicht abgeschlossen hätte."*

Diese Regelung deckt sich *nur teilweise* mit dem § 306 BGB. Denn § 306 BGB umfasst sowohl die Nichteinbeziehung als auch die Unwirksamkeit.[51] Außerdem wird in § 306 BGB die ganze oder teilweise Nichteinbeziehung und Unwirksamkeit von AGB geregelt.

---

47 Siehe *Antalya* (Fn. 5), S. 292, 310 ff., für die Folgen der Inhaltskontrolle S. 318 f.; *Atamer*, S. 30 ff.; *Sirmen*, GİŞ Sempozyumu, S. 109, 115 und 128; *Reisoğlu* (Fn. 10), S. 75 ff.; *Oğuzman/Öz* (Fn. 13), S. 167 ff.; *Bilgen*, 6098 Sayılı Türk Borçlar Kanunu Işığında Öğreti ve Uygulamada Kefalet ve Yargılama Hukukunda İlişkin Uyuşmazlıklar, Ankara 2013, S. 512 ff.; *Nomer*, Borçlar Hukuku Genel Hükümler, 12. Aufl., Istanbul 2012, Rn. 50; *Kılıçoğlu*, Borçlar Hukuku Genel Hükümler, 14. Aufl., Ankara 2011, S. 114; siehe auch *Akdag-Güney*, ZEuP 2009, 109, 134 ff.; *Çınar*, S. 99 ff., 184 ff.

48 Siehe dazu *Atamer*, GİŞ Sempozyumu, S. 31.

49 Das THGB hat den in der Gesetzesbegründung erwähnten schweizerischen Vorschriften entsprechende Regelungen (Art. 587, 591, 594 und 598 THGB), die allerdings nicht erwähnt werden.

50 Siehe *Atamer*, GİŞ Sempozyumu, S. 31.

51 Siehe dafür nur Hk-BGB/*Schulte-Nölke*, § 306, Rn. 2.

Die Regelung in Art. 22 TOGB soll verhindern, dass der Vertrag bei der Nichteinbeziehung von AGB überhaupt nicht zustande kommt, wenn eine Einigung über die wesentlichen Vertragsbestandteile vorhanden ist. Liegt auch eine solche Einigung nicht vor, wird es ohnehin zu keinem Vertrag kommen. Allerdings kann es trotz des zweiten Satzes von Art. 22 TOGB vorkommen, dass der Vertrag überhaupt nicht zustande kommt, weil die wesentlichen Vertragsbestandteile gerade in den nicht einbezogenen AGB sind.

Ferner wird in § 306 II BGB in unterschiedlicher Weise geregelt, dass sich der Inhalt des Vertrages nach den gesetzlichen Vorschriften richtet, d.h. die Lücken mit dem dispositiven Gesetzesrecht zu füllen sind. Im türkischen Recht wird man durch die allgemeinen Prinzipien zum gleichen Ergebnis kommen können.

Im Gegensatz zur Regelung im BGB (§ 306 III) enthält das TOGB keine Ausnahme für den Verwender[52] dahingehend, dass er sich von der Gültigkeit sonstiger vertraglichen Regelungen befreien kann, wenn für ihn die Bestimmung des Vertrages nach den dispositiven gesetzlichen Vorschriften eine unzumutbare Härte darstellen würde. Diese Ausnahme wird im deutschen Recht als eine seltene bezeichnet und auf die Fälle beschränkt, wo ein extremes Missverhältnis zwischen Leistung und Gegenleistung entsteht.[53] Die türkische Regelung sieht eine solche Ausnahme nicht vor, sodass der Verwender auch in solchen Fällen mit dem Vertrag verbunden bleiben wird. Da die türkische Regelung ausdrücklich nur die Rechtslage hinsichtlich des Verwenders regelt, kann sich die geschützte Partei auf die Unwirksamkeit des Restvertrages berufen. Hat sie dagegen ein Interesse an der Durchführung des Restvertrages, macht es Sinn,[54] eine Regelung über die Teilunwirksamkeit des Vertrages zu treffen, wie es in § 306 I BGB der Fall ist. Entgegen des Wortlautumfanges lässt sich die Regelung in Art. 22 TOGB unter Berücksichtigung der Schutzwecks des AGB-Rechts auch für Fälle der Teilunwirksamkeit sinngemäß anwenden.

F. Auslegung der unklaren oder mehrdeutigen AGB (Art. 23 TOGB)

Art. 23 TOGB regelt, wie die AGB auszulegen sind, falls sie unklar, unverständlich oder mehrdeutig sind. Der Artikel lautet wie folgt:

> *„Wenn eine AGB nicht klar und verständlich oder mehrdeutig ist, wird sie zu Lasten der Verfasser und zu Lasten der anderen Vertragspartei ausgelegt.“*

Hierbei geht es *zum einen* um die Transparenzkontrolle der AGB, die hier mit der Auslegungsfrage etwas verdeckt geregelt sind. Sind AGB so unklar und

---

52 Für den Fall, dass sich der Restvertrag einseitig zu Lasten der geschützten Partei auswirkt, wird die gesamte Unwirksamkeit entsprechend der Schutzrichtung des AGB-Rechts angenommen, siehe dazu, Hk-BGB/*Schulte-Nölke*, § 306, Rn. 1.

53 Hk-BGB/*Schulte-Nölke*, § 306, Rn. 8.

54 Siehe dazu nur *Bork*, AT BGB, Rn. 1787.

unverständlich, dass sie einen eindeutigen Sinngehalt nicht haben, wird man annehmen müssen, dass sie nicht gelten. Das BGB beinhaltet eine ähnliche Regelung im Rahmen der Inhaltskontrolle in § 307 I Satz 2 (i.V.m. Abs. III Satz 2). Demnach kann eine unangemessene Benachteiligung sich auch daraus ergeben, dass die Bestimmung nicht klar und verständlich ist.

Beim Art. 23 TOGB geht es aber *zum anderen* und in erster Linie um die Auswahl von den Auslegungsvarianten mehrdeutiger AGB. Daher wird er nicht bei solcher AGB Anwendung finden, die objektiv und/oder subjektiv eindeutig sind. Die AGB müssen mindestens zwei vertretbare Auslegungen zulassen.[55] Ist dies der Fall, wird man die Auslegung als Grundlage für die Anwendung annehmen, die für die geschützte Partei günstig ist. Bei der Auslegung ist auf den Horizont der durchschnittlichen Vertragsparteien abzustellen.[56]

Im deutschen Recht wird die Auslegung mehrdeutiger AGB mit der Frage nach der Inhalts- und Transparenzkontrolle in einen Zusammenhang gebracht.[57] Kann eine Auslegungsvariante der Inhaltskontrolle nicht standhalten, kann die Frage nach der anderen Auslegungsvariante offen bleiben, weil eben die für den Verwender ungünstigste Auslegung (d.h. Unwirksamkeit der AGB) zu wählen ist.[58] Daher müssen beide Auslegungsvarianten wirksam sein, damit eine Auswahl zwischen den beiden Varianten möglich ist.

Im Hinblick auf die Auslegung von AGB ist ferner zu erwähnen, dass die Individualabrede gegenüber den AGB Vorrang haben wird.[59] Auch wenn das TOGB im Gegensatz zum BGB (§ 305 b) hierzu keine besondere Regelung enthält, lassen die allgemeinen Grundsätze, die Geltung dieser Auslegungsregel für das türkische AGB-Recht ohne weiteres annehmen.

G. Inhaltskontrolle von AGB (TOGB Art. 24–25)

I. Allgemeines

Während die Inhaltskontrolle im BGB ziemlich detailliert geregelt ist (§§ 307–310 BGB), sind diesbezügliche Regelungen im TOGB erheblich knapp (Art. 24 und 25 TOGB). Dabei regelt Art. 24 TOGB einen konkreten Anwendungsfall der Inhaltskontrolle, ohne es als Inhaltskontrolle zu nennen.[60] Die Generalklausel für die Inhaltskontrolle ist Art. 25 TOGB, der sich laut Begründung durch § 307 BGB inspiriert haben soll. Es gibt im TOGB keine Regelung, die § 308 BGB und § 309 BGB entspricht.

---

55 Hk-BGB/*Schulte-Nölke*, § 305 c, Rn. 4.

56 Für deutsches Recht siehe nur Hk-BGB/*Schulte-Nölke*, § 305 c, Rn. 4; *Löhnig/Gietl*, JuS 2012, 494, 497.

57 Siehe nur Hk-BGB/*Schulte-Nölke*, § 305 c, Rn. 5; *Löhnig/Gietl*, JuS 2012, 494, 497.

58 Siehe nur Hk-BGB/*Schulte-Nölke*, § 305 c, Rn. 5; *Löhnig/Gietl*, JuS 2012, 494, 497.

59 Für deutsches Recht Hk-BGB/*Schulte-Nölke*, § 305 b, Rn. 1 ff.; für türkisches Recht *Atamer*, GİŞ Sempozyumu, S. 9, 38 ff.; *Akdag-Güney*, ZEuP 2009, 109, 122 f.

60 Siehe dazu *Atamer*, GİŞ Sempozyumu, S. 9, 59 ff.; *Antalya* (Fn. 5), S. 313 und 318.

Außerdem liegt auch keine den Anwendungsbereich der AGB-Vorschriften und folglich der Inhaltkontrolle einschränkende Regelungen wie in § 310 BGB vor.

II. Ungültigkeit der die einseitige Änderungsmöglichkeit vorsehenden AGB (Art. 24 TOGB)

Art. 24 TOGB hat den Titel „Änderungsverbot" und lautet wie folgt:

> *„Die Klausel in einem die AGB beinhaltenden oder sonstigem Vertrag gelten als ungeschrieben, die dem Verwender ermächtigen, eine Regelung des die AGB beinhaltenden Vertrages zum Nachteil der anderen Vertragspartei zu ändern oder eine neue Regelung einzuführen".*

Hier wird eine von vielen Anwendungsfällen der Inhaltskontrolle geregelt. Denn es geht um solche AGB, die dem Verwender einseitig die Vertragsänderung oder die Gestaltung einer neuen vertraglichen Regelung ermöglichen. Somit wird direkt eine Regelung behandelt, die die Interessenlage beider Parteien betrifft und einer Partei zulasten der anderen bevorzugt und folglich unter Umständen eine dem Gebot Treu und Glauben verstoßende Rechtslage herbeiführen kann.

Wie oben bereits erwähnt, enthält das TVerbSchutzG entsprechend der EU-Richtlinie einen Artikel über missbräuchliche Klauseln. Die aufgrund des TVerbSchutzG erlassene einschlägige Verordnung sieht eine Liste von Klauseln vor, die im Rahmen der Inhaltskontrolle als missbräuchlich anzusehen sind (kein Numerus clausus). Dort sind auch solche Klauseln geregelt, die die Änderung bzw. Anpassung des Vertrages betreffen (Zusatzliste, Ziffer a, Nr. 10 und 11, Ziffer b, Nr. 2 und 3). Dabei werden die dem Verwender die Änderung bzw. Anpassung des Vertrages ermöglichenden Klauseln unter Berücksichtigung bestimmter Voraussetzungen zugelassen. Nun entsteht durch Art. 24 TOGB eine prekäre Rechtslage, weil Art. 24 TOGB solche Regel überhaupt nicht zulässt und folglich viel weiter geht als das TVerbSchutzG. Da TOGB somit einen anscheinend umfangreicheren Schutz gewährleistet, wird es unter Umständen die Anwendung vom TVerbSchutzG ausschließen können (trotz des Art. 30 TVerbSchutzG).[61] Abgesehen davon, dass Art. 24 TOGB als eine unflexible Regelung insbesondere Besonderheiten mancher Dauerschuldverhältnisse und ihre Anpassungsbedürfnisse nicht hinreichend berücksichtigt, wird es somit auch hinsichtlich der Anpassung des türkischen Rechts mit dem EU-Recht Probleme geben.[62]

Im BGB gibt es keine solche etwa absolut wirkende und umfangreiche Klausel. § 308 Ziffer 4 BGB lässt sogar solche Änderungen oder Abweichungen zu, wenn sie

---

61 Siehe zu den unterschiedlichen Meinungen über das Verhältnis zwischen den beiden Gesetzen, *Antalya* (Fn. 5), S. 293 f.; *Atamer*, GİŞ Sempozyumu, S. 9, 10, 19 f., 41 ff., 59 ff.; *Sirmen*, GİŞ Sempozyumu, S. 109 ff., 121 ff.; *Kuntalp*, GİŞ Sempozyumu, S. 81, 91 f.; *Oğuzman/Öz* (Fn. 13), S. 165; *Nomer* (Fn. 47), Rn. 50.

62 Siehe zu der völlig zutreffenden und detaillierten Kritik von Art. 25 TOGB, *Atamer*, GİŞ Sempozyumu, S. 59 ff.; siehe ferner, *Kuntalp*, GİŞ Sempozyumu, S. 81, 97 ff., insbesondere 100 ff.

unter Berücksichtigung der Interessen des Verwenders für den anderen Vertragsteil zumutbar sind.

Ein anderer Kritikpunkt am Art. 24 TOGB betrifft die Rechtsfolge: Denn nach dem Gesetz werden solche Klauseln kein Bestandteil des Vertrages (als ungeschrieben gelten).[63] Somit steht die Benennung der Rechtsfolge mit der Einbeziehung der AGB in der gleichen Linie, obwohl es hier um einen Fall der Inhaltskontrolle geht.

III. Generalklausel für die Inhaltskontrolle (Art. 25 TOGB)

Art. 25 TOGB lautet wie folgt:

> *„Die AGB dürfen keine entgegen den Geboten von Treu und Glauben zur Lasten der anderen Vertragspartei wirkenden oder ihre Lage erschwerenden Regelungen beinhalten."*

Somit enthält Art. 25 TOGB weder eine weitere inhaltliche Konkretisierung der Maßstäbe für Inhaltskontrollen, noch einschränkende Angaben für den Umfang der Inhaltskontrolle.

Berücksichtigt man, dass das TZGB das Gebot von Treu und Glauben auf einem noch generelleren Niveau schon geregelt hat (Art. 2 TZGB), dies (auch i.V.m. Art. 5 TZGB) im AGB-Recht sicherlich gilt und sogar bei der Praxis von Höchstgerichten bereits Anwendung findet,[64] lässt sich feststellen, dass Art. 25 TOGB eigentlich nichts Neues regelt und insofern eine überflüssige Regelung ist. Diese Bewertung lässt sich auch damit begründen, dass der Art. 25 TOGB ohnehin keinen weiteren für Inhaltskontrolle konkretisierenden[65] und richtungsweisenden Inhalt hat.

Wie es allgemein bekannt ist, kommt es bei der Inhaltkontrolle auf die umfangreiche Würdigung der Interessenlage der Parteien an. Daher können solche Maßstäbe für den Richter hilfreich sein, die für die Feststellung des vorhandenen oder nicht vorhandenen Gleichgewichts zwischen den Interessenlagen der Parteien eine konkrete Richtschnur bilden. Dabei hilft die Generalklausel in Art. 25 TOGB nicht weiter. Daher wird in der Lehre vorgeschlagen, dass unter anderem auch die Maßstäbe im TVerbSchutzG (einschließlich der beispielshaft vorgesehenen Fälle in der Verordnung) herangezogen werden können.[66] Außerdem hat das THGB im Hinblick auf den unlauteren Wettbewerb einige Maßstäbe, die für AGB-Recht von Bedeutung sind (Art. 55 I lit. f THBG).[67] Demnach handelt derjenige unlauter, der in

63 In der Literatur wird es teils (*Oğuzman/Öz* [Fn. 13], S. 171) als eine besondere Unwirksamkeit bezeichnet.

64 Siehe nur Yarg. 13. Hukuk Dairesi, 18.11.1981, E. 6416, K. 7369; Yarg. 13 HD. 18.3.1996, E. 1734, K. 2495; siehe *Akdag-Güney*, ZEuP 2009, 109, 114 ff. 115, ins. Fn. 18 und S. 127.

65 In der Lehre und Rechtsprechung werden konkretisierende Maßstäbe für die Inhaltskontrolle entwickelt, siehe dazu *Antalya* (Fn. 5), S. 314 ff.; insbesondere *Atamer*, GİŞ Sempozyumu, S. 9, 41 ff., m.w.H.; *Sirmen*, GİŞ Sempozyumu, S. 109, 120 ff.; *Bilgen* (Fn. 47), S. 514 ff.; *Kılıçoğlu* (Fn. 47), S. 111 f.

66 *Atamer*, GİŞ Sempozyumu, S. 9, 41 ff.

67 Siehe dazu *Atamer*, GİŞ Sempozyumu, S. 9, 41 ff., 67 ff.

einer gegen das Gebot von Treu und Glauben verstoßenden Weise AGB verwendet. Das gilt vor allem dann,

1) wenn der Handelnde solche AGB verwendet, die insbesondere in irreführender Weise zum Nachteil der anderen Vertragspartei von der unmittelbar oder durch Auslegung (sinngemäß) anwendbaren gesetzlichen Ordnung erheblich abweichen oder
2) die eine der Vertragsnatur erheblich widersprechende Verteilung von Rechten und Pflichten vorsehen. Auch wenn diese Maßstäbe auf den unlauteren Wettbewerb bezogen sind, bringen sie den für AGB-Recht generell geltenden Gedanken zum Ausdruck. Insofern lässt sich zum Teil eine Parallele zwischen Art. 55 I lit. f THGB und § 307 II BGB feststellen. Es ist klar, dass eine solche Regelung eigentlich in Art. 25 TOGB ihre richtigere Stelle hätte und eine solche Regelungsweise sowohl rechtstechnisch und –dogmatisch als auch rechtspolitisch viel sinnvoller wäre.

Neben dem Ausschluss der Inhaltskontrolle der sog. deklaratorischen werden auch die das Preis-Leistungs-Verhältnis betreffende Klauseln im türkischen Recht grundsätzlich nicht unter der Inhaltskontrolle stehen.[68] Das lässt sich für die Verträge zwischen den Kaufleuten ohne weiteres vertreten. Dass das Transparenzgebot wie im deutschen Recht auch für solche Klauseln gelten soll,[69] ist eine Schlussfolgerung, die sich auch aus den sonstigen Grundprinzipien des Vertragsrechts herleiten lässt.

Außerdem ist es bei der Inhaltskontrolle möglich und unter Umständen erforderlich, unterschiedliche Maßstäbe je nach den Parteien der Verträge anzuwenden. In diesem Sinne können die AGB in den Verbraucherverträgen anders bewertet werden als die in den Verträgen zwischen den Kaufleuten.

H. Ergebnis

Es ist sicherlich ein wichtiger Fortschritt im türkischen Recht, dass die AGB nun im TOGB eine besondere und unmittelbare Grundlage finden. Allerdings lassen sich die AGB-Regeln im TOGB in vielerlei Hinsicht kritisieren. Der Gesetzgeber hat teils die AGB-Regeln des BGB als Grundlage genommen und diese nach seinem Verständnis etwas resümierend ins türkische Recht übernommen. Auf dem ersten Blick scheinen die AGB-Regeln des BGB kompliziert zu sein. Bei näherer Betrachtung ist aber ein gestuftes und detailliertes System von AGB-Recht zu erkennen. Der türkische Gesetzgeber hat versucht, diesem System zu folgen. Aufgrund dessen,

---

68 Siehe nur *Antalya* (Fn. 5), S. 290, er ist allerdings der Meinung, dass die AGB ohnehin außerhalb der Hauptpunkte des Vertrages Anwendung finden können; siehe ferner *Atamer*, GİŞ Sempozyumu, S. 9, 56 ff.; siehe auch *Sirmen*, GİŞ Sempozyumu, S. 109, 124 f.; für die Rechtslage im TVerbSchutzG siehe nur *Akdag-Güney*, ZEuP 2009, 109, 129; *Sirmen*, GİŞ Sempozyumu, S. 109, 124 ff.

69 Wie oben bereits erwähnt, kann auch Art. 21 TOGB als eine Art von Grundlage für dieses Gebot verstanden werden.

dass die AGB-Regeln im TOGB ziemlich kurz gefasst sind, bleiben die Regelungen ziemlich lückenhaft und wiederholen teils nur bereits bestehende Grundsätze. Es liegt sicherlich im Ermessen des Gesetzgebers die verbraucherrechtlichen Vorschriften in einem besonderen Gesetz zu regeln. Allerdings müssen die Regeln in TVerbSchutzG und die im TOGB harmonisiert sein. Dem türkischen Gesetzgeber ist dies freilich nicht gelungen. Zudem liegen Probleme hinsichtlich des Anwendungsbereichs der AGB-Regeln des TOGB vor. Die Regeln über Inhaltskontrolle haben kaum Bedeutung, sodass insbesondere die Gerichte hierzu Maßstäbe zu entwickeln haben werden. Sie werden sicherlich auch mit den Anwendungsbereichsproblemen konfrontiert. Auch wenn dem Gesetzgeber vieles dabei nicht gelungen ist, können die Rechtsprechung und wissenschaftliche Beiträge im deutschen Recht aufgrund des Art. 1 III TZGB (auch i.V.m. Art. 5 TZGB) ebenso im türkischen Recht eine gewisse helfende Rolle haben.

Thomas M.J. Möllers

Aktuelle Entwicklungen des Kapitalmarktrechts – Die MiFID II: divergierende Anlegerleitbilder und neue Instrumentarien wie Qualitätskontrolle und Verbote

Die einschlägigen Neuregelungen der MiFID II und der AIFM-RiL bringen zahlreiche Neuerungen mit sich. Zunehmend berücksichtigt der Gesetzgeber etwa die Probleme des information overload bei der Überarbeitung einzelner Informationspflichten. Zudem wird in immer stärkerem Maße auf eine gestaffelte Qualitätskontrolle und die Vermeidung von Interessenkonflikten und Produktverbote gesetzt. Die verschiedenen Maßnahmen lassen sich am besten strukturieren und bewerten, indem man zwischen den einzelnen Regelungszielen des Kapitalmarktrechts unterscheidet: Anlegergleichbehandlung, rationale Anlegerentscheidung durch Aufklärung, anlegerbezogene Beratung und professionelle Vermögensverwaltung. Dabei wird sich zeigen, dass die Konturierung des Anlegerleitbilds von dem jeweiligen Regelungszweck bestimmt wird und deshalb in Abstufungen divergiert.

A. Einleitung

Als vermeintliche Antwort auf die Finanzmarktkrise hatte der europäische Gesetzgeber bereits mit der AIFM-Richtlinie[1] eine Gesetzgebungsmaschinerie in Gang gesetzt, deren Höhepunkt mit den Vorschlägen zur Neufassung der MiFID I[2] der Kommission[3] vom Oktober 2011 und des EU-Parlaments[4] vom Oktober 2012 sowie der dazugehörigen Verordnung[5] noch bevorsteht. Auf nationaler Ebene wurde bereits die Entscheidung getroffen, das InvG durch ein neues Kapitalanlagegesetzbuch

---

1 RiL 2011/61/EU v. 8.6.2011, ABl. EU Nr. L 174, S. 1 („AIFM-RiL").

2 RiL 2004/39/EG v. 21.4.2004, ABl. EU Nr. L 145, S. 1 („MiFID I").

3 Vorschlag für eine RiL über Märkte für Finanzinstrumente zur Aufhebung der RiL 2004/39/EG (Neufassung) v. 20.10.2011, KOM (2011) 656 endg. („MiFID II-E").

4 Abänderungen des Europäischen Parlaments v. 26.10.2012 zu dem Vorschlag für eine RiL über Märkte für Finanzinstrumente zur Aufhebung der RiL 2004/39/EG, P7_TA-PROV(2012)0406 („MiFID II-E [EUP]").

5 Vorschlag für eine Verordnung über Märkte für Finanzinstrumente und zur Änderung der Verordnung [EMIR] über OTC-Derivate, zentrale Gegenparteien und Transaktionsregister v. 20.10.2011, 2011/0296 (COD) („MiFIR-E"); Abänderungen des Europäischen Parlaments v. 26.10.2012, P7_TA-PROV(2012)0407 („MiFIR-E [EUP]").

(KAGB)[6] zu ersetzen und auch für das WpHG zeichnet sich umfassender Reformbedarf ab. Trotz dieser unaufhaltsamen Europäisierung des Kapitalmarktrechts ist das Verhältnis der nationalen Zivilrechtsprechung zum Europarecht noch immer ungeklärt. Der Gesetzgeber greift in immer stärkerem Maße in die Marktwirtschaft ein, indem er Informationen, Mitarbeiter und Finanzprodukte der Qualitätskontrolle unterzieht. Anstatt wie bisher auf umfassende Informationspflichten zu vertrauen, wird verstärkt auf ex ante-Qualifikationen, Vermeidung von Interessenkonflikten und Verbote gesetzt.

Im Folgenden werden die einschlägigen Neuregelungen vorgestellt und darüber hinaus die Regelungsziele des Anlegerschutzes dargestellt. So ist zwischen Anlegergleichbehandlung (II.), rationale Anlegerentscheidung durch Aufklärung (III.), anlegerbezogene Beratung (IV.) und professionelle Vermögensverwaltung (V.) zu unterscheiden. Mit dieser Strukturierung lassen sich die dazugehörigen Regelungsinstrumentarien wie Information, Qualitätskontrolle und Verbote dogmatisch einordnen und bewerten. Dabei wird sich zeigen, dass das Anlegerleitbild von dem jeweiligen Regelungszweck bestimmt wird und deshalb divergiert. Ausgespart wird die Frage, ob sich der Anlegerschutz hin zum Verbraucherschutz entwickelt.[7]

B. Anlegergleichbehandlung

I. Regelungsziel

Die Anlegergleichbehandlung als Regelungsziel ist eng mit der institutionellen Funktionsfähigkeit der Kapitalmärkte verwoben: Typischerweise verfügen Anleger nicht über eigene Informationen, um die Chancen und Risiken einer Anlage beurteilen zu können.[8] Kursrelevante Informationsvorsprünge der Emittenten und einzelner Insider gegenüber der Anlegergesamtheit haben potentiell zur Folge,[9] dass sich am Markt nicht der optimale Produktpreis bilden kann; es drohen Marktineffizienzen und Marktversagen.[10] Zu den ökonomischen Grundbedingungen eines funktionierenden Kapitalmarkts zählt daher die ausreichende

6 RegE z. KAGB v. 21.12.2012, BR-Drucks. 791/12. Hierzu Möllers/Kloyer (Hg.), Das neue Kapitalanlagegesetzbuch, 2013.

7 Bspw. jüngst *Buck-Heeb*, ZHR 177 (2013), 310, 340 ff., 343; *dies.*, ZHR 176 (2012), 66 ff.; *Mülbert*, ZHR 177 (2013), 160, 180 f.; *Koller*, in: Assmann/Schneider (Hg.), WpHG, 6. Aufl., 2012, § 31 WpHG Rn. 4 ff.; *Moloney*, 13 EBOR 169 ff. (2012); *dies.*, 63 Current Legal Problems, 375 ff. (2010); *Kingsford Smith*, in: Howells/Ramsay/Wilhelmsson/Kraft (Hg.), Handbook of Research on International Consumer Law, 2010, S. 431 ff.

8 *Lenenbach*, Kapitalmarktrecht, 2. Aufl., 2010, Rn. 11.3.

9 *Möllers*, ZGR 1997, 334, 338; zuvor bereits *Koch/Schmidt*, BFuP 1982, 231, 232 f.

10 *Fleischer*, Informationsasymmetrien im Vertragsrecht, 2001, S. 121 ff.; *ders.*, Gutachten F z. 64. DJT, 2002, S. 23; vgl. allgemein auch *Kahnert*, Rechtsetzung im Europäischen Gesellschaftsrecht, 2012, S. 35 ff. Grundlegend *Akerlof*, 84 Q.J. Econ., 488 ff. (1970).

Informationsversorgung der Anleger.[11] Die institutionelle Funktionsfähigkeit bedingt darüber hinaus, dass die Anleger Vertrauen in die Integrität des Kapitalmarkts haben.[12] Die Anlegergleichbehandlung erfordert insofern zweierlei: Alle Marktteilnehmer müssen zum möglichst gleichen Zeitpunkt über Zugang zu denselben bewertungsrelevanten Informationen verfügen[13] und für die Veröffentlichung unrichtiger oder unvollständiger Informationen sind Kompensations- und Sanktionsmechanismen vorgesehen.

II. Instrumente

1. Informationelle Gleichbehandlungspflichten

Informationelle Gleichbehandlungspflichten richten sich primär an den Kapitalmarkt. Aus diesem Grund werden die Pflichten zur Emissions- (§§ 3 ff. WpPG), Ad hoc- (§ 15 WpHG), Directors' Dealings- (§ 15a WpHG), Beteiligungs- (§§ 21 ff. WpHG), Regel- (§§ 37v ff. WpHG) und Übernahmepublizität (§§ 10, 14, 23 WpÜG) und zur Information der Wertpapierinhaber (§§ 30a ff. WpHG) als *marktbezogene*[14] Informationspflichten bezeichnet.

2. Kompensatorische Gleichbehandlungspflichten

Institutioneller und individueller Anlegerschutz sind oft „zwei Seiten derselben Medaille".[15] Schließlich sind auch die Interessen des einzelnen Anlegers zu schützen, um das Vertrauen in die Kapitalmarktintegrität sicherzustellen.[16] Hierauf zielen beispielsweise Vorschriften zur kompensatorischen Gleichbehandlung der einzelnen Anleger ab, wie etwa das Pflichtangebot gem. § 35 Abs. 2 WpÜG. Nach Kontrollerlangung über die Zielgesellschaft (§ 29 Abs. 2 WpÜG) wird der Erwerber dazu verpflichtet, den verbleibenden Anlegern die Übernahme ihrer Anteile anzubieten. Regelmäßig geht dem Kontrollerwerb der Kauf eines größeren Aktienpakets voraus, wofür den Veräußerern ein zusätzlicher Bonus gezahlt werden muss.[17] An diesem Kontrollbonus sollen auch die verbliebenen Anleger partizipieren.[18] Das

---

11 *Lenenbach* (Fn. 8), Rn. 11.41.

12 Bspw. RegE z. AnsFuG v. 8.11.2010, BT-Drucks. 17/3628, S. 1; *Europäischer Wirtschafts- und Sozialausschuss*, Stellungnahme z. Vorschlag der Marktmissbrauch-VO und z. Vorschlag für eine Marktmanipulations-RiL v. 28.3.2012, ECO/322, Rn. 3.1.

13 *Lenenbach* (Fn. 8), Rn. 11.4. ff.

14 Der Begriff geht zurück auf *Vogel*, Vom Anlegerschutz zum Verbraucherschutz, 2005, S. 22; übernommen von *Lenenbach* (Fn. 8), Rn. 11.12.

15 So *Hopt*, ZHR 159 (1995), 135, 159; ebens *Köndgen*, in: FS Druey, 2002, S. 791, 799 m. Fn. 48; *Möllers/Leisch*, ZIP 2002, 1995, 1997; *dies.*, BKR 2001, 78, 79 m. Fn. 14; *Fuchs/Dühn*, BKR 2002, 1063, 1065. Präzisierend jüngst *Mülbert*, ZHR 177 (2013), 160, 177.

16 S. *Hopt*, ZHR 159 (1995), 135, 159; *Fuchs*, WpHG, 2009, Einl. Rn. 18.

17 *Steinmeyer*, in: Steinmeyer/Häger (Hg.), WpÜG, 2. Aufl., 2007, § 35 WpÜG Rn. 102.

18 Vgl. § 31 WpÜG i.V.m. §§ 3 ff. WpÜG-AngV.

Pflichtangebot konkretisiert insofern das Gleichbehandlungsgebot des § 3 Abs. 1 WpÜG[19] und dient der Anlegergleichbehandlung und dem Funktionenschutz.[20]

Ex post sollen zudem Schadensersatzpflichten die Gleichbehandlung der Anleger gewährleisten. Werden Ad-hoc-Informationen nicht unverzüglich veröffentlicht oder sind sie unwahr, stehen Anlegern individuelle Schadenersatzansprüche zu, §§ 37b, 37c WpHG. Hierdurch werden Verstöße gegen die informationelle Chancengleichheit aller Marktteilnehmer sanktioniert.[21] Während für Verstöße gegen die Ad-hoc-Publizität Ansprüche aus § 823 Abs. 2 BGB ausdrücklich ausgeschlossen werden (§ 15 Abs. 6 Satz 1 WpHG),[22] ist die Schutzgesetzeigenschaft für die übrigen marktbezogenen Informationspflichten jeweils einzeln zu ermitteln.[23] Bejaht man die Schutzgesetzeigenschaft, fordert die Rechtsprechung zusätzlich, dass die Schaffung eines individuellen Schadensersatzanspruchs sinnvoll und im Lichte des haftungsrechtlichen Gesamtsystems tragbar erscheint.[24] Schließlich handelt es sich um eine Grundsatzentscheidung des Gesetzgebers, außerhalb des § 826 BGB keinen allgemeinen Vermögensschutz zu gewähren.[25]

3. *Qualitätskontrolle der Informationen*

Wo notwendig, hat der Gesetzgeber Kontrollmechanismen vorgesehen, um im Sinne einer „Qualitätskontrolle" die Richtigkeit und Vollständigkeit der Informationen zu überprüfen. Hier lässt sich von einer gestaffelten Qualitätskontrolle sprechen, findet diese doch inzwischen auf drei ganz unterschiedlichen Ebenen statt:

a) Compliance-Pflichten der Emittenten

Unternehmensintern sind Emittenten und deren Dienstleister verpflichtet, Insiderverzeichnisse zu führen, § 15b WpHG (i.V.m. §§ 14–16 WpAIV). Dies verbessert die unternehmensinterne Prävention (Compliance) gegen Insiderrechtsverstöße.[26] Mit der Übermittlung von Insiderverzeichnissen an die BaFin (§ 15b Abs. 1 Satz 2

---

19 *Schwennicke*, in: Geibel/Süßmann (Hg.), WpÜG, 2. Aufl., 2008, § 3 WpÜG Rn. 3.
20 *Steinmeyer* (Fn. 17), § 35 WpÜG Rn. 7; *Meyer*, in: Geibel/Süßmann (Hg.), WpÜG, 2. Aufl., 2008, § 35 WpÜG Rn. 8 m.w.N.
21 *Sethe* (Fn. 7), §§ 37b, 37c WpHG Rn. 4.
22 S. *Versteegen*, in: Kölner Komm. z. WpHG, 1. Aufl., 2007, § 15 WpHG Rn. 268 m.w.N.
23 *Hopt*, ZHR 159 (1995), 135, 160; *K. Schmidt*, in: FS Schwark, 2009, S. 753, 757 ff.; *Spindler*, in: Langenbucher/Bliesener/Spindler (Hg.), Bankrechts-Kommentar, 2013, § 33 Rn. 12.
24 Grundlegend BGH, Urt. v. 8.6.1976, BGHZ 66, 388, 390; Urt. v. 13.4.1994, BGHZ 125, 366, 374. Hierzu *Spindler* (Fn. 23), § 33 Rn. 12, 64 f.; *Wagner*, in: Münchener Komm. z. BGB, 5. Aufl., 2009, § 823 BGB Rn. 329 f. m.w.N.; *Schäfer*, WM 2007, 1872, 1873.
25 *Spindler* (Fn. 23), § 33 Rn. 12; ebenso *Assmann*, in: FS Schneider, 2011, S. 37, 48 f. Im Einzelnen str. s. *Krisl*, Die Schutzgesetzeigenschaft der Wohlverhaltenspflichten nach den §§ 31 ff. WpHG, 2013 (Diss. Augsburg).
26 *Sethe* (Fn. 7), § 15b WpHG Rn. 2 f.; *Heinrich* (Fn. 22), § 15b WpHG Rn. 4.

WpHG) und den Meldepflichten der Kredit- und Finanzdienstleister über börsliche und außerbörsliche Geschäfte (§ 9 WpHG) wird zudem die Überwachung des Insiderhandelsverbots (§ 14 WpHG) erleichtert.[27] Werden infolgedessen Insidergeschäfte aufgedeckt, stellt sich zwangsläufig die Folgefrage, ob denn der Emittent seiner Ad-hoc-Publizitätspflicht aus § 15 WpHG nachgekommen ist. Ohne diese Verpflichtung Privater[28] ließen sich insiderrechtliche Verstöße nicht wirkungsvoll aufdecken.

b) Prüfungspflichten der Aufsichtsbehörde oder unabhängiger Dritter

Auf einer zweiten Ebene sind bestimmte Informationen vor ihrer Veröffentlichung (ex ante) zu überprüfen, entweder aufsichtsrechtlich durch die BaFin oder durch der öffentlich-rechtlichen Aufsicht unterliegende private Dritte. Die Prüfung („Billigung") der BaFin vor Prospektveröffentlichung beschränkt sich etwa allein darauf, ob der Prospekt vollständig ist, ob die Prospektangaben kohärent sind, also ohne innere Widersprüche, und ob der Prospekt verständlich ist, § 13 Abs. 1 Satz 2 WpPG. Die Kohärenzprüfung beinhaltet zwar, dass die BaFin festgestellte Widersprüche dem Antragsteller mitteilen und Abhilfe anordnen muss, es handelt sich jedoch nicht um eine materielle Inhaltskontrolle, da der BaFin keine weiteren Unterlagen als der Prospekt vorzulegen sind.[29]

Die BaFin hat auch die (Pflicht-)Angebotsunterlage vor deren Veröffentlichung zu prüfen, § 15 WpÜG.[30] Im Gegensatz zum Prospekt hat die BaFin neben der Vollständigkeit und Vollzähligkeit der erforderlichen Angaben (§ 11 Abs. 2 WpÜG, §§ 2 ff. WpÜG-AngV) diese auch insoweit inhaltlich zu überprüfen, soweit Verstöße gegen das WpÜG oder die WpÜG-AngV „offensichtlich" sind, § 15 Abs. 1 Nr. 2 WpÜG.[31]

Dagegen überprüft die BaFin keine Ad-hoc-Informationen. Sie sind der BaFin zwar vor Veröffentlichung mitzuteilen, § 15 Abs. 4 Satz 1 Nr. 3 WpHG. Damit soll der BaFin aber nur die Überwachung der Ad-Hoc-Publizitätspflicht ex post ermöglicht werden.[32] Weitere Vorabmitteilungen sind an die Geschäftsführungen inländischer Börsen zu richten (§ 15 Abs. 4 Satz 1 Nr. 3 WpHG). Die Börse prüft dann nicht die inhaltliche Richtigkeit, sondern ihr soll vor dem öffentlichen Bekanntwerden der Information nur die Möglichkeit eröffnet werden, im Zweifel den Kurs des

27 S. Begr. RegE z. AnSVG v. 24.5.2004, BT-Drucks. 15/3174, S. 36. Hierzu *Heinrich* (Fn. 22), § 15b WpHG Rn. 3.

28 *Heinrich* (Fn. 22), § 15b WpHG Rn. 5.

29 *Groß*, Kapitalmarktrecht, 5. Aufl., 2012, § 13 WpPG Rn. 8; ebenso *v. Kopp-Colomb*, in: Assmann/Schlitt/Kopp-Colomb (Hg.), WpPG/VerkProspG, 2. Aufl., 2010, § 13 WpPG Rn. 9 ff.; a.A. *Berrar*, Frankfurter Komm. z. WpPG/EU-ProspektVO, 2011, § 13 WpPG Rn. 13.

30 Für § 35 WpÜG *Meyer* (Fn. 20), § 35 WpÜG Rn. 66.

31 *Angerer* (Fn. 20), § 15 WpÜG Rn. 16.

32 Begr. RegE z. 2. FFG v. 27.1.1994, BT-Drucks. 12/6679, S. 49; Bericht Finanzausschuss z. 2. FFG v. 15.6.1994, BT-Drucks. 12/7918, S. 101. S. *Zimmer/Kruse*, in: Schwark/Zimmer (Hg.), KMRK, 4. Aufl., 2010, § 15 WpHG Rn. 95.

Wertpapiers auszusetzen, § 25 Abs. 1 Nr. 1 BörsG.[33] Selbst wenn man mit der BaFin eine Vorabmitteilung mindestens dreißig Minuten vor Veröffentlichung der Ad-hoc-Mitteilung fordert,[34] ist nicht mehr als eine Schlüssigkeitskontrolle zu erwarten.[35]

Für die Jahres- und Halbjahresberichte ist dagegen eine materielle Inhaltskontrolle durch der öffentlich-rechtlichen Aufsicht unterliegende Wirtschaftsprüfer vorgesehen, § 37w Abs. 5 WpHG, §§ 316, 317 HGB.[36]

c) Kontrolle durch den Kapitalmarkt

Im Übrigen findet quasi auf dritter Ebene eine ex post-Kontrolle der veröffentlichten Unternehmensinformationen dadurch statt, dass eine Vielzahl von Kapitalmarktinformationen zu veröffentlichen ist. Werden prognostizierte Geschäftszahlen nicht eingehalten und dies publik, ist in der Folge oftmals ein Kursverfall zu beobachten. Die Marktpreisbildung am Kapitalmarkt ist grundsätzlich ein effizienter Sanktionsmechanismus, da dem Management im worst case die Abberufung droht.[37]

4. Verbote und andere Sanktionsmechanismen

Über die gesetzlichen Pflichten zur Qualitätskontrolle hinausgehende Sanktionsmechanismen sind nur für Fehlverhalten erforderlich, das durch die Marktpreisbildung nicht ausreichend sanktioniert wird. Dies ist beispielsweise bei einer unterlassenen Ad-hoc-Publizitätsmeldung über eine positive Nachricht der Fall. Unterlässt etwa der Emittent die Veröffentlichung einer strategischen Unternehmensentscheidung und hat die Maßnahme Erfolg, wird vielfach ein Kursanstieg zu beobachten sein. Die Marktpreisbildung als Sanktionsmechanismus der zuvor unterlassenen Veröffentlichung versagt in diesem Fall. Aus diesem Grund hat der Gesetzgeber für das Insiderrecht und Eingriffe in die Marktpreisbildung zu schärferen Schwertern gegriffen: Das Insiderhandelsverbot des § 14 WpHG als „Kernstück" der insiderrechtlichen Vorschriften[38] und die Vorschrift über Marktmanipulationen nach § 20a WpHG sind als ausdrückliche Verbotstatbestände ausgestaltet. Flankiert werden sie

---

33 Vgl. *BaFin*, Emittentenleitfaden 2009, S. 73, abrufbar unter www.kapitalmarktrecht-im-internet.eu. S. auch *Zimmer/Kruse* (Fn. 32), § 15 WpHG Rn. 95.

34 *BaFin*, Emittentenleitfaden 2009, S. 73, abrufbar unter www.kapitalmarktrecht-im-internet.eu; ebenso *Assmann* (Fn. 7), § 15 WpHG Rn. 273. Im Gesetz finden sich hierfür keine Anhaltspunkte, kritisch daher *Versteegen* (Fn. 22), § 15 WpHG Rn. 206; *Zimmer/Kruse* (Fn. 32), § 15 WpHG Rn. 97.

35 Schließlich sollen sich die Börsen in diesem ohnehin kurzen Zeitraum auch noch mit anderen betroffenen Börsen koordinieren, s. *BaFin*, Emittentenleitfaden 2009, S. 73, abrufbar unter www.kapitalmarktrecht-im-internet.eu.

36 Zum Umfang der Prüfungspflicht bspw. *Ebke*, in: Münchener Komm. z. HGB, 3. Aufl., 2013, § 317 HGB Rn. 43 ff.

37 Hierzu *Ekkenga/Schulz*, in: Ehricke/Ekkenga/Oechsler (Hg.), WpÜG, 2003, Einf. Rn. 29 ff. m.w.N.

38 So *Assmann* (Fn. 7), § 14 WpHG Rn. 1; *Möllers/Ganten*, ZGR 1998, 773, 774.

durch Straftatbestände (§ 38 WpHG), § 15 WpHG zusätzlich durch Schadensersatzpflichten[39]. Demgegenüber verzichtet das WpHG bei Verstößen gegen die Regelpublizität auf Sanktionen jenseits von Bußgeldern. Dies erscheint in Anbetracht der umfangreichen inhaltlichen Überprüfung vor Veröffentlichung auch sachgemäß. Somit gilt: Je umfangreicher die ex ante Qualitätskontrolle ausfällt, desto geringer ist das Bedürfnis für zusätzliche Sanktionsmechanismen.

5. *Zum Umgang mit Interessenkonflikten*

Interessenkonflikte spielen nur eine untergeordnete Rolle und sind vor allem dort zu beobachten, wo das Interesse der Marktteilnehmer an vollständiger und richtiger Unterrichtung mit den wirtschaftlichen Eigeninteressen des Emittenten kollidiert: § 15 Abs. 2 Satz 1 WpHG statuiert das Verbot überflüssiger Veröffentlichungen. Hierunter fällt beispielsweise ein Missbrauch der Ad-hoc-Meldung zu Werbezwecken.[40] Unzulässig ist auch die Verwendung im Geschäftsverkehr unüblicher Geschäftszahlen (§ 15 Abs. 1 Satz 6 WpHG), beispielsweise dadurch, dass zum angeblichen Nachweis unternehmerischer Erfolge Phantasiekennzahlen verwendet oder durch den Wechsel der bisherigen Kennzahlen negative Entwicklungen verschleiert werden.[41]

Letztendlich kann ein Unternehmen aber nur zu positive oder unrichtige Informationen veröffentlichen – u.a. sanktioniert durch die Marktpreisbildung – oder eine geschuldete Information wird unterlassen. Hierfür hält das Insiderrecht scharfe Sanktionen bereit.[42] Notwendig ist die Aufdeckung etwaiger Eigeninteressen des Unternehmensmanagements durch § 15a WpHG, anderenfalls wären diese Geschäfte der Marktpreiskontrolle entzogen.[43]

III. Bewertung

1. *Homo oeconomicus versus schutzbedürftiger Kleinanleger*

Wirtschaftstheoretische Grundlage der Informationspflichten ist die *rational choice theory*[44] mit dem Leitbild des Homo oeconomicus, also einem Anleger, der alle bereitgestellten Informationen vollumfänglich aufnimmt, verarbeitet und auf dieser

39 Gem. §§ 37b, 37c WpHG, s. oben B.II.2.

40 *Versteegen* (Fn. 22), § 15 WpHG Rn. 256.

41 Begr. RegE z. 4. FFG v. 14.11.2001, BR-Drucks. 936/01 (neu), S. 243. Hierzu auch *Assmann* (Fn. 7), § 15 WpHG Rn. 193.

42 S. oben B.II.4.

43 Wenngleich sich nicht zwangsläufig aus der Investitions- oder Desinvestitionsentscheidung des Managements Rückschlüsse auf Eigeninteressen herleiten lassen, vgl. *Heinrich* (Fn. 22), § 15a WpHG Rn. 3.

44 Hierzu *Jacoby*, 6 Roger Williams U. L. Rev. 81, 83 ff. (2000–2001); *Rubin*, 80 Chi.-Kent. L. Rev. 1091, 1092 ff. (2005).

Grundlage rationale Anlageentscheidungen trifft.[45] Eben diesen Homo oeconomicus scheint bisweilen auch der Kapitalmarktgesetzgeber als Anlegerleitbild vor Augen zu haben.[46] Zunächst ist festzuhalten, dass der Homo oeconomicus aufgrund der eigenständigen Aufgabenzuweisung in den Wirtschaftswissenschaften kein subsumtionsfähiges Handlungskonzept darstellt.[47] Subsumtionsfähig ist allein der „verständige Anleger" als auslegungsbedürftiges Tatbestandsmerkmal der Insiderinformation, wie § 13 Abs. 1 Satz 2 WpHG verdeutlicht. Die h.M. begreift diese Rechtsfigur als börsenkundigen, also mit den Gegebenheiten des Kapitalmarkts vertrauten Anleger,[48] der über alle im Markt bekannten Informationen verfügt.[49] Auslegungsbedürftig ist auch das Anlegerleitbild, wenn es darum geht, nach wessen Kenntnisstand sich die Richtigkeit und Vollständigkeit des Wertpapierprospekts beurteilt.[50] Der BGH stellt auf einen „durchschnittlichen" Anleger ab, der zwar eine Bilanz lesen kann, aber nicht unbedingt mit der in eingeweihten Kreisen gebräuchlichen Schlüsselsprache vertraut zu sein braucht.[51] Andere ziehen auch hier den „verständigen" Anleger als Maßstab heran.[52] Zwischenzeitlich scheint der Gesetzgeber jedoch erkannt zu haben, dass dieser verständige Anleger, anders als

---

45 S. *Griffith/Goldfarb*, in: Koford/Miller (Hg.), Social Norms and Economic Institutions, 1991, S. 39, 44 ff.; *Kirchner*, Ökonomische Theorie des Rechts, 1997, S. 11 ff.; *Kunz*, Rational Choice, 2004, S. 32 ff.; *Kirchgässner*, Homo Oeconomicus, 2. Aufl., 2000, S. 12 ff., 46 ff.

46 *CESR*, CESR's Advice on Level 2 Implementing Measures for the proposed Market Abuse Directive, Dezember 2002, CESR/02-089d, S. 10: „A piece of information is likely to have a significant effect [....] when [...] a reasonable investor [...] would be likely to take into account for his investment decision." sowie Fn. 1: „A reasonable investor is a person that thinks and behaves in a rational way." Zustimmend *Veil*, ZBB 2006, 162, 163 m. Fn. 18; *ders.*, ZHR 172 (2008), 239, 249; *Klöhn*, ZHR 177 (2013), 349, 367 ff., 376 f. Den Gesetzgeber kritisierend *Möllers*, in: FS Hopt, Bd. II, 2010, S. 2247, 2264.

47 Zutreffend *Schwark/Kruse* (Fn. 32), § 13 WpHG Rn. 48; s. auch *Fleischer*, ZGR 2007, 500, 501.

48 S. *Assmann* (Fn. 7), § 13 WpHG Rn. 58 mit zahlreichen w.N.

49 *BaFin*, Emittentenleitfaden 2009, S. 33, abrufbar unter www.kapitalmarktrecht-im-internet.eu; s. auch *Pawlik* (Fn. 22), § 13 WpHG Rn. 93; *Fleischer*, NZG 2007, 4065; *Harbarth*, ZIP 2005, 1901 f.; *Lenenbach* (Fn. 8), Rn. 13.126.

50 Zum vertretenen Meinungsspektrum m.w.N. *Groß* (Fn. 29), § 21 WpPG Rn. 68; *Schwark* (Fn. 32), § 45 BörsG Rn. 21 f. Für andere als Börsenprospekte indes BGH, Urt. v. 18.9.2012, WM 2012, 2147, 2150: „ ... Fähigkeiten und Erkenntnismöglichkeiten eines durchschnittlichen (Klein-)Anlegers, der sich allein anhand der Prospektangaben über die Kapitalanlage informiert und über keinerlei Spezialkenntnisse verfügt." Hierzu *Mülbert*, ZHR 177 (2013), 160, 178 f.

51 Vgl. BGH, Urt. v. 12.7.1982, NJW 1982, 2822, 2823.

52 *Fleischer*, Gutachten F z. 64. DJT, 2002, S. 44 f.; zustimmend *Groß* (Fn. 29), § 21 WpPG Rn. 41; *Pankoke*, in: Just/Voß/ Ritz/Zeising (Hg.), WpPG, 2009, §§ 44 BörsG, 13 VerkProspG Rn. 39 mw.N.

etwa der Homo oeconomicus, auf einfach verständliche Informationen angewiesen ist. So werden Vorgaben für die äußere Gestaltung von Ad-Hoc-Informationen aufgestellt (deutlich hervorgehobene Überschrift, Schlagwörter, § 4 Abs. 1 Satz 1 Nr. 1 WpAIV). Insbesondere ist die Mitteilung kurz zu fassen (§ 4 Abs. 1 Satz 2 WpAIV), nach Vorstellung der BaFin möglichst nicht mehr als zehn bis zwanzig Zeichen.[53] Des Weiteren müssen die Emittenten eine Prospektzusammenfassung (§ 5 Abs. 2 WpPG) zur Verfügung zu stellen. Durch die delegierte Verordnung zur Prospekt-RiL wurde hierfür ein einheitliches, leicht verständliches Format vorgegeben.[54] Auch die Angebotsunterlage ist in einer Form abzufassen ist, „die ihr Verständnis und ihre Auswertung erleichtert", § 11 Abs. 1 Satz 4 WpÜG.

2. Das Anlegerleitbild: „Homo oeconomicus light"

Die Konzeption der marktbezogenen Informationspflichten ist nicht auf den Schutz von Kleinanlegern ausgerichtet, deren fachliches Wissen und praktische Erfahrungen im Vergleich zu professionellen Anlegern oftmals deutlich zurückfallen.[55] Vielmehr richten sich die Informationspflichten an die Anlegergesamtheit und können schon deshalb nicht unterschiedliche Verständnishorizonte berücksichtigen.[56] Auch für Kleinanleger gilt daher: Soweit sie die Anlageentscheidung allein auf Basis der verfügbaren marktbezogenen Informationen treffen wollen, setzt der Gesetzgeber voraus, dass alle Informationen vollumfänglich zur Kenntnis genommen und jedenfalls in den Grundzügen auch verstanden werden. Deutlich wird diese gesetzgeberische Entscheidung mit Blick auf das Prospektrecht: Nach der Vorstellung des Gesetzgebers ist die Prospektzusammenfassung lediglich als „Einführung" zum Prospekt zu verstehen (§ 5 Abs. 2b Nr. 1 WpPG). Der Anleger ist ausdrücklich darauf hinzuweisen, dass er seiner Anlageentscheidung die Prüfung des gesamten Prospekts zugrunde zu legen hat (§ 5 Abs. 2b Nr. 2 WpPG). Tut er dies nicht, ist eine Prospekthaftung allein aufgrund der Unrichtigkeit der Prospektzusammenfassung ausgeschlossen,[57] § 23 Abs. 2 Nr. 5 WpPG. Kurz gefasst: Ohne Kenntnisnahme aller Informationen durch den Anleger auch keine Haftung des Emittenten.[58] Dem Problem des information overload[59] kann dieses Informationsregime nur bedingt gerecht werden. Einfach verständliche Informationen reduzieren zwar die Komplexität,

---

53 Vgl. *BaFin*, Emittentenleitfaden 2009, S. 70, abrufbar unter www.kapitalmarktrecht-im-internet.eu.

54 S. Anhang XXII der Verordnung (EU) Nr. 486/2012 v. 30.3.2012, ABl. EU Nr. L 101, S. 1.

55 S. bereits Begr RegE z. 2. FFG (Fn. 32), S. 95; *Beck*, in: FS Schneider, 2011, S. 89, 94.

56 So bereits *Möllers/Kernchen*, ZGR 2011, 1, 13, 16. S. *Fleischer*, Gutachten F z. 64. DJT, 2002, S. 21. Auch der EU-Gesetzgeber bezieht sich regelmäßig auf das Anlegerpublikum, Art. 8 Abs. 4 RiL 2001/34/EG v. 28.5.2001, ABl. EG Nr. L 184, S. 1.

57 Hierzu *Groß* (Fn. 29), § 23 WpPG Rn. 11.

58 Vgl. auch BGH, Urt. v. 31.3.1992, NJW-RR 1992, 879, 881.

59 S. unten C.III.1.

die Gefahr der Informationsüberlastung durch zu viele Informationen bleibt allerdings bestehen. Das gesetzgeberische Anlegerleitbild lässt sich insofern als „Homo oeconomicus light“ umschreiben – Regelungen zur besseren Verständlichkeit erleichtern zwar die Aufnahme komplexer Informationen, als conditio sine qua non gilt jedoch nach wie vor die Annahme, dass der Anleger die Informationsquantität vollumfänglich bewältigen kann.

Können oder wollen Anleger nicht alle verfügbaren Informationen vor der Anlageentscheidung aufnehmen und auswerten, müssen sie auf die (kostenpflichtigen) Dienste von Finanzintermediären vertrauen, die diese Aufgabe für sie übernehmen.[60] Praktisch geht für Anleger in der Regel ohnehin kein Weg an Finanzintermediären vorbei,[61] sie verfügen regelmäßig nur über einen mittelbaren Marktzugang.[62] In der Folge spielen die marktbezogenen Informationen für Kleinanleger oft nur eine untergeordnete Rolle.[63]

C. Rationale Anlegerentscheidung durch Aufklärung

I. Regelungsziel

Wo Informationsasymmetrien bestehen, durchbrechen Informationspflichten das Prinzip, dass grundsätzlich jedermann selbst dafür verantwortlich ist, sich vor Abschluss eines Geschäfts die notwendigen Informationen zu beschaffen.[64] Mit dieser Systematik lässt sich auch § 31 WpHG begründen:[65] Informationspflichten sollen den Anleger in die Lage versetzen, auf informierter Grundlage eine selbstbestimmte und eigenverantwortliche Anlageentscheidung zu treffen (vgl. § 31 Abs. 3 Satz 1 WpHG).[66] Das Regelungsziel der informierten Anlegerentscheidung dient einerseits dem individuellem Anlegerschutz, schließlich setzen die §§ 31 ff. WpHG eine konkrete Kundenbeziehung voraus.[67] Die den Finanzintermediären durch § 31 WpHG auferlegte

60 Bereits *Möllers/Kernchen*, ZGR 2011, 1, 15 f. Für die Anlageberatung auch Mülbert, ZHR 177 (2013), 160, 179.

61 So auch Begr. RegE z. 2. FFG v. 27.1.1994, BT-Drucks. 12/6679, S. 97.

62 *Kümpel*, Bank- und Kapitalmarktrecht, 3. Aufl., 2004, Rn. 8.265, 8.267.

63 Zur Finanzberichterstattung *Ernst/Gassen/Pellens*, Verhalten und Präferenzen deutscher Aktionäre, in: Deutsches Aktieninstitut e.V. (Hg.), Studien des Deutschen Aktieninstituts, 2009, S. 11, 29. Zum Geschäftsbericht in Großbritannien *Barlett/Chandler*, 29 Brit. Account. Rev. 245 ff. (1997) m.w.N. Zu Emissionsprospekten *Roth*, in: Assmann/Schütze (Hg.), Kapitalanlagerecht, 3. Aufl., 2007, § 11 Rn. 76. f.

64 *Möllers/Leisch*, JZ 2000, 1085; *Fleischer* (Fn.10), 2001, S. 1003 f.; *Kahnert*, Rechtsetzung im Europäischen Gesellschaftsrecht, 2012, S. 34 f.

65 Vgl. Begr RegE z. 2. FFG v. 27.1.1994, BT-Drucks. 12/6679, S. 97.

66 *Fuchs* (Fn. 16), Vor §§ 31 bis 37a WpHG Rn. 53; Begr RegE z. 2. FFG v. 27.1.1994, BT-Drucks. 12/6679, S. 103.

67 Ebenso *Kasten*, Die Neuregelung der Explorations- und Informationspflichten von Wertpapierdienstleistern im Wertpapierhandelsgesetz, 2009, S. 48, demzufolge der „individuelle Anlegerschutzkanon“ der MiFID I nicht auf allokative oder

„Wissensvermittlung" lässt sich andererseits auch als Fortführung der Anlegergleichbehandlung[68] und damit des institutionellen Anlegerschutzes[69] verstehen: § 31 WpHG stellt die Informationsversorgung der Anleger sicher, sei es durch unmittelbare Informationspflichten gegenüber den Kunden, aber auch mittelbar dadurch, dass die Finanzintermediäre die am Markt verfügbaren Informationen aufnehmen, auswerten und an ihre Kunden weitergeben, beispielsweise in Form von Anlageempfehlungen. Jedenfalls der Theorie nach werden die Kunden der Finanzintermediäre durch dieses Informationsregime im Sinne eines „level playing field" auf den Kenntnisstand der übrigen Marktteilnehmer versetzt. Neben den Informationen der Finanzintermediäre dient auch die bereits erwähnte Ad-hoc-Publizität der informierten Anlageentscheidung,[70] was zuletzt vom BGH in seiner „IKB"-Entscheidung bestätigt wurde[71].

II. Instrumente

1. Standardisierte Informationen

Der Gesetzgeber verpflichtet die Wertpapierfirmen zur Kundenaufklärung mittels Standardinformationen (§ 31 Abs. 3 WpHG), Produktinformationsblättern (§ 31 Abs. 3a WpHG), Warn- und Hinweispflichten (§ 31 Abs. 5 Satz 3 und 5, Abs. 7 Nr. 2 Satz 1 WpHG) sowie Angemessenheitsprüfungen (§ 31 Abs. 5 Satz 2 WpHG). Die Gemeinsamkeit dieser Informationspflichten liegt darin, dass sie – mit Ausnahme des Anlegerberichts (§ 31 Abs. 8 WpHG) – in standardisierter Form[72] bzw. abstrakt erfüllt werden können.

a) Standardinformationen

Unabhängig von der jeweiligen Geschäftsart[73] sind Privatkunden (§ 31a Abs. 3 WpHG) die sogenannten Standardinformationen zur Verfügung zu stellen (§ 31

institutionelle Funktionen abstellt. *Mülbert*, ZHR 177 (2013), 160, 172 f. begreift den individuellen Anlegerschutz dagegen „primär" als Instrument des (allokativen) Funktionenschutzes.

68 S. oben B.I.

69 Begr RegE z. 2. FFG v. 27.1.1994, BT-Drucks. 12/6679, S. 97; ebenso *Fuchs* (Fn. 16), Vor §§ 31 bis 37a WpHG Rn. 52; *Koller*, in: Assmann/Schneider (Hg.), WpHG, 4. Aufl., 2006, Vor § 31 WpHG Rn. 9 ff.

70 S. bereits *Möllers/Leisch*, in: Langenbucher/Bliesener/Spindler (Hg.), Bankrechts-Kommentar, 2013, § 37b, c WpHG Rn. 11.

71 BGH, Urt. v. 13.12.2011, BGHZ 192, 90 = NJW 2012, 1800, 1806 Rn. 15, vorher schon ausführlich *Möllers/Leisch* (Fn. 70), § 37b, c WpHG Rn. 240–301.

72 Die Standardisierung ist für die Basisinformationen gemäß § 31 Abs. 3 Satz 2 WpHG zulässig, für die Hinweise bei sonstigen und beratungsfreien Wertpapiergeschäften gemäß § 31 Abs. 5 Satz 5 und Abs. 7 Nr. 2 Satz 2 WpHG.

73 Die MiFID I nahm erstmals eine Systematisierung vor und unterscheidet „Anlageberatung und Portfoliomanagement", „sonstige Wertpapiergeschäfte" und „reine Ausführungsgeschäfte", vgl. Art. 19 Abs. 3–6 MiFID I bzw. § 31 Abs. 4–7 WpHG.

Abs. 3 WpHG). Diese sollen den Kunden konkret über das Wertpapierdienstleistungsunternehmen und dessen Dienstleistungen sowie abstrakt über Produktarten und vorgeschlagene Anlagestrategien einschließlich damit verbundener Risiken, Ausführungsplätze, Kosten und Nebenkosten informieren (§ 31 Abs. 3 Satz 4 WpHG). Die geplante MiFID II erweitert die Standardinformationen um folgende Angaben: Die der Empfehlung zugrunde liegende Produktpalette,[74] ob es sich um Produkte von Anbietern handelt, die zur Wertpapierfirma in enger Verbindung stehen,[75] Angaben zur Beratungsgebühr und zu Provisionszahlungen und ob dem Kunden eine regelmäßige Beurteilung über die Eignung der Produkte erteilt wird.[76] Zudem sind die voraussichtlichen Gesamtkosten der Anlage anhand einer Modellrechnung zu veranschaulichen.[77]

b) Produktinformationsblätter

Der deutsche Gesetzgeber war in Europa Vorreiter, als er 2011 Wertpapierfirmen mit dem neu eingeführten § 31 Abs. 3a WpHG[78] dazu verpflichtete, ihren Kunden (ausschließlich) bei der Anlageberatung sogenannte Produktinformationsblätter zur Verfügung zu stellen. Zuvor hatte der europäische Gesetzgeber bereits OGAW-Fondsverwalter dazu verpflichtet, für Anleger in Quantität und Komplexität reduzierte, „wesentliche" Anlegerinformationen (Key Investor Information Document, „KIID") zu erstellen.[79] Auch war vor Einführung der deutschen Produktinformationsblätter absehbar, dass der EU-Gesetzgeber die Übertragung des KIID-Konzepts auf alle PRIP (Packaged Retail Investment Products)[80] und damit auch auf bestimmte

---

74 Nur bei Anlageberatung und Portfolioverwaltung.

75 Eine vergleichbare Informationspflicht statuiert bereits § 5 Abs. 2 Nr. 2a WpDVerOV, s. *Möllers/Wenninger*, NJW 2011, 1697, 1699; *Buck-Heeb*, ZHR 177 (2013), 310, 317.

76 Art. 24 Abs. 3 Satz 1, 1. Spiegelstrich, Hs. 2, Abs. 3a lit. a-d MiFID II-E (EUP), (Fn. 4).

77 Art. 24 Abs. 3 Satz 2 MiFID II-E (EUP), (Fn. 4).

78 Eingefügt durch Art. 1 Nr. 6 AnsFuG v. 5.4.2011, BGBl. I, S. 538. Hierzu *Möllers/Wennninger*, NJW 2011, 1697, 1698.

79 Art. 78 RiL 2009/65/EG v. 13.7.2009, ABl. EU Nr. L 302, S. 32.

80 Unter dem Akronym PRIP werden (nicht-enumerativ) folgende Anlageprodukte zusammengefasst: Investmentfonds, Anlagen in Form von Lebensversicherungen, strukturierte Wertpapiere für Kleinanleger und strukturierte Termineinlagen, s. *Kommission*, Mitteilung Anlageprodukte für Kleinanleger v. 30.4.2009, KOM(2009) 204 endg., S. 3 f.; zuletzt Vorschlag für eine Verordnung für Basisinformationsblätter für Anlageprodukte v. 3.7.2012, KOM(2012) 352 endg. („VO-Basisinfo").

Anlageprodukte im WpHG-Anwendungsbereich[81] plante.[82] Inzwischen finden sich vergleichbare Pflichten auch außerhalb des WpHG im VermAnlG und InvG.[83] Grundsätzlich sollen die Produktinformationsblätter die wesentlichen Chancen und Risiken eines Anlageprodukts zusammenzufassen,[84] vergleichbar dem Beipackzettel für Arzneimittel[85] oder den Produktinformationsblättern im Versicherungs-[86] und im Verbraucherkreditrecht.[87] Im Juli 2012 stellte die Kommission ein Maßnahmenpaket vor, das u.a. den Vorschlag einer Verordnung über Basisinformationsblätter („VO-Basisinfo") beinhaltete.[88] Hiernach ist ein Basisinformationsblatt unabhängig von der jeweiligen Geschäftsart dem Kunden vor dem Erwerb eines Anlageproduktes zur Verfügung zu stellen.[89] Verstöße gegen die Vorgaben (einheitliches Format, verständliche Sprache und Inhalt)[90] sollen mit einem Schadensersatzanspruch des Kleinanlegers gegen den Produktanbieter sanktioniert werden.[91] Kann der Anleger nachweisen, dass ihm infolge der Verwendung der „Beipackzettel"-Informationen ein Verlust entstanden ist, kommt ihm eine Beweislast zugute, weil der Anbieter nachweisen muss, dass das Informationsblatt den gesetzlichen Vorgaben entsprochen hat.[92]

---

81 Es handelt sich um solche PRIP, die zugleich unter den Begriff der Finanzinstrumente i.S.v. § 2 Abs. 2b WpHG fallen, schließlich knüpfen hieran (bzw. über den Begriff der Wertpapier(neben)dienstleistungen, § 2 Abs. 3, Abs. 3a WpHG) die für den Privatanlegerschutz wesentlichen Verhaltens-, Organisations- und Meldepflichten der §§ 31 ff. WpHG an.

82 Vgl. *Kommission*, Update on Commission Work on Packaged Retail Investment Products v. 16.12.2009, S. 3, abrufbar unter http://www.kapitalmarktrecht-im-internet.eu.

83 Vgl. § 13 VermAnlG (eingefügt durch Art. 1 VermAnlG v. 6.12.2011, BGBl. I, S. 2481) und § 42 Abs. 2 InvG (eingefügt durch Art. 1 Nr. 36 OGAW-IV-UmsG v. 22.6.2011, BGBl. I, S. 1126).

84 Zu § 31 Abs. 3a WpHG *Möllers/Wenninger*, NJW 2011, 1697 f.

85 § 11 AMG. Hierzu *Nink/Schröder*, PharmR 2006, 118.

86 Die gemäß § 7 Abs. 1 Satz 1 VVG i.V.m. § 1 Abs. 1 VVG-InfoV erforderlichen Informationen sind in verkürztem Umfang in einem Produktinformationsblatt darzustellen, vgl. § 4 VVG-InfoV.

87 § 491a Abs. 1 BGB, Art. 247 § 2 EGBGB.

88 VO-Basisinfo (Fn. 80). S. *Kommission*, Pressemitteilung v. 3.7.2012, IP/12/736.

89 S. Art. 12 Nr. 1 VO-Basisinfo (Fn. 80).

90 Art. 6–8 VO-Basisinfo (Fn. 80).

91 Art. 11 Abs. 1 VO-Basisinfo (Fn. 80).

92 Art. 11 Abs. 2, 3 VO-Basisinfo (Fn. 80). Verstöße sollen zudem aufsichtsrechtlich sanktioniert werden, vgl. Art. 18–21 VO-Basisinfo (Fn. 80). Hierzu *Gruber*, ZFR 2012, 311, 313; *Seitz/Juhnke/Seibold*, BKR 2013, 1, 6 f.

c) *Aufklärungs- und Warnhinweise*

Die MiFID I führte das beratungsfreie Geschäft („Execution only", § 31 Abs. 7 WpHG) als neue Geschäftsart ein.[93] Die Wertpapierfirma nimmt lediglich das vom Anleger gewünschte Geschäft vor, ohne dass eine Angemessenheits- oder Geeignetheitsprüfung stattfindet. Jenseits von Anlageberatung und Portfoliomanagement setzt der Gesetzgeber auf Anlegerschutz durch Warnhinweise: Bei beratungsfreien Geschäften ist zu warnen, dass keine Angemessenheitsprüfung durchgeführt wird (§ 31 Abs. 7 Nr. 2 Satz 1 WpHG), bei sonstigen Wertpapiergeschäften, wenn das Produkt nicht angemessen oder eine Angemessenheitsprüfung mangels Kundenangaben nicht durchführbar ist, § 31 Abs. 5 Satz 3 und 4 WpHG.

2. *Angemessenheitsprüfung und Anlegerberichte*

Auf Aufklärung, nicht Beratung, zielt die Angemessenheitsprüfung bei den sonstigen Wertpapiergeschäften ab (§ 31 Abs. 5 Satz 2 WpHG), schließlich wird keine Empfehlung ausgesprochen.[94] Anders als der Begriff suggeriert, bezieht sich die Prüfung zwar auf den konkreten Kunden, hinsichtlich des intendierten Wertpapiergeschäfts genügt jedoch eine abstrakte Betrachtung – es geht weder um die wirtschaftliche Zweckmäßigkeit noch um die Angemessenheit der Konditionen des konkreten Geschäfts.[95] Die Wertpapierfirma ist zudem dazu verpflichtet, jedem Anleger in „geeigneter Form" unverzüglich über ausgeführte Geschäfte zu berichten (§ 31 Abs. 8 WpHG i.V.m. § 8 WpDVerOV). Diese Anlegerberichte sollen im Zuge der MiFID II deutlich erweitert werden.[96]

3. *Qualitätskontrolle durch interne Compliance*

a) *Compliance-Pflichten der Wertpapierfirmen*

Auch für die Informationspflichten des § 31 WpHG ist eine zumindest doppelte Qualitätskontrolle vorgesehen: Bereits § 33 WpHG verpflichtet die Wertpapierfirmen dazu, organisatorische Maßnahmen zur Einhaltung der gesetzlichen Vorschriften und somit auch der §§ 31 ff. WpHG zu treffen.[97] So müssen „angemessene

93 S. Art. 19 Abs. 6 MiFID I (Fn. 2). Bereits zuvor wurde vom BGH und zum Teil im Schrifttum vertreten, dass der Verzicht auf Beratungspflichten bei „execution only"-Geschäften prinzipiell zulässig sei: BGH, Urt. v. 5.10.1999, NJW 2000, 359 (auf „gut informierte" Anleger beschränkt); *Horn*, ZBB 1997, 139, 151; *Lang*, Informationspflichten bei Wertpapierdienstleistungen, 2002, §17 Rn. 10 ff.; a.A. *Koller*, in: Assmann/Schneider (Hg.), WpHG, 2. Aufl., 1999, § 31 WpHG Rn. 127; *Köndgen*, ZBB 1996, 361, 365.

94 *Lenenbach* (Fn. 8), Rn. 11.144.

95 *Fuchs* (Fn. 16), § 31 WpHG Rn. 280.

96 Art. 25 Abs. 5 Satz 2 MiFID II-E (Fn. 3).

97 Siehe *Meyer/Paetzel/Will*, in: Kölner Komm. z. WpHG, 2. Aufl., 2014, § 33 Rn. 4, die § 33 WpHG als „organisations- und institutionsbezogenes Korrelat" zu den §§ 31 ff.

Grundsätze" niedergelegt werden, die darauf ausgerichtet sind, dass die Wertpapierfirma selbst und ihre Mitarbeiter den Verpflichtungen des WpHG nachkommen (§ 33 Abs. 1 Satz 2 Nr. 1 WpHG). Die Aufgabe der einzurichtenden Compliance-Funktion (§ 33 Abs. 1 Satz 2 Nr. 1 WpHG) beschränkt sich nicht darauf, ex post die Angemessenheit und Wirksamkeit der Grundsätze zu überwachen und regelmäßig zu bewerten (§ 12 Abs. 3 Nr. 1 WpDverOV). Vielmehr müssen die Mitarbeiter bereits ex ante bei der Erstellung der Grundsätze beraten und unterstützt werden (§ 12 Abs. 2 Nr. 2 WpDverOV). Die Compliance-Stelle wird letztlich dazu verpflichtet, die entsprechenden Regelwerke aufzustellen und in konkrete Handlungsanweisungen für das Tagesgeschäft umzusetzen.[98] Was die Kundeninformationen des § 31 WpHG betrifft, muss die Compliance-Stelle daher die allgemeinen (§ 4 WpDVerOV) und speziellen Vorgaben (§§ 5, 5a WpDVerOV) in geeigneter Form aufbereiten, beispielsweise indem verständliche und inhaltlich richtige Textbausteine zur Verfügung gestellt werden.[99]

b) Prüfungspflichten der Aufsichtsbehörde und unabhängiger Dritter

Dagegen ist eine Qualitätskontrolle der Kundeninformationen durch die BaFin vor deren Verwendung nicht vorgesehen. Ex post soll die Einhaltung der WpHG-Vorgaben durch das anlassunabhängige Sonderprüfungsrecht der BaFin (§§ 35, 36 Abs. 4 WpHG) und die obligatorische Jahresprüfung (§ 36 WpHG) durch geeignete Prüfer[100] sichergestellt werden. Eine Verpflichtung der BaFin *de lege ferenda* zur ex ante-Kontrolle der Kundeninformationen wäre im Übrigen als Überregulierung abzulehnen. Eine solche Aufgabe überstiege die ohnehin begrenzten Ressourcen der BaFin. Zudem beruhen Defizite des Anlegerschutzes *de lege lata* vor allem auf Interessenkonflikten[101] und weniger auf unzureichenden Kundeninformationen.

WpHG bezeichnen. § 33 WpHG wird durch die auf Grundlage von § 33 Abs. 4 WpHG erlassenen §§ 12, 13 WpDVerOV konkretisiert. Nicht um ein materielles Gesetz, sondern lediglich um interne Verwaltungsvorschriften handelt es sich bei *BaFin*, Rundschreiben 4/2010 (WA) – Mindestanforderungen an die Compliance-Funktion und die weiteren Verhaltens-, Organisations- und Transparenzpflichten nach §§ 31 ff. WpHG für Wertpapierdienstleistungsunternehmen (MaComp), Stand 30.11.2012, abrufbar unter www.bafin.de.

98 So *Meyer/Paetzel* (Fn. 97), § 33 WpHG Rn. 4.

99 Laut BaFin kann sich diese Überwachungspflicht unter bestimmten Voraussetzungen auch auf die von Dritten zur Verfügung gestellten Produktinformationen beziehen, s. *BaFin*, MaComp (Fn. 97), BT 3.2.1. ff.

100 Wirtschaftsprüfer, vereidigte Buchprüfer sowie Wirtschaftsprüfungs- und Buchprüfungsgesellschaften. Hierzu *Haussner* (Fn. 22)§ 36 WpHG Rn. 19 ff.

101 Hierzu sogleich unten C.III.7 und D.III.2. und 3.

c) *Produktregulierung durch anbieterinterne Genehmigungsverfahren*

Im Zuge der MiFID II könnte erstmals die Entwicklung von Anlageprodukten der Qualitätskontrolle unterworfen werden: Nach Vorstellung des EU-Parlaments sollen die Wertpapierfirmen das Design von Finanzprodukten künftig so konzipieren, dass es den Bedürfnissen und Charakteristika eines bestimmten Zielmarkts innerhalb der anvisierten Kundenkategorie gerecht wird.[102] Informationen über die beabsichtigte Zielgruppe sind Drittanbietern zur Verfügung zu stellen.[103]

Überdies sollen die Wertpapierfirmen selbst entwickelte Produkte vor Markteinführung einem anbieterinternen Genehmigungsverfahren unterziehen, das alle „wesentlichen Risiken" überprüft.[104] Die Produkte dürfen nur dann in Verkehr gebracht werden, wenn dies im Interesse der Kundenzielgruppe liegt.[105] Die Übereinstimmung mit dem Kundeninteresse muss auch nach der Markteinführung regelmäßig überprüft werden, ebenso sind bereits im Vertrieb befindliche Produkte zu prüfen.[106] Eine vergleichbare Regelung ist in den Niederlanden seit dem 1.1.2013 in Kraft: Wertpapierfirmen müssen sicherstellen, dass bei der Produktentwicklung die Interessen der von dem Produkt Begünstigten und der Produktkäufer gleichermaßen berücksichtigt werden: so ist die relevante Zielgruppe des Anlageproduktes zu identifizieren und das Produktdesign hieran auszurichten.[107]

4. *Verbote*

a) *Vertriebsbezogene Verbote für komplexe Finanzprodukte*

Um den Anleger vor riskanten Anlagen zu schützen, können über „Execution only" nur „nicht-komplexe"[108] Produkte erworben werden.[109] Als „komplex" eingestufte Derivate und Termingeschäfte[110] sind dagegen nur mit Anlageberatung oder über den Weg der „sonstigen Wertpapiergeschäfte" erhältlich. Nach Maßgabe der MiFID II[111]

102 Art. 24 Abs. 1a Satz 1 MiFID II-E (EUP), (Fn. 4).
103 Art. 24 Abs. 1a Satz 3 MiFID II-E (EUP), (Fn. 4).
104 Art. 16 Abs. 3 Satz 4–6 MiFID II-E (EUP), (Fn. 4).
105 Art. 16 Abs. 3 Satz 6 MiFID II-E (EUP), (Fn. 4).
106 Art. 16 Abs. 3 Satz 7 MiFID II-E (EUP), (Fn. 4).
107 S. Art. 32 Wijzigingsbesluit financiële markten 2013 v. 21.12.2012, abrufbar unter https://zoek.officielebekendmakingen. nl/stb-2012–695.html.
108 „Nicht komplex" sind Aktien (die zum Handel an einem geregelten Markt oder an einem gleichwertigen Markt eines Drittlandes zugelassen sind), Geldmarktinstrumente, Schuldverschreibungen oder sonstige verbriefte Schuldtitel (sofern nicht in ein Derivat eingebettet) und Anteile an OGAW-Investmentfonds, vgl. Art. 19 Abs. 6, 1. Spiegelstrich MiFID I (Fn. 2); Art. 38 RiL 2006/73/EG v. 10.8.2006, ABl. EU Nr. L 241, S. 26 („MiFID I-DRiL").
109 Art. 19 Abs. 6, 1. Spiegelstrich, S. 1 MiFID I (Fn. 2).
110 Art. 38 lit. a MiFID I-DRiL (Fn. 108) i.V.m. Art. 4 Abs. 1 Nr. 18 lit. c, Anhang I, Abschn. C Nr. 4–10 MiFID I (Fn. 2).
111 Vgl. Art. 25 Abs. 3 lit. a MiFID II-E (Fn. 3).

soll der Kreis der komplexen Produkte künftig um Aktien von nicht-OGAW-konformen Investmentfonds, Schuldtitel und allgemein Geldmarktinstrumente mit einer Struktur erweitert werden, die es dem Kunden erschwert, die damit einhergehenden Risiken zu verstehen.[112] Vergleichbares gilt für Aktien oder Anteile an sogenannten strukturierten OGAW.[113] Auch soll der Anwendungsbereich von „Execution only" auf Finanzinstrumente ausgedehnt werden, die von der Wertpapierfirma oder dem Kreditinstitut selbst emittiert werden.[114]

Das vom EU-Parlament vorgeschlagene anbieterinterne Genehmigungsverfahren soll durch ein Vertriebsverbot ergänzt werden: Anlageprodukte dürfen nur noch an Anleger der anvisierten Zielgruppe vertrieben werden.[115] Verkaufsziele und interne Anreizsysteme sollen dem Verkauf oder dem Vertrieb des Anlageprodukts außerhalb der Zielgruppe keinen Vorschub leisten.[116] Diese Vorgaben gelten für die Wertpapierfirma auch als Organisationsanforderungen.[117]

b) *Produktverbote ex ante und ex post*

Zu den Aufgaben der ESMA zählt die Überwachung von Finanzprodukten und ggf. deren Verbot.[118] Ebenso verfügen die nationalen Aufsichtsbehörden bereits nach geltendem Recht über Eingriffsbefugnisse nach Markteinführung.[119] Die MiFID II-Vorschläge zur Produktregulierung sollen nach dem Willen des EU-Parlaments dahingehend ergänzt werden, dass die ESMA befugt ist den Produktvertrieb bereits *vor* Markteinführung (also ex ante)[120] zu beschränken und nötigenfalls ganz

---

112 Art. 25 Abs. 3 lit. a (i)-(iii) MiFID II-E (EUP), (Fn. 4) sieht eine Ausnahme für Derivate vor, die das Risiko des Anlegers nicht erhöhen. Hierfür soll die ESMA Leitlinien aufstellen und regelmäßig aktualisieren, Art. 25 Abs. 7 MiFID II-E (Fn. 3).

113 Hierbei handelt es sich um OGAW, die für die Anleger zu bestimmten vorher festgelegten Terminen nach Algorithmen berechnete Erträge erwirtschaften, die an bestimmte Referenzwerte gebunden sind. S. Art. 25 Abs. 3 lit. a MiFID II-E (Fn. 3) i.V.m. Art. 36 Abs. 1 Unterabs. 2 VO (EU) Nr. 583/2010 v. 1.7.2010, ABl. EU Nr. L 176, S. 1.

114 Durch Ausweitung der Begriffsbestimmung „Ausführung von Kundenaufträgen", vgl. Erwägungsgrund 30, Art. 4 Abs. 2 Nr. 4 MiFID II-E (Fn. 3).

115 Art. 24 Abs. 1a Satz 2 MiFID II-E (EUP), (Fn. 4).

116 Art. 24 Abs. 1a Satz 2 MiFID II-E (EUP), (Fn. 4).

117 Art. 16 Abs. 3 Satz 2 und 3 MiFID II-E (EUP), (Fn. 4).

118 Art. 9 Abs. 2, Abs. 5 VO (EU) Nr. 1095/2010 v. 24.11.2010, ABl. EU Nr. L 331, S. 84.

119 §§ 4 Abs. 2 Satz 2, 4a Abs. 1 Satz 2 Nr. 1 WpHG. Nicht gegen ein einzelnes Produkt, sondern gegen einen den gesamten Kapitalmarkt betreffenden Missstand war das Verbot ungedeckter Leerverkäufe gerichtet, dass von der BaFin im Verlauf der Finanzmarktkrise ausgesprochen wurde. Hierzu *Cahn/Müchler*, BKR 2013, 45, 46.

120 Weder § 4 Abs. 2 Satz 2 WpHG noch § 4a Abs. 1 Satz 2 Nr. 1 WpHG ermächtigen de lege lata zur präventiven Verhängung von Produktverboten: Für § 4 Abs. 2 Satz 2 WpHG wird ein präventives Vorgehen nur in Bezug auf einzelne Personen oder ein einzelnes Unternehmen für zulässig gehalten, s. *Döhmel* (Fn. 34), § 4 WpHG Rn. 25. § 4a Abs. 1 Satz 2 Nr. 1 WpHG ermächtigt zwar dazu, bereits vorbeugend

zu untersagen.[121] Die Kompetenzen der nationalen Aufsichtsbehörden sollen entsprechend erweitert werden.[122] In Großbritannien hat die neue Financial Conduct Authority (FCA) im Zuge des Financial Services Act 2012[123] ähnliche ex ante-Interventionsrechte erhalten.[124]

c) Zum Umgang mit Interessenkonflikten

Wenn das der Aufklärung nachfolgende Wertpapiergeschäft als Eigenhandel (§ 2 Abs. 3 Satz 1 Nr. 2 WpHG) durchgeführt wird, steht die Verpflichtung, im Kundeninteresse tätig zu werden,[125] potentiell in einem Konflikt zu den wirtschaftlichen Eigeninteressen der Wertpapierfirma als Verkäufer. § 31d WpHG konkretisiert die allgemeine Pflicht zur Vermeidung solcher Interessenskonflikte gemäß § 31 Abs. 1 Nr. 2 WpHG, indem Zuwendungen generell verboten werden.[126] Zuwendungen[127] sind ausnahmsweise zulässig, wenn sie die Wertpapier(neben)dienstleistung ermöglichen, für deren Erbringung notwendig sind (§ 31d Abs. 5 WpHG) oder die Zuwendung wird vom Kunden bzw. dem Kunden gewährt (§ 31d Abs. 1 Satz 2 WpHG). Zuwendungen sind auch zulässig, wenn hierdurch die Qualität der Dienstleistung verbessert, die Interessenwahrungspflicht nicht beeinträchtigt und die Zuwendung

---

den Handel mit einzelnen oder mehreren Finanzinstrumenten zu untersagen, sofern hierdurch Nachteile für die Stabilität der Finanzmärkte oder ein Vertrauensverlust bezüglich deren Funktionsfähigkeit verhindert werden. Allerdings lässt sich der Vorschrift nicht entnehmen, dass präventive Produktverbote bereits vor Markteinführung ausgesprochen werden dürfen.

121 Art. 31 Abs. 1, Abs. 2 Satz 2, Abs. 8 MiFIR-E (EUP) (Fn. 5). Zu den Voraussetzungen von ex ante-Maßnahmen Art. 31 Abs. 2 Satz 1 MiFIR-E (EUP) (Fn. 5). Vor einer Beschränkung oder einem Verbot ist zu warnen, dass ein Verbot oder eine Beschränkung droht, falls nicht bestimmte Änderungen an den Produktmerkmalen innerhalb einer festgesetzten Frist vorgenommen werden, Art. 31 Abs. 4a MiFIR-E (EUP) (Fn. 5). Im Einzelnen *Cahn/Müchler*, BKR 2013, 45, 47 ff.

122 Art. 32 Abs. 1, Abs. 2 Satz 2, Abs. 2a, Abs. 6 MiFIR-E (EUP) (Fn. 5).

123 In Kraft getreten am 19.12.2012, vgl. http://www.legislation.gov.uk/ukpga/2012/21/enacted („Financial Services Act 2012").

124 Vgl. Art. 137D Financial Services Act 2012 (Fn. 123) „The power of the FCA to make general rules includes power to make ... product intervention rules". S. auch Financial Conduct Authority (FCA), Approach to Regulation, Juni 2011, Rn. 5.26 und 5.30, abrufbar unter http://www.fsa.gov.uk/pubs/events/fca_approach.pdf.

125 Vgl. § 31 Abs. 1 Nr. 1 WpHG. Zum fiduziarischen Charakter der Geschäftsarten des § 31 WpHG *Möllers* (Fn. 22), § 31 WpHG Rn. 7, 73 ff., 86. Zuvor bereits *Leisch*, Informationspflichten nach § 31 WpHG, 2004, S. 114.

126 § 31d Abs. 1 Satz 1 WpHG. S. *Möllers/Wenninger* (Fn. 97), § 31d WpHG Rn. 4; *Koch* (Fn. 32), § 31d WpHG Rn. 2; *Koller* (Fn. 7), § 31d WpHG Rn. 4; *Herresthal*, ZBB 2012, 89, 99.

127 Erfasst werden sowohl Provisionen, sonstige Gebühren und alle geldwerten Vorteile, § 31d Abs. 2 WpHG.

offengelegt wird.[128] Eine (aufsichts- bzw. zivilrechtliche) Aufklärungspflicht über Gewinnmargen beim Eigenhandel besteht hingegen nicht, Gewinnmargen sind – wie der BGH mit seiner umstrittenen „Lehman"-Rechtsprechung festgestellt hat[129] – keine Zuwendungen.[130]

III. Bewertung

1. Zum Problem des information overload

Die vorgestellten Aufklärungspflichten werden dem Regelungsziel der rationalen Anlageentscheidung nicht gerecht. Der EU-Gesetzgeber hat offensichtlich das Problem der Informationsüberlastung in der Vergangenheit verkannt. Im Zusammenspiel mit den individuellen Aufnahme- und Verarbeitungskapazitäten des Empfängers definieren die Quantität und Komplexität von Informationen die Grenzen, innerhalb derer rationales Verhalten stattfinden kann (bounded rationality theory).[131] Der Begriff information overload beschreibt den kognitiven Schwellenwert, bei dessen Überschreitung Informationen nicht mehr aufgenommen oder verarbeitet werden.[132] Diese Erkenntnisse der Verhaltenspsychologie und Konsumentenforschung wurden zunächst für die Informationsmodelle im Vertrags-[133] und Verbraucherschutzrecht rezipiert.[134] Inzwischen ist auch im Kapitalmarktrecht anerkannt, dass zu viele und zu komplexe Anlegerinformationen die Gefahr eines information overload

---

128 § 31d Abs. 1 Satz 1 Nrn. 1, 2 WpHG. Hierzu *Koller* (Fn. 7), 31d WpHG Rn. 27 ff.

129 BGH, Urt. v. 27.9.2011, NJW 2012, 66 (Leitsatz 5); Urt. v. 27.9.2011, NJW-RR 2012, 43, 47 Rn. 47; bestätigt und erweitert auf Kommissionsgeschäfte durch Urt. v. 26.6.2012, NJW 2012, 2873 (Leitsätze). Zum Meinungsstand im Schrifttum vgl. die Nachweise des BGH, NJW 2012, 2873, 2876 Rn. 33.

130 *Möllers/Wenniger* (Fn. 97), § 31d WpHG Rn. 23; *Koch* (Fn. 32), § 31d WpHG Rn. 9, 19; *Herresthal*, ZBB 2012, 89, 99, m.w.N. in Fn. 125; *Buck-Heeb*, ZHR 177 (2013), 310, 332.

131 Grundlegend *Simon*, 69 Q.J. E. 99 ff. (1955); *Miller*, 63 Psych. Rev. 81 ff. (1956); *Chase/Simon*, 4 Cogn. Psych. 55, 76 (1973).

132 *Jacoby/Speller/Kohn-Berning*, 1 JcR 33 ff. (1974); *Malhotra*, 8 JcR 419 ff. (1982); *ders.*, 10 JcR 436 ff. (1984); *Berndt*, Konsumentenentscheidung und Informationsüberlastung, 1983, S. 89; *Hagemann*, Wahrgenommene Informationsbelastung des Verbrauchers, 1988, S. 87.

133 Bspw. *Fleischer* (Fn. 10), 2001, S. 115; *ders.*, ZEuP 2000, 772, 798.

134 *Drexl*, Die wirtschaftliche Selbstbestimmung des Verbrauchers, 1998, S. 200; *Kind*, Die Grenzen des Verbraucherschutzes durch Information – aufgezeigt am Teilzeitwohnrechtegesetz, 1998; *Martinek*, in: Grundmann (Hg.), Systembildung und Systemlücken in Kerngebieten des Europäischen Privatrechts, 2000, S. 511, 522 ff.; *ders.*, NJW 1997, 1393, 1396.

begründen.[135] In der Folge ist der Anleger nicht mehr in der Lage, rationale Anlageentscheidungen zu treffen und greift auf Vereinfachungsstrategien[136] zurück.

2. *Standardisierte Informationserteilung*

Vor dem FRUG[137] war umstritten, ob die Wertpapierfirmen ihre Informationspflicht (§ 31 Abs. 2 Nr. 2 WpHG a.F.) durch abstrakte, standardisierte Informationen erfüllen können, oder ob in jedem Fall konkrete, individualisierte Informationen geschuldet sind. Die BaFin erklärte die standardisierte Informationserteilung für zulässig,[138] die überwiegende Meinung im Schrifttum forderte hingegen generell[139] konkret-individuelle Informationen.[140] Nach der Umsetzung der MiFID I[141] ist die standardisierte Informationserteilung dagegen zulässig.[142] Nur noch bei der Anlageberatung ist konkret-individuell sowohl aufsichts- (§ 31 Abs. 4 WpHG) als auch zivilrechtlich (BGH-„Bond“)[143] aufzuklären.[144] Durch standardisierte Prozesse lassen sich erhebliche Kostenersparnispotentiale realisieren, die Zulässigkeit standardisierter Informationserteilung liegt somit vor allem im Interesse der Wertpapierfirmen. Wenig verwunderlich dürfte sein, dass sich diese für das kostengünstigste Gestaltungsmodell „Maximalversorgung“ entschieden haben: Implizit wird unterstellt, dass alle Anleger über unzureichende Finanzkenntnisse verfügen[145] und daher unabhängig von ihrem individuellen Kenntnisstand mit „maximalen“ Informationen“ versorgt werden

135 *Möllers/Kernchen*, ZGR 2011, 1 ff.; *ders.*, JZ 2009, 861, 869; *ders./Holzner*, NZG 2008, 166, 171 f.; *Versteegen* (Fn. 22), § 15 WpHG Rn. 16; *Dreyling*, Der Konzern 2005, 1, 5; *Spindler/Speier*, BB 2005, 2031, 2034. Im US-amerikanischen Schrifttum beispielsweise *Prentice*, 51 Duke L.J. 1397 ff. (2002); *Paredes*, 81 Wash. U.L.Q. 417 ff. (2003).

136 Sog. Heuristiken. Hierunter werden Regeln oder Strategien der Informationswahrnehmung oder -verarbeitung verstanden, die dazu dienen, mit geringem Aufwand zu einem schnellen, aber nicht unbedingt optimalen Ergebnis zu kommen („Faustregeln“). Hierzu *Möllers/Kernchen*, ZGR 2011, 1, 10 ff. m.w.N.

137 Finanzmarktrichtlinie-Umsetzungsgesetz v. 16.7.2007, BGBl. I, S. 1330 („FRUG“).

138 B.2.2. der Richtlinie zur Konkretisierung der §§ 31 und 32 WpHG v. 23.8.2001, BAnz. Nr. 165 v. 4.9.2001, S. 19 217.

139 Unabhängig von der Geschäftsart, vgl. *Koller* (Fn. 69), § 31 WpHG Rn. 132.

140 Gegen die Zulässigkeit *Koller*, in: Schneider (Hg.), WpHG, 3. Aufl., 2003, § 31 WpHG Rn. 96a, 104; *ders.* (Fn. 69), § 31 WpHG Rn. 132; *Leisch* (Fn. 125), S. 133 f.; *Möllers/Ganten*, ZGR 1998, 773, 785 ff.; a.A. *Bliesener*, Aufsichtsrechtliche Pflichten beim Wertpapierhandel, 1998, S. 297 ff.

141 Art. 19 Abs. 3 Satz 2 MiFID I (Fn. 2).

142 § 31 Abs. 3 Satz 2 WpHG und oben Fn. 72.

143 BGH, Urt. v. 6.7.1993, BGHZ 123, 126, 128 ff.

144 *Fuchs* (Fn. 16), § 31 WpHG Rn. 242, 250.

145 *Koller* (Fn. 7), § 31 WpHG Rn. 93c. Die zu benennenden Risiken führt § 5 Abs. 1 Satz 2 WpDVerOV auf.

müssen. Der Umfang von z.Z. 168 Seiten[146] und die Komplexität der sogenannten Basisinformationen legen bei vielen Anlegern einen information overload nahe.[147] Zwar gilt auch hier das Verständlichkeitsgebot,[148] die Verständlichkeit bestimmt sich jedoch nach den Fähigkeiten des „Durchschnittsanlegers".[149] Damit wird bewusst in Kauf genommen, dass Anleger mit unterdurchschnittlichen Fähigkeiten schutzlos bleiben.[150] Dabei wären diese in besonderem Maße schutzbedürftig, benötigen sie doch am dringendsten verständliche Informationen.[151] Ohnehin dürften Verstöße gegen das Verständlichkeitsgebot sanktionslos bleiben: Um nachzuweisen, dass die Informationserteilung für den Durchschnittsanleger unverständlich ist, müsste zunächst der Durchschnittsanleger definiert werden, was praktisch kaum darstellbar ist. Der EU-Gesetzgeber scheint sich dieser Fehlkonzeption bewusst geworden zu sein: So sollen nach dem MiFID II-Entwurf wieder die Mitgliedsstaaten entscheiden können, ob sie eine Standardisierung wollen[152]; des Weiteren sollen die Basisinformationen durch die geplante Modellrechnung transparenter werden[153]. Beide Vorschläge sind mit Nachdruck zu begrüßen. Eine ähnliche Modellrechnung ist im Übrigen bereits für die Verbraucherkredit-Werbung vorgesehen: Nach § 6a PAngV sind die Kreditkonditionen anhand eines repräsentativen Jahreszinses zu veranschaulichen.

3. *Produktinformationsblätter*

Anstatt mit § 31 Abs. 3a WpHG auf nationaler Ebene vorzupreschen, hätte der deutsche Gesetzgeber die inzwischen konkret gewordene EU-Regelung abwarten sollen: So ist schon heute absehbar, dass die bestehenden WpHG-Informationsblätter nicht den Vorgaben der VO-Basisinfo entsprechen.[154] Anders als für das deutsche Produktinformationsblatt ist beispielsweise eine vereinheitlichte Darstellung

---

146 Vgl. Basisinformationen über Wertpapiere und weitere Kapitalanlagen, Bank-Verlag.

147 Zutreffend *Koller* (Fn. 7), § 31 WpHG Rn. 93c.

148 § 31 Abs. 3 Satz 1 WpHG, § 4 Abs. 1 Satz 1 WpDVerOV.

149 Hierzu *Koller* (Fn. 7), § 31 WpHG Rn. 93c, 95, 62 ff. S. auch *BaFin*, MaComp (Fn. 97), BT 3.3.3.1.2.

150 *Rothenhöfer* (Fn. 32), § 31 WpHG Rn. 112; ebenso *Koller* (Fn. 7), § 31 WpHG Rn. 66; *Buck-Heeb*, ZHR 177 (2013), 310, 338.

151 *Koller* (Fn. 7), § 31 WpHG Rn. 93c und verweist zu den Defiziten an finanzieller Allgemeinbildung auf *Habschick/Evers*, Anforderungen an Finanzvermittler – mehr Qualität, bessere Entscheidungen, Studie im Auftrag des BMELV, 2008, S. 17, 125; *Leuering/Zetzsche*, NJW 2009, 2856, 2861.

152 Art. 24 Abs. 3a Satz 3 MiFID II-E (EUP), (Fn. 4).

153 Art. 24 Abs. 3 Satz 2 und 3 MiFID II-E (EUP), (Fn. 4).

154 Hierzu *Seitz/Juhnke/Seibold*, BKR 2013, 1 ,4, 7. Ebenso *Buck-Heeb*, ZHR 177 (2013), 310, 316.

vorgesehen.[155] Weil so tatsächlich ein Vergleich verschiedener Produkte möglich wird, ist dieser Vorschlag zu begrüßen.[156] Allerdings werden in der Folge kostenintensive Anpassungen nötig. Im Vergleich zum EU-Vorschlag wirken die WpHG-Regelungen zudem unausgegoren: Nach § 31 Abs. 3a WpHG ist ein Informationsblatt nur für *empfohlene* Produkte zur Verfügung zu stellen. Da sich die Empfehlung aber regelmäßig auf ein einzelnes Produkt beschränken muss,[157] stellt sich die von § 31 Abs. 3a WpHG bezweckte verbesserte Vergleichbarkeit verschiedener Produkte[158] nur dann ein, wenn sich der Kunde noch anderweitig beraten lässt und hierdurch weitere Informationsblätter erhält.[159] In der Beratungspraxis ist dies ein eher unrealistisches Szenario.

Art. 12 Abs. 1 der geplanten VO-Basisinfo[160] beschränkt dagegen die Pflicht zur Aushändigung des Informationsblatts nicht auf die Anlageberatung. Dies erscheint zweckmäßig, schließlich werden bei der Anlageberatung ohnehin konkrete Produktinformationen geschuldet. Sinnvoll ist des Weiteren, dass der EU-Vorschlag im Gegensatz zu § 31 Abs. 3a WpHG Aktien und Anleihen von der Informationsblatt-Pflicht ausnimmt (vgl. Art. 2 lit. d VO-Basisinfo). Hierdurch wird einer Überregulierung vorgebeugt, schließlich bestehen bei nicht-strukturierten Wertpapieren geringere Verlustrisiken als z.B. bei Derivaten.

Dem deutschen Gesetzgeber ist zugute zu halten, dass er sich immerhin bemüht hat, mit den Produktinformationsblättern des § 31 Abs. 3a WpHG dem information overload entgegenzuwirken. Das Ziel, die Informationseffizienz zu verbessern, wird indes konterkariert, wenn die Informationsblätter mit einer Flut anderer Informationen wie z.B. dem Produktprospekt überreicht werden (dürfen) und infolgedessen im Papierberg „untergehen".[161]

Letztendlich können auch EU-Informationsblätter nicht darüber hinwegtäuschen, dass der informationsbasierte Anlegerschutz seine „systemimmanenten Grenzen" erreicht hat.[162] Simplifizierende Informationsblätter mögen für einfach konstruierte Produkte wie Investmentfondsanteile einen gewissen Nutzen haben.[163] Bei komplexen Produkten versagt das Regelungskonzept hingegen: Wenn sich deren Risiken noch nicht einmal in umfangreichen Beratungsgesprächen näher bringen

---

155 Im Gegensatz zu § 31 Abs. 3a WpHG i.V.m. § 5a WpDVerOV vgl. zu den detaillierten Vorgaben an Form und Inhalt bereits oben C.II.1. b).

156 Zur diesbezüglichen Kritik an § 31 Abs. 3a WpHG *Koch*, BKR 2012, 485, 487 m.w.N.; a.A. *Möllers/Wenninger*, NJW 2011, 1697, 1698; *Hartrott/Voigt*, RdF 2012, 87, 91.

157 *Koller* (Fn. 7), § 31 WpHG Rn. 132.

158 Begr RegE z. AnsFuG (Fn. 12), S. 21.

159 *Koller* (Fn. 7), § 31 WpHG Rn. 122.

160 S. bereits Fn. 80.

161 *Müller-Christmann*, DB 2011, 749, 751. S. *Koch*, BKR 2012, 485, 487.

162 S. *Koch*, BKR 2012, 485 ff.; zuvor bereits *Köndgen*, BKR 2012, 283 ff.; *ders.*, in: FS Hopt, Bd. II, 2010, S. 2113, 2138 ff.

163 Hierzu *Podewils*, ZBB 2011, 169 ff.; s. *Köndgen*, BKR 2012, 283, 285.

lassen, wie etwa der Sachverhalt im Zinswette-Urteil verdeutlicht,[164] ist erst recht keine aussagekräftige Zusammenfassung auf drei DIN-A4-Seiten[165] zu erwarten.[166]

4. Anlegerberichte

Die Anlegerberichte in der heutigen Form sind nicht besonders anschaulich. Zur Bestätigung über ausgeführte Geschäfte „in angemessener Form" soll bereits die Angabe von Standardcodes genügen, soweit eine Erläuterung der verwendeten Codes beigefügt wird, § 8 Abs. 2 Satz 3 WpDVerOV. Eine nicht nur transaktionsbezogene, sondern regelmäßige Berichtspflicht war bislang nur dann (alternativ) vorgesehen, wenn regelmäßig Aufträge von Privatkunden über Investmentanteile ausgeführt werden, § 8 Abs. 5 WpDVerOV. Im Zuge der MiFID II soll die Pflicht zur regelmäßigen Berichterstattung auf alle Geschäfte mit Finanzinstrumenten ausgeweitet werden.[167] Auch soll künftig die Art und Komplexität der Produkte angegeben werden. Diese Vorschläge bilden einen deutlichen Fortschritt, weil sich dadurch der Anleger auf einfache Weise einen Überblick über die Struktur und Kosten seiner Anlagen zu verschaffen kann. Zudem kann er so seine getätigte Entscheidungen ex post besser nachvollziehen.

5. Anlegerschutz beim Vertrieb nicht-komplexer und komplexer Produkte

a) Status quo: Unzureichender Anlegerschutz

Der Anlegerschutz beim Vertrieb nicht-komplexer Produkte über den Vertriebskanal „Execution only" richtet sich nach § 31 Abs. 7 WpHG. Für das Wertpapierunternehmen besteht weder die Pflicht zur Exploration noch zur Durchführung einer Geeignetheits- oder Angemessenheitsprüfung.[168] Der Anlegerschutz ist bisher unzureichend, weil der Gesetzgeber allein auf den Anleger vermeintlich aufrüttelnde Warnhinweise setzt. Ein solcher Warnhinweis darf zwar nicht unverständlich oder abgeschwächt dargestellt werden.[169] Gesetzlich ist jedoch kein Formerfordernis für die Erteilung vorgesehen, es besteht lediglich eine (schriftliche) Dokumentationspflicht.[170] Die Warnhinweise dürfen überdies in standardisierter Form erteilt werden.[171] Auch hier ist wiederum ein information overload zu befürchten. Noch gravierender ist allerdings, dass selbst diese rudimentären Warnhinweise entbehrlich sind, wenn der Anleger einen Vertriebskanal wählt, der ausschließlich für

---

164 BGH, Urt. v. 22.3.2011, BGHZ 189, 13 – Zinswette. Siehe unten D.II.1.b), C.III.6.
165 Vgl. § 5a Abs. 1 Satz 1, 2. Alt. WpDVerOV.
166 *Köndgen*, BKR 2012, 283, 285. Zur ähnlichen Kritik für wesentliche Anlageinformationen nach dem geplanten KAGB s. *Möllers*, NJW 2012, Heft 52 Editoral.
167 Art. 25 Abs. 5 MiFID II-E (EUP) (Fn. 4).
168 *Rothenhöfer* (Fn. 32), § 31 WpHG Rn. 318.
169 § 31 Abs. 7 Nr. 2 WpHG i.V.m. § 4 Abs. 2 Satz 2 WpDVerOV.
170 *Koller* (Fn. 7), § 31 WpHG Rn. 192.
171 § 31 Abs. 3 Satz 2 WpHG, s. Fn. 72.

„Execution only" eröffnet ist,[172] z.B. das beliebte Discount Broking. Zusammenfassend ist „Execution only" daher als Vertriebskanal einzustufen, in dem das Maß an übertragener Eigenverantwortlichkeit regelmäßig die Fähigkeiten des durchschnittlichen Privatanlegers übersteigen dürfte.

Der Anlegerschutz ist freilich ebenso unzureichend, wenn Anleger komplexe Produkte ohne Anlageberatung erwerben möchten. Die nach § 31 Abs. 5 WpHG vorgesehenen Warnhinweise[173] sind aus den bereits genannten Gründen nicht ausreichend. Zusätzlich ist zwar eine Angemessenheitsprüfung vorzunehmen. Diese beschränkt sich aber auf die Kundenangaben zur Geschäftserfahrenheit, § 31 Abs. 5 Satz 1 und 2 WpHG. Die Wertpapierfirma kann folglich nur abstrakt überprüfen, ob der Kunde die mit der Anlage einhergehenden Risiken durchschauen kann. Jenseits des § 31 Abs. 6 WpHG findet somit nur eine Plausibilitätskontrolle statt, wobei die Wertpapierfirma selbst dann nicht zur Nachprüfung verpflichtet sein soll, wenn starke Indizien für die Fehlerhaftigkeit oder Unvollständigkeit der Kundenangaben sprechen.[174] Zwar darf nicht zwangsläufig davon ausgegangen werden, dass der Kunde die zur Verfügung gestellten Standardinformationen tatsächlich zur Kenntnis genommen hat,[175] die Wertpapierfirma bleibt also zur Erkundigung verpflichtet. Die Behavioral Finance-Forschung legt jedoch nahe, dass Anleger zur Selbstüberschätzung ihrer Kenntnisse und Erfahrungen neigen[176] und diese in den meisten Fällen umfassender angeben werden als sie der Realität entsprechen. Eine rationale Anlegerentscheidung ist damit auch hier nicht gewährleistet.

b) Forderung nach einer Einführung eines Schriftformerfordernisses

Nimmt der Anleger die Dienstleistung der Anlageberatung in Anspruch, muss er insbesondere vor eigennützigen Empfehlungen des Anlageberaters geschützt werden. Jenseits der Anlageberatung ist jedoch primär ein stärkerer Schutz des Anlegers vor sich selbst und unüberlegten Entscheidungen erforderlich. Diese Feststellungen gelten auch für die vom Gesetzgeber als „nicht-komplex" eingestuften Produkte. Diese können einerseits durchaus eine Komplexität aufweisen, die Fehlentscheidungen geradezu vorprogrammiert, andererseits findet bei „Execution only", anders als bei sonstigen Geschäften, keinerlei Exploration statt. Die Notwendigkeit eines besseren Schutzes des Anlegers vor sich selbst unterstreicht nicht zuletzt der Vorschlag der MiFID II, den Kreis der „Execution only"-tauglichen Produkte weiter einzuschränken.[177]

---

172 *Koller* (Fn. 7), § 31 WpHG Rn. 192, der als Beispiel nur über Internet, Telefon oder Telefax erreichbare Discount-Broker nennt.

173 Oben C.II.1.c).

174 *Fuchs* (Fn. 16), § 31 WpHG Rn. 282.

175 *Koller* (Fn. 7), § 31 WpHG Rn. 177; *Spindler/Kasten*, WM 2007, 1797, 1800.

176 Hierzu bspw. *Klöhn*, Kapitalmarkt, Spekulation und Behavioral Finance, 2006, S. 117 ff.

177 S. bereits oben C.II.4.

Aus diesen Gründen ist die Einführung eines generellen Schriftformerfordernisses für Auftragserteilungen im Wege von „Execution only" und „sonstiger Wertpapiergeschäfte" zu fordern. Selbstverständlich kann auch die Warnfunktion[178] der Schriftform keinen absoluten Schutz vor Fehlentscheidungen bieten. Aller Voraussicht nach würde aber zumindest die Wahrscheinlichkeit unüberlegter Anlageentscheidungen reduziert. Damit ist auch die Streichung des Schriftformerfordernisses bei Finanztermingeschäften (§ 37d Abs. 1 Satz 2 WpHG a.F.)[179] zu kritisieren.[180] Systematisch folgerichtig wäre die Einführung der Schriftform für Geschäfte i.S.d. §§ 31 Abs. 5 und 7 WpHG *de lege ferenda* ohnehin. Schließlich setzt der Gesetzgeber bereits *de lege lata* überall dort, wo ein reduzierter Anlegerschutz mit erhöhten Risiken einhergeht, auf eben dieses Instrument: Sowohl bei der Hochstufung vom Privatkunden zum professionellen Kunden (§ 31 Abs. 7 WpHG) als auch vom Privatanleger zum semi-professionellen Anleger (§ 1 Art. 19 Nr. 33 KAGB-E) ist über die Konsequenzen der Hochstufung schriftlich zu informieren[181] und der Kunde/ Anleger muss sein schriftliches Einverständnis erteilen.[182]

6. *Produktregulierung*

Die Vorschläge zur Produktregulierung setzen einen neuen Regelungsschwerpunkt des Anlegerschutzrechts. Das EU-Parlament hat im Zuge der MiFID II-Reform bereits sehr deutlich artikuliert, dass verschärfte Wohlverhaltenspflichten zwar notwendig seien, aber alleine nicht ausreichten, um einen angemessenen Anlegerschutz zu gewährleisten.[183]

Die Produktregulierung, insbesondere in der Form des Verbotes, greift zwar in die Vertragsfreiheit der Anleger ein, da die verfügbare Produktpalette eingeschränkt wird. Die Vertragsfreiheit kann aber nur bestehen, soweit der Anleger frei entscheiden kann. Wenn also der Vertrieb von Produkten beschränkt werden soll, deren Risiken aufgrund ihrer Komplexität weder mittels seitenlanger Erläuterungen noch durch ausführlichste Beratung vermittelt werden können,[184] dann schränkt diese Produktregulierung nicht die Vertragsfreiheit ein, sondern stellt nur deren Grundvoraussetzung, nämlich Entscheidungsfreiheit, wieder her. Erfreulicherweise

---

178 Zum Übereilungsschutz des § 126 BGB bspw. *Einsele*, in: Münchener Komm. z. BGB, 6. Aufl., 2012, § 126 BGB Rn. 1.

179 Art. 1 Nr. 30 FRUG (Fn. 137).

180 S. bereits *Möllers* (Fn. 46), S. 2247, 2257.

181 § 31a Abs. 7 Satz 4 WpHG i.V.m. § 2 Abs. 2 Satz 1 Nr. 2 WpDVerOV bzw. § 1 Abs. 19 Nr. 33 lit. a) ee) KAGB-E.

182 § 31a Abs. 7 Satz 5 WpHG i.V.m. § 2 Abs. 2 Satz 1 Nr. 3, Abs. 2 Satz 2 WpDVerOV, sowie *Koch* (Fn. 12632), § 31a WpHG Rn. 51 f. bzw. § 1 Abs. 19 Nr. 33 lit. a) bb) KAGB-E.

183 Erwägungsgrund 51a MiFID II-E (EUP), (Fn. 4).

184 Unten D.II.2.b).

finden sich in der Praxis bereits Fälle, in denen Banken die verfügbaren Klassen auf nachvollziehbare Produkte reduzieren.[185]

Eine solche Produktregulierung wäre auch verhältnismäßig, weil sie keine generelle, staatliche Genehmigungspflicht[186] vor Markteinführung darstellt, wie etwa der von der Kommission im Vorfeld der MiFID II-Vorschläge bereits abgelehnte „Finanz-TÜV".[187] Weder das anbieterinterne Genehmigungsverfahren noch die Befugnisse zur Produktintervention ex ante sind hiermit vergleichbar, weil den Behörden lediglich die Notfallkompetenz eingeräumt wird, gegen *einzelne* Produkte und nur unter engen Voraussetzungen vorgehen zu *dürfen*.[188] Die zwar generelle, aber anbieterinterne Genehmigungspflicht für neue Produkte ermächtigt wiederum nicht den Staat, sondern verpflichtet die privatwirtschaftlichen Produktentwickler. Mit den geplanten Vorgaben an das Produktdesign, ergänzt durch Vertriebsverbote außerhalb der Zielgruppe, könnte die Qualitätskontrolle von Finanzprodukten künftig europäisches Recht werden.

Im deutschen Recht findet eine Qualitätskontrolle von Finanzprodukten bislang nur in Ansätzen statt.[189] Dabei steht das hierfür notwendige Instrumentarium im Zivilrecht bereits zur Verfügung, nämlich die Nichtigkeit von Produktbedingungen (§ 138 BGB) und deren AGB-Kontrolle (§§ 305 ff. BGB). In Sachen „Zinswette" lehnte das OLG Frankfurt als Berufungsgericht zwar einen Verstoß gegen die guten Sitten ab, zog eine AGB-Kontrolle aber zumindest in Betracht.[190] Der BGH umschiffte die §§ 138, 305 ff. BGB, indem er direkt auf den Verstoß gegen die Beratungspflicht

---

185 Die ING DiBa als größte deutsche Direktbank reduzierte die für Privatanleger verfügbaren Anlageklassen auf die Hälfte und der CEO begründete dies damit: „Bankkunden sollen einfache Produkte kaufen", FAZ v. 29.11.2012, S. 20.

186 *Kommission*, Update on Commission Work on Packaged Retail Investment Products v. 16.12.2009, S. 45, abrufbar unter http://www.kapitalmarktrecht-im-internet.eu: „full ex ante authorisation regime".

187 *Kommission*, Impact Assessment MiFID II, Working Paper v. 20.10.2011, SEC (2011) 1226, S. 44 f. Ablehnend auch *Spindler*, 34 J. Consum. Policy 315, 327 f. (2011). S. auch *Köndgen*, in: FS Hopt, Bd. II, 2010, 2113, 2140; *ders.*, BKR 2011, 283, 286; *Buck-Heeb*, ZHR 177 (2013), 310, 342; *Mülbert*, ZHR 177 (2013), 160, 199 f.

188 Die Eingriffsvoraussetzungen sollen durch Kommissionsrechtsakte konkretisiert werden, vgl. Art. 31 Abs. 8, 32 Abs. 6 i.V.m. Art. 41 MiFIR-E (Fn. 5). Konkretisierungsbedürftig ist insbesondere, in welchen Fällen die „Gefahren für den Anlegerschutz" groß genug sind, um Produktinterventionen zu rechtfertigen.

189 Vgl. OLG Frankfurt, Urt. v. 29.7.2009, WM 2009, 1563; OLG Bamberg, Urt. v. 11.5.2009, ZIP 2009, 1209, 1211.

190 OLG Frankfurt, Urt. v. 30.12.2009, ZIP 2010, 921, 922 f: Die Erforderlichkeit einer AGB-Kontrolle wurde verneint, da ein geschäftserfahrenes Unternehmen nicht in gleichem Maße schutzbedürftig sei wie ein Verbraucher. Zu § 138 BGB stellte das Gericht fest, dass die Privatautonomie den Abschluss risikoreiche Geschäfte auch dann gestatte, wenn ein Gewinn nur unter günstigen Umständen zu erzielen gewesen sei.

rekurrierte.[191] Zivilrechtliche Folgefragen können an dieser Stelle nur aufgeworfen werden, etwa ob die Genehmigungspflicht und das Vertriebsverbot als Schutzgesetze i.S.d. § 823 Abs. 2 BGB zu qualifizieren wären. Offen ist auch, ob Verstöße gegen diese Pflichten oder aufsichtsrechtliche Produktverbote die zivilrechtliche Nichtigkeit (§ 134 BGB) des Kaufvertrags bewirken.[192]

7. Regulierung von Interessenkonflikten

Hinsichtlich des Zuwendungsverbots des § 31d Abs. 1 WpHG ergibt sich ein gemischtes Bild: Zu Recht wurde die Vermutungsregel des § 31d Abs. 4 WpHG a.F. kritisiert, wonach Zuwendungen bei der Anlageberatung stets der Qualitätsverbesserung dienten, denn damit hatte der deutsche Gesetzgeber ausgerechnet den „interessenkonfliktträchtigsten Fall" vom Verbot der Vorteilsannahme wieder freigestellt.[193] Die Streichung von § 31d Abs. 4 WpHG a.F. 2011 war daher zu begrüßen.[194] Allerdings wiegt § 31d WpHG den Kunden weiterhin in trügerischer Sicherheit.[195] Weniger hilfreich als gedacht ist die Offenlegung von Anreizzahlungen, § 31d Abs. 1 Satz 1 Nr. 2 WpHG: Die anlegerschützende Aufklärungspflicht wird dadurch „verwässert", dass § 31d Abs. 3 WpHG den Wertpapierfirmen gestattet, den Kunden lediglich eine Zusammenfassung der wesentlichen Bestandteile der Zuwendungsvereinbarungen vorzulegen.[196] Zudem zeigen empirische Untersuchungen, dass die Offenlegung von Provisionen Anleger dazu verleitet, von der Neutralität der Wertpapierfirma auszugehen, anstatt die Geschäftsbeziehung kritisch zu überdenken.[197] Auch die weiterhin bestehende Ausnahme für Zuwendungen, die auf Qualitätsverbesserungen ausgelegt sind (§ 31d Abs. 1 Satz 1 Nr. 1 WpHG), steht nach wie vor in berechtigter Kritik.[198] Grundsätzlich braucht es schärferer Schwerter wie z.B. Provisionsverbote, um Interessenkonflikte zwischen Wertpapierfirma und Kunde wirkungsvoll einzudämmen.[199]

---

191 BGH, Urt. v. 22.3.2011, BGHZ 189, 13 Rn. 17 f.

192 Hierzu *Cahn/Müchler*, BKR 2013, 45, 54 f.

193 So *Assmann*, ÖBA 2007, 40, 51. S. auch *Fuchs* (Fn. 16), § 31d WpHG Rn. 29; *Möllers* (Fn. 97), § 31d WpHG Rn. 10, 42.

194 Art. 1 Nr. 7 AnsFuG, BGBl. I 2011, S. 538. Auch die Gesetzesbegründung verweist darauf, dass in der Aufsichtspraxis die Vermutensregel kaum widerlegt werden konnte, vgl. Begr RegE z. AnsFuG (Fn. 12), S. 22. S. *Möllers/Wenninger*, NJW 2011, 1697, 1699.

195 So mit deutlichen Worten *Sethe*, in: FS Nobbe, 2009, S. 769, 773 ff.

196 Kritsch insofern *Koller* (Fn. 7), § 31d WpHG Rn. 47; *Habschick/Evers* (Fn. 151), S. 55. A.A. *Fuchs* (Fn. 16), § 31d WpHG Rn. 42, der die Vorschrift für sinnvoll hält, um einen „information overkill" zu vermeiden; *Koch* (Fn. 32), § 31d WpHG Rn. 53; *Möllers* (Fn. 97), § 31d WpHG Rn. 54 („gewisse Erleichterung"); *Lang/Kühne*, WM 2009, 1301, 1305.

197 *Spindler*, NJW 2011, 1920, 1923.

198 S. *Koller* (Fn. 7), § 31d WpHG Rn. 29.

199 Hierzu sogleich unten C.II.4.

8. Das Anlegerleitbild: zwischen verständigem und schutzbedürftigem Anleger

Um eine rationale Anlegerentscheidung zu ermöglichen, vertraute der Gesetzgeber vor allem auf abstrakte, standardisierte Aufklärung. Im Vergleich zum Erfordernis konkret-individueller Aufklärung vor dem FRUG eine Verschlechterung des Anlegerschutzes. Zwar wird zunehmend auf vereinfachte Informationen gesetzt. Der Verzicht auf zusätzlichen Schutz, wie etwa durch Schriftformerfordernisse, deutet de lege lata auf das Leitbild des verständigen Anlegers hin, der Standardinformationen und Informationsblätter liest, Risiken erkennt und rational handelt. Die in der Realität beschränkte Rationalität der Anleger berücksichtigen hingegen die Gestaltungsoptionen zur Wiedereinführung individueller Informationen und die Vorschriften zur Produktregulierung de lege ferenda besser.

D. Anlegerbezogene Beratung

I. Regelungsziel

Bereits aus dem Wortlaut der WpDiRiL von 1993 ergab sich, dass Anlageempfehlungen im „bestmöglichen Interesse" des Kunden liegen müssen.[200] Hiervon unabhängig definierte der BGH 1993 in dem „Bond"-Urteil[201] die Grundpflichten der zivilrechtlichen Anlageberatung, als deren gesetzliche Grundlage mit Verabschiedung des WpHG 1994 das Merkmal der „Erforderlichkeit" (§ 31 Abs. 2 Satz 1 WpHG a.F.) herangezogen wurde.[202] Durch MiFID I und FRUG wurden die Pflichten der Anlageberatung schließlich auch gesetzlich normiert. Das Regelungsziel der anlegerbezogenen Beratung unterscheidet sich vom Ziel der rationalen Anlageentscheidung in drei Punkten: (1.) Anstelle abstrakter, standardisierter Informationen müssen dem Kunden alle Informationen mitgeteilt werden, die er benötigt, um die spezifischen Anlagerisiken des *konkret* empfohlenen Finanzprodukts verstehen und einschätzen zu können.[203] (2.) Die Geeignetheitsprüfung (§ 31 Abs. 4 Satz 2 WpHG) geht über die Angemessenheitsprüfung insofern deutlich hinaus, als sich die Geeignetheit

---

200 S. Art. 11 Abs. 1 Satz 4, 1. Spiegelstrich RiL 93/22/EWG des Rates v. 10.5.1993 über Wertpapierdienstleistungen, ABl. EG Nr. L 141, S. 27. Hierzu *Koller* (Fn. 69), § 31 WpHG Rn. 172.

201 BGH, Urt. v. 6.7.1993, BGHZ 123, 126, 128 ff. – Bond.

202 Zur Parallelität der Informationspflicht aus § 31 Abs. 2 Satz 1 WpHG zur anleger- und objektgerechten Beratung des BGH *Möllers* (Fn. 97), § 31 WpHG Rn. 259; s. *Wieneke*, Discount-Broking und Anlegerschutz, 1999, S. 115.

203 Zur konkreten Aufklärungspflicht des Zivilrechts *Lenenbach* (Fn. 8), Rn. 11.255; *Möllers/Ganten*, ZGR 1998, 773, 788 f. Aufsichtsrechtlich ist das Bestehen einer konkreten Informationspflicht umstritten, diese bejahend *Fuchs* (Fn. 16), § 31 WpHG Rn. 255; *Einsele*, JZ 2008, 477, 481 f.; a.A. *Mülbert*, WM 2007, 1149, 1156; *Veil*, ZBB 2008, 34, 38 f.

des *konkreten* Anlageprodukts auf die *konkreten* Kenntnisse und Erfahrungen des Kunden und dessen finanzielle Risikotragfähigkeit[204] beziehen muss. (3.) Auf dieser Grundlage ist eine persönliche Empfehlung für ein *konkretes* Finanzprodukt abzugeben.[205] Die Anlageberatung ist daher auch nach WpHG-Maßgabe stets anlegerbezogen. Von der Vermögensbetreuung[206] unterscheidet sich die Anlageberatung dadurch, dass bei der Anlageberatung weiterhin der Kunde die Anlageentscheidung selbst und eigenverantwortlich treffen muss.[207]

II. Instrumente

1. Geeignetheitsprüfung

Die durch die MiFID I eingeführte Geeignetheitsprüfung[208] verpflichtet nicht zur „bestmöglichen" Wahrung der Kundeninteressen bei der Erteilung der Anlageempfehlung.[209] Vielmehr genügt die Empfehlung den gesetzlichen Anforderungen bereits dann, wenn das Produkt den Anlagezielen (Anlagedauer, Risikobereitschaft, Zweck der Anlage)[210] und der Leistungsfähigkeit des Kunden entspricht und er die Risiken verstehen kann.[211] Weitergehende, fiduziarische Pflichten gelten bei gleicher Eignung mehrerer Produkte: In einem solchen Fall ist dasjenige Produkt zu empfehlen, das am besten die erkennbaren Interessen des Kunden wahrt.[212] Die MiFID II-Fassung des EU-Parlaments sieht nun vor, dass bei Empfehlung eines Produktpakets jeder einzelne Bestandteil und auch das Paket insgesamt für den Kunden geeignet sein muss.[213]

2. Individuelle Informationen

Sowohl der durch die „Bond"-Rechtsprechung ausgestaltete zivilrechtliche Anlageberatungsvertrag als auch die auf der MiFID I beruhenden WpHG-Pflichten verpflichten die Wertpapierfirma dazu, dem Kunden individuelle Informationen und Empfehlungen zu erteilen.

---

204 Zum Prüfungsumfang § 6 Abs. 1 Nr. 1 WpDVerOV.

205 *Braun/Lang/Loy*, in: Ellenberger/Schäfer/Clouth/Lang (Hg.), Praktikerhandbuch Wertpapier- und Derivategeschäft, 4. Aufl., 2011, Rn. 301.

206 Unten E.I.

207 *Sethe*, Anlegerschutz im Recht der Vermögensverwaltung, 2005, S. 26 f.; *Möllers*, WM 2008, 93; *Fuchs* (Fn. 16), § 31 WpHG Rn. 244.

208 Art. 19 Abs. 4 MiFID I.

209 Anders als noch Art. 11 Abs. 1 Satz 4, 1. Spiegelstrich WpDiRiL (Fn. 200).

210 Vgl. § 6 Abs. 1 Nr. 2 WpDVerOV.

211 *Koller* (Fn. 7), § 31 WpHG Rn. 151. S. *Fuchs* (Fn. 16), § 31 WpHG Rn. 257 ff.

212 *Koller* (Fn. 7), § 31 WpHG Rn. 151, 17.

213 Art. 25 Abs. 1 Satz 2, Abs. 2 Satz 2 MiFID II-E (EUP), (Fn. 4). Für Kleinanleger ist anzugeben, ob die Paketbestandteile auch einzeln erworben werden können und welche Kosten jeweils anfallen, Art. 24 Abs. 7 Satz 1 MiFID II-E (EUP), (Fn. 4).

a) Dependenz der Rechtsquellen: EuGH-Urt. v. 30.5.2013

Höchstrichterlich war lange Zeit ungeklärt, in welchem Verhältnis die Rechtsquellen der Anlageberatung (MiFID I, WpHG und richterrechtlicher Pflichtenkanon) zueinander stehen. Der BGH hatte sich hierzu zwar 2012 in seinen „Lehman-Entscheidungen" geäußert.[214] Die Ausführungen zum Europarecht[215] wurden aber als weitgehend verfehlt beurteilt.[216]

Auch weiterhin wurde daher im Schrifttum kontrovers diskutiert, ob der europäische Gesetzgeber mit der MiFID I zugleich die Vollharmonisierung des Zivilrechts intendiert hatte.[217] Unabhängig davon, ob man die §§ 31 ff. WpHG als ausschließlich aufsichtsrechtliche Normen, Normen mit „Doppelnatur" oder als Aufsichtsrecht mit „Ausstrahlungswirkung" auf das Zivilrecht begreift,[218] entfalteten dieser Auffassung zufolge die Vorgaben der MiFID I im Wege richtlinienkonformer Auslegung unmittelbare Wirkung auch für das nationale Zivilrecht. Anders urteilte indes am 30.5.2013 der EuGH.[219] Aufgrund mehrerer Vorlageverfahren der spanischen Zivilgerichtsbarkeit galt es zu klären, ob ein Verstoß gegen die MiFID I-Wohlverhaltensregeln zivilrechtliche Folgen zeitigen muss.[220] Der zugrunde liegende Sachverhalt ereignete sich im September 2008 und damit nach Ablauf der

214 Vgl. BGH, Urt. v. 27.9.2011, NJW 2012, 66, 70 f. Rn. 45 ff.; Urt. v. 27.9.2011, NJW-RR 2012, 43, 47 f. Rn. 48 ff.; Urt. v. 26.6.2012, NJW 2012, 2873, 2874 f. Rn. 24 ff. – Lehman I-III. Statt aller wird nur die jüngste Entscheidung zitiert.

215 BGH, Urt. v. 26.6.2012, NJW 2012, 2873, 2874 f. Rn. 24 f.

216 Bspw. *Roth*, ZBB 2012, 429, 430 ff.; *Herresthal*, ZBB 2012, 89, 102 ff.

217 Hierfür *Mülbert*, ZHR 172 (2008), 170, 183 ff.; *ders.*, WM 2007, 1149, 1157; *ders.*, in: Ferrarini/Wymeersch (Hg.), Investor Protection in Europe: Corporate Law Making, The MiFID and Beyond, 2006, S. 299, 318 f.; *Enriques*, ebd., S. 321, 323; *Herresthal*, ZBB 2009, 348, 352; *ders.*, ZBB 2012, 89, 102 f.; *Nikolaus/D'Oleire*, WM 2007, 2129, 2134; *Sethe*, in: FS Nobbe, 2009, S. 769, 786 f.; für eine partielle Vollharmonisierung im Bereich der MiFID I-DRiL *Roth*, ZBB 2012, 429, 437 f.; a.A. *Koller* (Fn. 7), Vor § 31 WpHG Rn. 5; *Assmann*, in: FS Schneider, 2011, S. 37, 51 ff.; *ders.*, ZIP 2009, 2125, 2126; *Schwark* (Fn. 32), Vorbem. §§ 31 ff. WpHG Rn. 14; *Koch*, ebd., § 31a WpHG Rn. 60; *Ellenberger*, in: FS Nobbe, 2009, S. 523, 535 ff.; *Veil*, WM 2009, 1585, 1587; *Podewils/Reisch*, NJW 2009, 116, 120.

218 Zu diesem Meinungsstreit *Möllers* Fn. (97), § 31 WpHG Rn. 10 ff.

219 EuGH, Urt. v. 30.5.2013, Rs. C-604/11 – Genil.

220 Jeweils Vorlagefragen Nr. 2 und 3: Juzgado Mercantil de Barcelona v. 18.7.2011, Rs. C-381/11, ABl. 2011 Nr. C 290 v. 1.10.2011, S. 3 (inzwischen zurückgezogen: vgl. Verfügung v. 12.1.2012 sowie ABl. 2012 Nr. C 73/25 v. 10.3.2012); Juzgado de Primera Instancia no 12 de Madrid v. 28.11.2011, Rs. C-604/11, ABl. 2012 Nr. C 32 v. 4.2.2012, S. 15 f.; Juzgado Mercantil de Barcelona v. 30.12.2011, Rs. C-664/11, ABl. 2012 Nr. C 80 v. 17.3.2012, S. 11; Juzgado Mercantil de Barcelona v. 30.12.2011, Rs. C-665/11, ABl. 2012 Nr. C 80 v. 17.3.2012, S. 12. Hinweise hierzu bei *Grundmann*, WM 2012, 1745, 1752.

MiFID I-Umsetzungsfrist[221].[222] Das Gericht kam zum Schluss, dass die MiFID I die Mitgliedstaaten *nicht* dazu verpflichte, Verstöße gegen die Wohlverhaltensregeln auch mit zivilrechtlichen Sanktionen zu belegen.[223] Vielmehr stehe es im Ermessen der Mitgliedsstaaten, ob und ggf. welche zivilrechtlichen Folgen hierfür vorgesehen werden.[224] Implizit bringt der EuGH hierdurch zum Ausdruck, dass der europäische Gesetzgeber mit Verabschiedung der MiFID I nicht zugleich das nationale Zivilrecht der Mitgliedstaaten harmonisieren wollte.[225] Konsequenz dieser richtungsweisenden Entscheidung ist, dass die MiFID I nicht qua richtlinienkonformer Auslegung bei der Auslegung des Zivilrechts zu berücksichtigen ist, sondern es den Mitgliedstaaten überlassen bleibt, die mit der MiFID verbundenen zivilrechtlichen Fragestellungen überschießend zu harmonisieren.

b) Nationale Rechtsprechung

Aufgrund zunehmender Divergenz der Pflichtenstandards im Aufsichts- und Zivilrecht[226] bleibt die höchstrichterliche Klärung der Frage nach der (zivil- oder aufsichtsrechtlichen)

Rechtsnatur der §§ 31 ff. WpHG weiterhin dringend geboten. So hatte der BGH die Banken im Zinswette-Urteil 2011 dazu verpflichtet, den Anleger hinsichtlich des eingegangenen Geschäfts*risikos*[227] auf den „gleichen Wissens- und Kenntnisstand" zu bringen, wie ihn die beratende Bank selbst besitzt.[228] Dieses hochgesteckte Ziel kann in der Beratungspraxis nicht erfüllt werden.[229] Losgelöst vom Korsett der Informationspflichten, auf das der BGH zurückgreifen musste, wurden in Großbritannien Anlageberater bereits 2009 durch die FSA dazu verpflichtet, Produktempfehlungen

221 Am 31.1.2007, vgl. Art. 70 MiFID (Fn. 2) I i.V.m. Art. 53 Abs. 1 MiFID I-DRiL (Fn. 108).

222 EuGH, Urt. v. 30.5.2013, Rs. C-604/11 Tz. 15.

223 EuGH, Urt. v. 30.5.2013, Rs. C-604/11 Tz. 57. Hierzu auch *Möllers* (Fn. 97), § 31 WpHG Rn. 23.

224 Ebd.

225 *Möllers*, in: Gsell/Herresthal (Hg.), Vollharmonisierung im Privatrecht: die Konzeption der Richtlinie am Scheideweg?, 2009, S. 247 ff. S. auch *Koller* (Fn. 7), Vor § 31 WpHG Rn. 5.

226 S. die Beispiele bei *Buck-Heeb*, ZHR 177 (2013), 310, 316 ff.

227 Richtigerweise ist auf das Risiko des Produkts abzustellen, nicht aber auf dessen finanzmathematischen Grundlagen, vgl. *Buck-Heeb*, ZHR 177 (2013), 310, 332. So aber *Grundmann*, WM 2012, 1745, 1747; *Köndgen*, BKR 2012, 283: „Man darf deshalb getrost unterstellen, dass nicht einmal jeder durchschnittlich befähigte Kundenberater zwischen Konstanz und Flensburg das kunstvolle Design dieser Produkte zur Gänze durchschaut hat".

228 BGH, Urt. v. 22.3.2011, BGHZ 189, 13, 25 f. Rn. 29.

229 Kritisch *Schmitt*, BB 2011, 2824, 2826; i.E. wohl auch *Klöhn*, ZIP 2011, 762, 763; *Lehmann*, JZ 2011, 749, 750 ff.

nur dann abzugeben, wenn sie das Produkt und dessen Struktur vollständig verstanden haben.[230]

3. Beratungsprotokolle und Angemessenheitsberichte

Ebenso wie die Produktinformationsblätter beruhen auch die Beratungsprotokolle (§ 34 Abs. 2a WpHG) auf einem Alleingang des nationalen Gesetzgebers,[231] der hiermit zwei Zielsetzungen verfolgte: Der BaFin sollte die Aufsicht über die Wertpapierfirmen erleichtert werden und den Kunden ein Beweismittel an die Hand gegeben werden, um zivilrechtliche Ansprüche bei Fehlberatung durchsetzen zu können.[232] Eine vergleichbare Stoßrichtung lässt sich dem „Angemessenheitsbericht" der MiFID II zugrunde legen, der den Anlageberatungskunden darüber informieren soll, wie die Beratung auf seine persönlichen Merkmale abgestimmt wurde.[233] Sinnvollerweise möchte das EU-Parlament die Angemessenheitsberichte auf die Kleinanlegerberatung beschränken,[234] professionelle Anleger benötigen diese Hilfestellung nicht.

4. Qualitätskontrolle einzelner Finanzintermediäre

Die Qualitätskontrolle wird in Zukunft über die Aufklärungs- und Beratungsdienstleistung hinaus auf die fachliche Eignung der Leitungsorgane und Kundenberater ausgedehnt. Wertpapierfirmen müssen durch geeignete Compliance-Maßnahmen die Einhaltung der §§ 31 ff. WpHG sicherstellen, § 33 WpHG.[235] Auch die Einhaltung der Vorgaben für die Anlageberatung unterliegt der ex post-Kontrolle der §§ 35, 36 Abs. 4 WpHG.

Erstmals stellte die AIFM-RiL Anforderungen an die Verwalter (AIFM) alternativer Investmentfonds (AIF) auf, u.a. Zulassungsvoraussetzungen und Vergütungsregeln.[236] Diese werden in Deutschland durch das KAGB[237] umgesetzt. Ebenso sollen

---

230 FSA, Using the FSA's structured investment product advice suitability assessment template, Oktober 2009, abrufbar unter http://www.fsa.gov.uk/pubs/other/sip_template_guidance.pdf, S. 7: „Advisers should ensure they fully understand the product and how it is structured". S. *Köndgen* (Fn. 187), S. 2113, 2135.

231 § 34d Abs. 2a WpHG, eingefügt durch Art. 4 Nr. 4 SchVG v. 31.7.2009, BGBl. I, S. 2512.

232 RegE z. SchVG v. 29.4.2009, BT-Drucks. 16/12814, S. 14, 27 f.; *Franck*, BKR 2012, 1, 2.

233 Art. 25 Abs. 5 Satz 3 MiFID II-E (Fn. 3). Gibt die Wertpapierfirma an, regelmäßig die Eignung der empfohlenen Produkte nachzuprüfen, ist zusätzlich anzugeben: Häufigkeit der Beurteilung, Fortbestand der Produkteignung und Wertentwicklung, Art. 25 Abs. 5 Satz 4 MiFID II-E (EUP), (Fn. 4).

234 Art. 25 Abs. 5 Satz 1, 3 MiFID II-E (EUP), (Fn. 4).

235 Oben B.3.a) und b).

236 Hierzu *Möllers/Harrer/Krüger*, WM 2011, 1537, 1539 ff.; *Bußalb/Unzicker*, BKR 2012, 309, 310 ff.

237 RegE KAGB v. 12.12.2012, BR-Drucks. 791/12, S. 1. S. *Möllers*, NJW 52/2012, Editorial.

nach der MiFID II die Leitungsorgane der Wertpapierfirmen Vorgaben in Bezug auf ihren Leumund, ihre fachlichen Fähigkeiten und Erfahrungen und ihr zeitliches Engagement erfüllen müssen.[238] Der MiFID II-Entwurf des EU-Parlaments sieht zudem vor, dass die Position eines „nicht geschäftsführenden" bzw. externen Direktors einzuführen ist, der die Einhaltung der Compliance-Vorgaben auf Leitungsebene überwachen soll.[239] Doppelfunktionen sollen beschränkt[240] und die Leitungsorgane bei Verstößen persönlich (straf- und zivilrechtlich) zur Verantwortung gezogen werden können, unabhängig vom nationalen Rechtssystem[241].

Das EU-Parlament will die Wertpapierfirmen im Zuge der MiFID II ex ante zum Nachweis verpflichten, dass die Kundenberater über die für die Anlageberatung erforderlichen Kenntnisse und Kompetenzen verfügen und die zur Beurteilung maßgeblichen Kriterien veröffentlichen.[242] Bislang unterliegen Anlageberater nur in Großbritannien[243] vergleichbaren Pflichten, in Deutschland ist ein Sachkundenachweis für den Vertriebsbeauftragten (§ 34d Abs. 2 WpHG) und für Anlageberater (§ 34d Abs. 1 Satz 1 WpHG) vorgesehen[244]. Eine Registrierungspflicht (§ 34d Abs. 1 WpHG)[245] ist auf europäischer Ebene nicht in Sicht.

5. *Interessenkonflikte von Wertpapierdienstleistungsfirmen, Kundenberatern und Honorarberatung*

Bei der Anlageberatung müssen persönliche Einschätzungen, die nur eingeschränkt überprüfbar sind,[246] abgegeben werden, so dass aufgrund finanzieller Eigeninteressen der Wertpapierfirmen und ihrer Kundenberater ein besonders großes Potential für Interessenkonflikte besteht.[247] Bereits die WpDiRiL verpflichtete die Wertpapierfirmen daher zur „bestmöglichen" Wahrung der Kundeninteressen,[248] noch deutlicher die MiFID I[249].

---

238 Art. 9 Abs. 1 Satz 1, Abs. 3 MiFID II-E (EUP), (Fn. 4).
239 Art. 9 Abs. 1 MiFID II-E (EUP), (Fn. 4).
240 Art. 9 Abs. 1 Satz 2 lit. a MiFID II-E (EUP), (Fn. 4).
241 Art. 9 Abs. 8a MiFID II-E (EUP), (Fn. 4).
242 Art. 25 Abs. 1 MiFID II-E (EUP), (Fn. 4).
243 Überblick für Großbritannien abrufbar unter http://www.fsa.gov.uk/about/what/rdr/firms/professionalism.
244 Hierzu *Möllers* (Fn. 97), § 34d WpHG Rn. 1 ff.
245 Für Honorarberater sieht der Gesetzgeber eine eigenständige Registrierungspflicht vor, vgl. § 36c WpHG i.d.F. gemäß Art. 1 Nr. 5 RegE v. 21.12.2012 eines Gesetzes zur Förderung und Regulierung einer Honorarberatung über Finanzinstrumente, BR-Drucks. 814/12 („Honoraranlageberatungsgesetz").
246 S. oben D.II.1.
247 *Möllers* (Fn. 46), S. 2247, 2250.
248 Art. 11 Abs. 1 Satz 4, 1. Spiegelstrich WpDiRiL(Fn. 200).
249 Vgl. Art. 19 Abs. 1 MiFID I (Fn. 2): „ehrlich, redlich und professionell im bestmöglichen Interesse des Kunden".

Auf das Zuwendungsverbot und dessen Ausnahmen (§ 31d WpHG) wurde bereits oben eingegangen.[250] Die MiFID II will den Mitgliedsstaaten Gestaltungsspielräume einräumen, um die Ausnahmen vom Zuwendungsverbot weiter einschränken zu können: Die Zulässigkeit von Provisionszahlungen bei der Anlageberatung und Portfolioverwaltung kann ganz untersagt[251] und Wertpapierfirmen können dazu verpflichtet werden, Provisionen generell an ihre Kunden weiterzugeben.[252]

Provisionsbasierte Vergütungssysteme verleiten Kundenberater dazu, anstelle des bestgeeigneten Produkts dasjenige mit der höchsten Vertriebsprovision zu empfehlen. Von diesem Missstand will die MiFID II Abhilfe schaffen: Grundsätzlich darf das verwendete Vergütungssystem der Verpflichtung nicht entgegenstehen, im besten Anlegerinteresse zu handeln.[253] Eine vergleichbare Vorschrift findet sich bereits im WpHG (§ 33 Abs. 1 Satz 2 Nr. 3a WpHG).[254] Für die Beratung und den Verkauf an Kleinanleger sieht die MiFID II die Sonderregel vor, dass die Vergütungsstruktur den Kundenberater nicht darin beeinträchtigen darf, objektive Empfehlungen und verständliche Informationen zu erteilen.[255] Die Vergütung soll nicht in erster Linie von Verkaufszielen oder vom Ertragswert der empfohlenen Produkte abhängen.[256] Bei der Beratung von Kleinanlegern darf auch die Leistungsbeurteilung des Beraters keinen Anreiz dafür setzen, ein bestimmtes Produkt zu empfehlen, wenn ein anderes Produkt grundsätzlich besser geeignet wäre.[257]

Mit der MiFID II wird erstmals auf europäischer Ebene zwischen „abhängiger" und „unabhängiger" Anlageberatung unterschieden. Bislang sah nur das britische Aufsichtsrecht eine entsprechende Differenzierung vor.[258] Provisionszahlungen an „unabhängige" Anlageberater sollen generell untersagt werden.[259] Bei der Anlageberatung soll darüber informiert werden müssen, ob die Beratung „unabhängig" erbracht wird, und, falls dies der Fall ist, in welchem Umfang eine Marktanalyse durchgeführt wurde.[260] Bei der „unabhängigen" Anlageberatung müssen Empfehlungen auf der Bewertung einer ausreichenden Produktanzahl beruhen. Es darf sich nicht ausschließlich um Produkte der Wertpapierfirma oder nahestehender Anbieter handeln.[261] Auch der deutsche Gesetzgeber will mit dem Honoraranlageberatungsgesetz Kunden die bewusste Entscheidung zwischen provisionsbasierter und

250 Oben C.II.4.
251 Art. 24 Abs. 5 Satz 1 MiFID II-E (EUP), (Fn. 4).
252 Art. 24 Abs. 1c Satz 2, Abs. 5 Satz 2 MiFID II-E (EUP), (Fn. 4).
253 Art. 24 Abs. 1b Satz 1 MiFID II-E (EUP), (Fn. 4).
254 Hierzu *Koller* (Fn. 7), § 33 WpHG Rn. 78 ff.
255 Art. 24 Abs. 1b Satz 2 MiFID II-E (EUP), (Fn. 4).
256 Art. 24 Abs. 1b Satz 3 lit. a MiFID II-E (EUP), (Fn. 4).
257 Art. 24 Abs. 1b Satz 3 lit. b MiFID II-E (EUP), (Fn. 4).
258 Rules 6.2A.3, 6.2A.4A COBS, abrufbar unter http://fsahandbook.info/FSA/html/handbook/COBS/6/2A.
259 Art. 24 Abs. 5 lit. ii MiFID II-E (Fn. 3).
260 Art. 24 Abs. 3 Satz 1, 1. Spiegelstrich MiFID II-E (Fn. 3).
261 Art. 24 Abs. 5 lit. i MiFID II-E (Fn. 3).

Honorarberatung ermöglichen.[262] So ist die Verankerung zusätzlicher Verhaltens-[263] und Organisationspflichten[264] für Wertpapierfirmen geplant, welche die Anlageberatung in der Form der Honorar-Anlageberatung erbringen möchten.[265]

III. Bewertung

1. Geeignetheitsprüfung und Beratungspflichten

Nicht zuletzt der EuGH könnte der immer weitergehenden Verschärfung der Aufklärungs- und Beratungspflichten durch die deutschen Zivilgerichte einen Riegel vorschieben, wenn das Gericht zum Schluss kommt, dass die MiFID I auch zivilrechtliche Wirkungen zeitigt[266]. Entscheidungen wie das „Zinswette"-Urteil, die das Anlagerisiko des Kunden zum Verständnisrisiko der beratenden Bank machen – die Bank wird aus ihrer Verantwortung kraft Informationsüberlegenheit nur dann entlassen, wenn die Beratung auch einen „Verständniserfolg" erzielt[267] – könnten in der Folge wohl nicht aufrechterhalten werden. Möglicherweise wird die allgemeine Tragweite dieser Entscheidung ohnehin überschätzt, schließlich lag dem Urteil ein hochkomplexer Zins-Swap-Vertrag zugrunde. Der BGH äußerte sich (wohlweislich) nicht dazu, welche anderen Produkte eine vergleichbare Komplexität aufweisen könnten.[268]

---

262 So explizit der RegE z. Honoraranlageberatungsgesetz (Fn. 245), S. 1.

263 Informationspflichten (§ 31 Abs. 4b Nr. 1 WpHG–E), Pflichten in Bezug auf den materiellen Inhalt der Anlageempfehlung (§ 31 Abs. 4b Nr. 2 WpHG–E), Annahmeverbote für nicht-monetären Zuwendungen (§ 31 Abs. 4b Nr. 3 Satz 2 WpHG–E), Pflichten in Bezug auf die bedingte Annahme für monetäre Zuwendungen (§ 31 Abs. 4b Nr. 3 Satz 3 WpHG–E), zusätzliche Informationspflichten bei Verdacht von Interessenkonflikten (§ 31 Abs. 4c Satz 1 WpHG–E), sowie Pflichten im Zusammenhang mit der Art des Geschäftsabschlusses (§ 31 Abs. 4c Satz 2 WpHG–E).

264 Pflichten, welche eine organisatorische, funktionale und personelle Trennung zwischen den Bereichen der provisionsgestützten Anlageberatung und der Honorar-Anlageberatung innerhalb eines Unternehmens vorsehen (§ 33 Abs. 3a Satz 1 WpHG-E), zusätzliche Pflichten in Bezug auf die Vertriebsvorgaben i.S.d. § 31 Abs. 1 Nr. 3a WpHG (§ 33 Abs. 3a Satz 2 WpHG–E) sowie Abgabepflichten in Bezug auf den Internetauftritt (§ 33 Abs. 3a Satz 3 WpHG–E). Ferner sind die Errichtung eines Honorar-Anlageberaterregisters (§ 36c WpHG–E) und ein Bezeichnungsschutz für den Begriff „Honorar-Anlageberatung" (§ 36d WpHG–E) geplant.

265 Hierzu *Möllers* (Fn. 97), § 31 WpHG Exkurs: Honoraranlageberatungsgesetz.

266 S. oben D.II.2.a).

267 *Koch* (Fn.32), 485, 488.

268 Vgl. *Koch*, BKR 2012, 485, 489. Zur Rechtfertigung unterschiedlicher Beratungsstandards unter Bezugnahme auf die Komplexität und das Risiko des Produkts auch OLG Köln, Urt. v. 18.1.2012, BKR 2012, 203, 206; *Kleefeld*, GWR 2012, 113; in erster Linie auf den Risikograd des Produkts stellen ab *Klöhn*, ZIP 2011, 762, 764 f., sowie *Wiechers*, WM 2012, 477, 480.

Positiv zu bewerten sind die geplanten Angemessenheitsberichte, welche die Geeignetheit der Empfehlung im Nachhinein überprüfbar machen und damit eine dem deutschen Beratungsprotokoll vergleichbare Funktion erfüllen.[269] Ebenso zu begrüßen ist der Vorschlag, dass sich die Geeignetheitsprüfung künftig sowohl auf das gesamte Produktpaket als auch die einzelnen Produkte beziehen muss, schließlich erhöhen sich durch das Produkt-„Bundling" die Intransparenz und ggf. die Komplexität, so dass auch das Risiko für den Anleger steigt.

2. *Marktbereitung für die Honorarberatung*

Die von der MiFID II geplante Differenzierung zwischen abhängiger und unabhängiger Beratung wird zur Marktbereitung für die Honorarberatung beitragen, da die Regelungsvorschläge die Abgrenzungs- und Qualitätsmerkmale der Honorarberatung (Unabhängigkeit von Provisionszahlungen, umfassende und neutrale Marktanalyse) gesetzlich verankern. Ein höherer Marktanteil der Honorarberatung[270] würde einen Wettbewerbsdruck erzeugen, der sich auch auf die Qualität der provisionsbasierten Anlageberatung positiv auswirken könnte. Die Notwendigkeit unabhängiger Beratung wurde in anderen Rechtsbereichen bereits erkannt; § 60 Abs. 2 VVG schreibt Versicherungsberatern vor, auf eine lediglich eingeschränkte Produktauswahl hinzuweisen. In Großbritannien wurden Provisionszahlungen für den Vertrieb von PRIP generell untersagt, und es muss angegeben werden, ob die Beratung auf Basis breiter Marktanalyse oder nur eingeschränkter Produktauswahl erfolgt.[271] Im Lichte des Honoraranlageberatungsgesetzes ist jedoch zweifelhaft, ob der deutsche Gesetzgeber von der europäischen Gestaltungsoption Gebrauch macht und Zuwendungen generell untersagt. Wünschenswert wäre es, schließlich unterbindet nur ein generelles Verbot wirksam die von Provisionszahlungen ausgehenden Fehlanreize für die Anlageberatung.[272]

---

269 Zu dessen Bewertung *Möllers/Wenninger*, NJW 2011, 1697, 1699 f.

270 Hierzu auch *Möllers* (Fn. 46), S. 2147, 2253 unter Hinweis auf *Krohn*, FAZ v. 25.7.2009, S. 9; eine Ausdehnung fordernd etwa die quirin bank, FAZ v. 8.11.2009, S. 15, ebenso *Habschick/Evers* (Fn. 151), S. 152. Gegenwärtig fristet die Honorarberatung in Kontinentaleuropa noch ein Nischendasein, nur 16–18 % der Kunden nehmen die Dienste unabhängiger Berater in Anspruch, vgl. *Kommission* (Fn. 82), S. 190 m.w.N.

271 FSA, Factsheet for Investment Advisers, Adviser Charging, S. 2: „Advisers must discuss up-front how they will be paid and agree it with their client, rather than by being paid commission.", abrufbar unter https://www.fca.org.uk/static/ documents/factsheets/fs010-rdr-adviser-charging.pdf. S. auch *Moloney*, 13 EBOR 169, 190 (2012).

272 So die Begründung für das britische Provisionsverbots beim PRIP-Vertrieb, vgl. FSA, Factsheet for Investment Advisers (Fn. 271), S. 2. Kritisch *Mülbert*, ZHR 177 (2013), 160, 192.

3. *Regulierung der Beratervergütung*

Anlageberatung ist zeit- und kostenintensiv, die Kundenberater stehen unter erheblichem Provisionsdruck. Erwartungsgemäß dürfte dem Kunden oftmals das Produkt mit der höchsten Provisionszahlung empfohlen werden, nicht zwangsläufig das zugleich bestgeeignete.[273] Die Vorschläge zur Entkoppelung der Vergütungs- und Beurteilungssysteme vom Umsatz sind zu begrüßen, es gilt aber die weitere Ausgestaltung des bislang abstrakten Regelungskonzepts abzuwarten.

4. *Anbieter- und Beraterregulierung*

Als sinnvoll sind die geplanten Anforderungen an die Leitungsorgane und insbesondere die Kundenberater zu bewerten. Erhöhte Organisationspflichten und erforderliche Sachkundenachweise dienen nicht nur der Verbesserung der aufsichtsrechtlichen Compliance. Die hiermit einhergehende Professionalisierung bewirkt unmittelbar auch eine Qualitätsverbesserung der Anlageberatung.

5. *Anlegerleitbild: der schutzbedürftige, aber eigenverantwortlich handelnde Anleger*

Dem Konzept der anlegerbezogenen Beratung liegt das Leitbild eines Anlegers zugrunde, der zwar erhöht schutzbedürftig ist, weil er vor sich selbst und vor Interessenkonflikten der Finanzintermediäre geschützt werden muss. Er ist aber dennoch in der Lage, eigenverantwortliche Investitionsentscheidungen zu treffen. Die Vorschaltung des Anlageberaters zur Informationsfilterung und Auswahl geeigneter Produkte bewirkt grundsätzlich einen wirksamen Schutz des Anlegers vor Fehlentscheidungen, wenn er zugleich vor Interessenkonflikten des Beraters geschützt wird. Die Ausrichtung der zu erteilenden Informationen an der individuellen Sachkenntnis und den Erfahrungen des Anlegers sowie die notwendige Erteilung einer Anlageempfehlung verdeutlichen indes, dass der Kunde ohne eine entsprechende Anlageberatung nach Auffassung des Gesetzgebers nicht in der Lage wäre, eine selbstständige rationale Anlageentscheidung zu treffen. Insbesondere bei „komplexen" Anlageprodukten bedarf der Anleger hiernach der Hilfestellung eines Finanzintermediärs.[274]

---

273 Hierzu folgende Modellrechnung: Allein die 130.000 Sparkassen-Berater sollen durch den Verkauf von Finanzprodukten 10 Mrd. Euro pro Jahr erlösen müssen. Bei geschätzten 100.000 Kundenberatungen pro Tag (25 Mio. Gesprächen jährlich) müssten sie pro Beratungsgespräch durchschnittlich 400 Euro erlösen. Geht man zudem davon aus, dass von zehn Beratungsgesprächen nur zwei zum Abschluss führen, erhöht sich der pro Kunde zu erzielende Provisionsbetrag auf 2.000 Euro. S. FAZ v. 21.11.2012, S. 23. Die Zahlen werden genannt von *Karl Matthäus Schmidt*, Vorstandsvorsitzender der quirin bank, unter Verweis auf Angaben des ehemaligen Sparkassenpräsident *Heinrich Haasis* im Jahr 2010.

274 S. bereits oben C.III.5.a).

E. Professionelle Vermögensverwaltung

I. Regelungsziel

Bei der professionellen Vermögensverwaltung trifft der Vermögensverwalter anstelle des Anlegers die einzelnen Anlageentscheidungen.[275] Die Vermögensverwaltung kann einerseits als Portfoliomanagement (§ 31 Abs. 4 Satz 1 Alt. 2 WpHG), andererseits auch kollektiv für eine Vielzahl von Anlegern durch Investmentfonds erfolgen.[276] Auf die fondsgebundene Vermögensverwaltung kann aus Platzgründen nur am Rande eingegangen werden.[277] Grundsätzlich verursacht die Vermögensverwaltung Kosten und ist nur sinnvoll, wenn der geschaffene Mehrwert die Kosten übersteigt.[278] Anlagerisiken sind durch Diversifikation zu minimieren und die Vermögensverwaltung muss produktiv sein,[279] Ziele der Vermögensverwaltung sind also die Vermögenssicherung und Vermögensmehrung.[280]

II. Instrumente

1. *Informationen*

Da die konkrete Anlageentscheidung dem Vermögensverwalter überlassen bleibt, zielen die Informationen bei der Vermögensverwaltung nicht auf eine rationale Anlageentscheidung ab. Vielmehr sollen die geschuldeten Informationen dem Anleger vor Vertragsschluss die Entscheidung für oder gegen diese Form der Geldanlage und nach Vertragsschluss die ex post-Kontrolle des Verwalters ermöglichen.[281]

2. *Qualitätskontrolle*

Im Bereich der Fond gab es für Kapitalanlagegesellschaften schon immer die Depotbank und künftig die Verwahrstelle, welche die Kapitalanlagegesellschaft kontrolliert und Ansprüche für den Anleger geltend macht.[282] Das geplante Kapitalanlagesetzbuch (KAGB) erhöht nun diesen Schutz noch, indem erstmals ein Bewerter das Vermögen der Gesellschaft regelmäßig prüfen muss, §§ 212 ff. KAGB-E. Für das Portfoliomanagement, also die klasssische Vermögensverwaltung bestehen nur die bereits erläuterte Qualitätskontrolle durch die unternehmensinterne Compliance

---

275 Vgl. § 2 Abs. 3 Nr. 7 WpHG: „Verwaltung in Finanzinstrumenten angelegter Vermögen mit Entscheidungsspielraum".
276 S. *Lenenbach* (Fn. 8), Rn. 8.1. S. *Sethe* (Fn. 207), S. 62.
277 Hierzu aber bspw. *Möllers/Harrer/Krüger*, WM 2011, 1537, 1539 ff.
278 *Benicke*, Wertpapiervermögensverwaltung, 2006, S. 99.
279 S. *Benicke* (Fn. 278), S. 764 ff.
280 Vgl. *Benicke* (Fn. 278), S. 129.
281 Hierzu *Sethe* (Fn. 207), 912 ff. Zur vorvertraglichen Aufklärung § 5 Abs. 2 Nr. 2 WpHG, zur ex post-Kontrolle s. § 31 Abs. 8 WpHG.
282 §§ 27 f. InvG und künftig §§ 76 f., 83, 86 KAGB-E.

und die BaFin, §§ 33, 35 und 36 WpHG.[283] Anders als für Anlageberater sind für die Vermögensverwaltung aber keine Pflichten zum Sachkundenachweis und zur Registrierung vorgesehen.

3. Verbote

Verbote gibt es im Investmentrecht im persönlichen und sachlichen Anwendungsbereich. Mit dem Prinzip der Risikodiversifizierung (§ 1 Satz 2 InvG), dem Numerus clausus der Fondstypen (§§ 30 ff. InvG) und dem Prinzip der Fremdverwaltung soll das Risikopotential dieser Anlageklasse begrenzt werden. Nach dem geplanten KAGB dürfen Spezial-AIF nicht von Kleinanlegern erworben werden, § 1 Abs. 6, Abs. 19 Nrn. 28 und 29 KABG-E.

4. Zum Umgang mit Interessenkonflikten

Der Kommissionsentwurf zur MiFID II sieht eine erhebliche Verschärfung des bestehenden Provisionsverbots (§ 31d WpHG) vor. Bei der Portfolioverwaltung soll jegliche Provisions- oder Vorteilsannahme untersagt werden.[284] Demgegenüber will das EU-Parlament von einem generellen Provisionsverbot absehen[285] und die Offenlegungspflicht lediglich dahingehend ergänzen, dass *alle* gezahlten oder empfangenen Anreize regelmäßig offengelegt werden müssen.[286] Wie schon bei der Anlageberatung sollen die Mitgliedsstaaten Provisionszahlungen weiter einschränken oder ganz untersagen[287] bzw. die Provisionsweitergabe an den Anleger verlangen können.[288] Noch umfangreicher ist die Regelung von Interessenkonflikten durch die AIFM-Richtlinie. Das Risiko- und Portfoliomanagement ist voneinander zu trennen. Es gibt Regelungen zur Vergütung.[289] Zudem muss die Depotbank unabhängig vom AIFM sein.[290] Im Vergleich zur Vermögensverwaltung ist die Regulierung stärker; dies erscheint sinnvoll, weil die Fondsverwaltung keine individuelle Vermögensverwaltung darstellt, welche einzelne Kundenwünsche berücksichtigen kann.

Soweit die Portfolioverwaltung unabhängig erfolgt, sollen die Portfolioverwalter im Zuge der MiFID II dazu verpflichtet werden, die am Markt erhältlichen Finanzinstrumente umfassend zu berücksichtigen und sich nicht nur auf ihnen nahestehende

---

283 S. oben B.II.3.a) und b).
284 Art. 24 Abs. 6 MiFID II-E (Fn. 3).
285 Art. 24 Abs. 1c, 5 i.d.F. MiFID II-E (EUP), (Fn. 4).
286 Art. 24 Abs. 6 Satz 1 MiFID II-E (EUP), (Fn. 4).
287 Art. 24 Abs. 5 Satz 1 MiFID II-E (EUP), (Fn. 4).
288 Art. 24 Abs. 1c Satz 2, Abs. 5 Satz 2 MiFID II-E (EUP), (Fn. 4).
289 § 37 KAGB-E.
290 *Möllers/Harrer/Krüger*, WM 2011, 1537, 1539.

Anbieter zu beschränken.[291] Für unabhängige Portfolioverwalter ist ein generelles Provisionsverbot vorgesehen.[292]

III. Bewertung

1. *Regelungskonzept*

Für die MiFID II-Vorschläge zur Vermeidung von Interessenkonflikten gilt die vorherige Bewertung entsprechend: Provisionsverbote sind ebenso wie die Honorar-Portfolioverwaltung zu begrüßen, da hierdurch Interessenkonflikte wirksam eingedämmt werden. Allerdings fallen im Fondbereich regelmäßige Verwaltungsgebühren an und die klassische Vermögensverwaltung steht aufgrund der geforderten Mindestanlagesummen[293] nur einer absoluten Minderheit vermögender Privatanleger offen. Dass dieser Service zum Teil mit überzogenen Verwaltungsgebühren erkauft wird, steht ohnehin auf einem anderen Blatt.

2. *Anlegerleitbild: der schutzbedürftige Anleger mit reduzierter Eigenverantwortlichkeit*

Bei der professionellen Vermögensverwaltung beschränkt sich die erforderliche Mitwirkung des Anlegers und damit dessen Eigenverantwortlichkeit auf die Auswahl des geeigneten Vermögensverwalters oder Fonds. Die Fondsauswahl wird idealtypisch erleichtert, wenn der Anleger auf die Dienstleistung der Anlageberatung zurückgreifen kann. Im Anschluss an diese grundlegenden Entscheidungen ist lediglich die Überwachung der im jeweiligen Berichtszeitraum erzielten Performance erforderlich. Nach dem gesetzgeberischen Leitbild ist der Anleger jedoch zumindest dazu fähig, ggf. erforderliche Korrekturen durch Wechsel des Vermögensverwalters oder Fonds eigenverantwortlich vorzunehmen. Im Übrigen wird der Anleger vor dem Problem des information overload, dem Risiko von Fehlentscheidungen und Interessenkonflikten wirksam abgeschirmt: Er muss selbst keine Anlageentscheidungen treffen und die Informationsüberflutung stellt für den Verwalter aufgrund dessen professioneller Kenntnisse ein deutlich geringeres Risiko dar. Der Verwalter ist zudem an die definierten Anlagerichtlinien gebunden. Der erhöhten Schutzbedürftigkeit der Anleger wird im Fondsbereich dadurch Rechnung getragen, dass vom Gesetzgeber als riskant bewertete Anlageklassen wie Hedgefonds für Privatanleger nicht zugänglich sind.

---

291 Art. 24 Abs. 5a Satz 1 MiFID II-E (EUP), (Fn. 4).
292 Art. 24 Abs. 5a Satz 2 MiFID II-E (EUP), (Fn. 4).
293 So nennt *Lenenbach* (Fn. 8), Rn. 8.3., für die „standardisierte" Vermögensverwaltung die Mindestanlagesumme von 100.000 Euro, die individuelle Vermögensberatung beginne ab einem Mindestkapital von 1 Mio. Euro.

F. Zusammenfassende Thesen

1.a) Dem Ziel der Anlegergleichbehandlung dienen zum einen marktbezogene Informationen, die sich an die Anlegergesamtheit richten, zum anderen kompensatorische Gleichbehandlungspflichten. Die Informationen werden einer dreistufigen Qualitätskontrolle durch die Emittenten selbst, durch die Aufsichtsbehörden und Dritter sowie den Markt unterzogen. Je umfangreicher diese ex ante-Kontrolle ausfällt, desto geringer ist das Bedürfnis für zusätzliche Sanktionen ex post. Individueller Schadensersatz wird daher nur vereinzelt gewährt.

1.b) Dem Leitbild des kapitalmarktrechtlichen Informationsmodells lag über lange Zeit die Vorstellung vom Homo oeconomicus zugrunde. Der Gesetzgeber geht davon aus, dass dieser alle verfügbaren Informationen zur Kenntnis nimmt, bevor er eine Anlageentscheidung trifft. Anderenfalls versagt ihm der Gesetzgeber den Schutz. Neue Pflichten, die zunehmend auf die bessere Verständlichkeit der Marktinformationen abzielen, deuten auf einen Leitbildwandel zum „Homo oeconomicus light" hin. Geschützt wird somit nur der „verständige" Anleger, dessen Fähigkeiten jedoch regelmäßig über denen des durchschnittlichen Privatanlegers liegen. Privatanleger sind deshalb oft auf Finanzintermediäre angewiesen, welche die Kapitalmarktinformation aufbereiten.

2.a) Umso wichtiger ist es daher, bestehende Schutzdefizite bei der Finanzintermediation regulatorisch anzugehen. Dabei lässt sich differenzieren: Nimmt der Anleger Anlage- oder professionelle Vermögensberatung in Anspruch, erhält er zwar professionelle Unterstützung. Er ist aber vor Interessenkonflikten des Intermediärs zu schützen.

2.b) Wenn (Klein-)Anleger diese kostenintensive Dienstleistung nicht wahrnehmen, sind sie besser als bisher vor unüberlegten Entscheidungen und riskanten Produkten zu schützen. So sollte der Gesetzgeber für Anlageentscheidungen ohne unterstützende Anlageberatung de lege ferenda ein generelles Schriftformerfordernis einführen. Zudem hat er Finanzprodukte stärker zu regulieren. Die Vorstöße der MiFID II zu Produkt-Prüfverfahren vor Markteinführung und ex ante-Interventionsrechten sind daher zu begrüßen. Der hiermit einhergehende Eingriff in die Marktfreiheit ist auch verhältnismäßig, weil hierdurch die Entscheidungsfreiheit des Anlegers sichergestellt wird.

2.c) Die standardisierte Kundeninformation durch die MiFID I zu ermöglichen, bedeutete einen Rückschritt für den Anlegerschutz. Dass die Standardisierung im Zuge der MiFID II wieder zur Disposition der Mitgliedsstaaten gestellt werden soll, ist daher positiv zu bewerten. Im Übrigen ist die Leistungsfähigkeit des Informationsmodells ausgereizt. Anlegerschutzdefizite resultieren nicht aus einem unzureichenden Informationsmodell oder dessen ungenügender Umsetzung durch die Wertpapierfirmen, sondern aufgrund des information overload sind der Informationseffizienz natürliche Grenzen gesetzt. Aus diesem Grund würde auch eine weitergehende Qualitätskontrolle der Informationspflichten der §§ 31 ff. WpHG keine Verbesserung des Anlegerschutzes bewirken.

3.a) Das Verhältnis von europäischem und nationalem Recht wurde durch den EuGH geklärt: die MiFID I zielt nicht auf eine Vollharmonisierung des Zivilrechts ab und ist daher auch nicht im Wege richtlinienkonformer Auslegung auf der Ebene des nationalen Zivilrechts zu berücksichtigen. Weiterhin höchstrichtlicher Klärung bedarf indes das Verhältnis von WpHG- und zivilrechtlichen Pflichten zueinander.

3.b) Grundsätzlich reicht es nicht aus, Interessenkonflikte offenzulegen. Stattdessen sollte der deutsche Gesetzgeber von seiner Gestaltungsoption Gebrauch machen und den Anwendungsbereich des Honoraranlageberatungsgesetzes erweitern und jegliche Vorteilsgewährung an die Finanzintermediäre untersagen. Dies entspräche dem englischen Recht. Die MiFID II-Vorschläge bewirken zumindest die Marktbereitung für die Honorarberatung und erscheinen neben der Regulierung der Beratervergütung als Mindestvoraussetzung, um Interessenkonflikte bei der Anlageberatung besser als bisher in den Griff zu bekommen.

3.c) Die Qualität der Anlegerberatung bedingt sich insbesondere durch die Qualifikation des Beraters. Aus diesem Grund sind weitergehende Kontrollen der Mitarbeiterqualifikation sinnvoll, da sie zur Professionalisierung der Anlageberatung beitragen.

4.a) Bei der Vermögensverwaltung übernimmt der Verwalter die Anlageentscheidung. Informationen dienen deshalb nicht dazu, eine optimale Anlegerentscheidung zu ermöglichen, sondern im Vorfeld der Auswahl und dann der Kontrolle des Verwalters.

4.b) Auch hier wird die Qualitätskontrolle durch Dritte intensiviert, im Investmentrecht durch die Kontrolle durch Dritte, etwa die Depotbank, jetzt auch durch den Bewerter und bestimmte Verbote. Im Rahmen der klassischen Vermögensverwaltung fehlt bisher aber eine Kontrolle durch Dritte.

5.) Das Anlegerleitbild des Gesetzgebers wird vom jeweiligen Regelungszweck bestimmt. Ein einheitliches Anlegerleitbild lässt sich aus diesem Grund nicht feststellen. Allen Anlegerleitbildern liegt die Annahme zugrunde, dass der Anleger rationale, eigenverantwortliche Entscheidungen treffen kann. Am stärksten gilt das Paradigma der Anlegerrationalität im Bereich der marktbezogenen Informationspflichten („Homo oeconomicus light“). Sobald der Anleger die Dienstleistungen eines Finanzintermediärs in Anspruch nimmt, tritt das Rationalitätsparadigma zugunsten eines erhöhten Schutzregimes zurück. Die geringsten Anforderungen an die Fähigkeiten des Anlegers bestehen im Rahmen professioneller Vermögensverwaltung bzw. im Fondbereich. Diese der Abstufung der überantworteten Eigenverantwortlichkeit folgende Ausgestaltung des Anlegerleitbilds erscheint sinnvoll. Schließlich wäre eine vollständige Risikofreistellung des Anlegers mit der Tatsache nicht vereinbar, dass die Geldanlage als Vertrauensgut am Kapitalmarkt auf reinen Exspektanzen beruht, die aufgrund ihrer Ungewissheit stets eine gewisse Risikobereitschaft des Anlegers erfordern.

Hüseyin Altaş

Die Neuerungen im revidierten türkischen Obligationengesetz in Bezug auf das Miet- und Kaufrecht

A. Kaufvertrag

I. Einführung

Der Vortrag befasst sich mit dem Thema „Die Änderungen in den Kauf- und Mietverträgen". Das Schuldrechtsmodernisierungsgesetz hat viele wichtige Änderungen und Erneuerungen zur Folge. Im Folgenden werden die wichtigsten Punkte von Kauf- und Mietverträgen grob dargestellt.

II. Allgemeines

Zuerst fange ich mit dem Kaufrecht an. Wie Sie wissen, wurde mit dem Inkrafttreten des Gesetzes Nr. 6098 vom Juli 2012 das alte Obligationengesetz (wird „aOR" genannt) aufgehoben und mit den wesentlichen Änderungen und Erneuerungen ins Türkische Obligationenrecht (wird „TOR" genannt) übernommen.

Parallel zum aOR unterteilt das TOR den Kaufvertrag auch in vier Abschnitte: Allgemeine Bestimmungen, Kauf von beweglichen Sachen, Grundstückskauf und besondere Arten des Kaufvertrages. In Art. 207–208 TOR werden allgemeine Bestimmungen über den Kaufvertrag geregelt. Art. 207 TOR definiert den Kaufvertrag und umschreibt die Pflichten von Verkäufer und Käufer.

In Art. 208 TOR sind Nutzung und Gefahrübergang geregelt. Dabei ist unbedingt zu betonen, dass die allgemeinen Bestimmungen über den Kaufvertrag nicht auf diese zwei Artikel begrenzt sind. Im zweiten Abschnitt ist der Kauf von beweglichen Sachen (Art. 209–236 TOR) geregelt. Während der Kauf von beweglichen Sachen einer der besonderen Arten des Kaufvertrages ist, enthalten die allgemeinen Bestimmungen, auch die anderen Arten von Kaufverträgen. Somit sind auf die Vorschriften des Grundstückskaufs, welche die Rechtsverhältnisse vorsehen und im dritten Abschnitt (Art. 237–246 TOR) geregelt sind, ebenfalls auf die im vierten Abschnitt geregelten Arten des Kaufvertrages analog anwendbar. Diese Regelung wird in den Art. 246 und 283 TOR ausdrücklich vorgesehen.[1]

Mit dem TOR wurde im Kaufvertrag zuerst eine begriffliche Änderung vorgenommen. Im aOR wurde der Begriff „satım sözleşmesi" verwendet. Mit der

1 *Aydoğdu/Kahveci*, Türk Borçlar Hukuku Özel Borç İlişkileri, İleri Kitapevi, Ocak 2013, Ankara, S. 40.

Verwendung des Begriffs „satış sözleşmesi" wird nach dem neuen Gesetz neben dem Verkäufer auch der Käufer umfasst. Somit ist der neue Begriff umfangreicher als der alte Begriff.

Es gibt auch wesentliche Änderungen in den allgemeinen Bestimmungen. Nach aOR war der Verkäufer verpflichtet, dem Käufer den Kaufgegenstand zu übergeben. Dies führte bei der Übertragung ohne Übergabe zu Problemen. Nach dem TOR ist der Verkäufer nur verpflichtet dem Käufer den Besitz an der Sache zu verschaffen. Die Änderung umfasst damit auch die Übertragung ohne Übergabe und ist somit umfangreicher, weil dabei alle Übertragungsformen sowie die Besitzanweisung und auch die teilweise Übergabe inbegriffen sind. Deswegen ist die Verschaffung des Besitzes nach dem TOR für den Vertragsschluss ausreichend. Das ist eine zutreffende Regelung.

Mit dem TOR gibt es Änderungen bezüglich der Nutzung und des Gefahrübergangs. Nach Art. 182 aOR geht sowohl die Nutzung also auch die Gefahr mit dem Vertragsschluss auf den Käufer über. Dabei handelte es sich um Ausnahmebestimmungen von den grundsätzlichen Gefahrübergangsregeln aus Art. 182 TOR.[2] Die sog. Ausnahme „was von Umständen und Voraussetzungen verstanden werden soll" wurde in der Literatur umfangreich ausgelegt und führte zur heftigen Diskussion. Nach Art. 208 TOR gehen Nutzen und Gefahr bei dem Kauf von beweglichen Sachen mit dem Besitzübergang und beim Grundstückskauf mit der Eintragung in das Grundbuch auf den Käufer über. Da die Ausnahmebestimmungen des aOR in der Praxis zu Problemen führten, ist es eine zutreffende Regelung, dass die Unterscheidung von Nutzung und Gefahrübergang beseitigt wird.

1. Die Änderungen beim Kauf von beweglichen Sachen

Nach aOR ist der Verkäufer verpflichtet, den Kaufgegenstand zu übergeben. Nach TOR verpflichtet sich der Verkäufer hingegen zur Besitzverschaffung.

Art. 216 aOR regelt die Rechtsgewährleistung. Im Falle der Geltendmachung von besserem oder dinglichem Recht durch Dritte, kommt dieser zum Zuge. Die gleiche Thematik wurde auch in Art. 241 TOR geregelt. Nach dieser Regelung bedarf es im Gegensatz zu aOR für die Durchsetzung des Anspruchs auf Herausgabe keiner richterlichen Entscheidung.

Nach dieser Vorschrift besteht die Pflicht zur Gewährleistung nur dann, wenn der Käufer ohne es zur richterlichen Entscheidung kommen zu lassen, das Recht des Dritten anerkennt oder sich einem Schiedsgerichtsverfahren unterworfen hat. Für die Übergabe ist der Eindruck, auf welchen man sich verlassen kann und welcher zu beweisen ist, maßgebend. In solchen Fällen bleibt die Haftung des Verkäufers bestehen.

Eine der wichtigsten Änderungen im Kaufvertrag ist die Sachgewährleistung. Es gibt keine Änderung der Definition von Sachgewährleistung. Während die

2 Die Ausnahme „soweit die Umstände im Einzelfall nichts anderes erfordern".

Sachgewährleistung sich nach Art. 194 aOR als vom Käufer zugesicherte und sich vom Vertrag herausgebende definieren lässt, betrifft Art. 219 TOR auch die Verpflichtungen des Verkäufers im Umgang mit Mängeln. Der Unterschied zwischen aOR und TOR besteht darin, dass der Verkäufer nach aOR nicht haftet, sofern er nichts zusichert, jedoch nach dem TOR im Zeitpunkt des Sagens/der Verpflichtung trotzdem für die Sachmängelgewährleistung haftet. Nach der herrschenden Lehre verpflichtet sich der Verkäufer schon mit der Erklärung über die Qualifikationen der Sache, die seinen Vorstellungen nach vorliegen. Somit besteht seine Nebenplicht aus Vertrag und bedarf weder Formvorschriften noch der Zustimmung von der Gegenseite. Deswegen ist der Begriff „Verpflichtung" im TOR umfangreicher geregelt als im aOR.

Die Voraussetzungen der Geltendmachung von Sachmängelansprüchen sind geändert worden. Nach Art. 198 aOR soll der Käufer die Beschaffenheit der empfangenen Sache überprüfen und, falls die Sache Mängel aufweist, die die Funktionstüchtigkeit der Sache beeinträchtigen oder dem Vertragszwecks widersprechen, diesen Mangel dem Verkäufer „sofort" anzeigen. Art. 223 TOR regelt die Rüge „in angemessener Frist".

Auch die Anzeige und die Rüge haben verschiedene Bedeutungen. Während die Anzeige meint, dass der Käufer von dem Verkäufer eine Leistung fordert und über die Konsequenzen von dessen Untätigkeit berichtet, weist der Käufer bei der Rüge den Verkäufer darauf hin, dass die Sache einen Mangel aufweist. Die Mängelrüge ist nur eine Meinungsvorstellung. Mängel ohne einen offensichtlichen Grund zu rügen, genügt nicht für die Anzeigeobliegenheit.[3] Deswegen sollen Rügen in der Praxis als Anzeigen betrachtet werden.

Begriffe der Untersuchung wurden durch „Prüfen", Anzeige durch „Rüge" und sofort durch „angemessene Frist" ersetzt. Die Verwendung des Begriffs „Prüfen" ist jedoch nicht zutreffend, weil dieses Wort Sinn und Zweck der Pflicht (sog. Untersuchungspflicht) beschränkt. Die Untersuchung ist umfangreicher als das Prüfen. Eigentlich ist die Untersuchung ein detailliertes Prüfen , sodass das „Prüfen" oberflächlicher ist. Es ist gerecht, dass in der Sache des Prüfens der Werkvertrag dem Kaufvertrag gleichkommt. Der Werkvertrag bedarf einer detaillierten, fachlichen und technischen Untersuchens. Mit dieser Regelung können solche Fälle geklärt werden, in dem der Käufer den Mangel, der mit leichter Sorgfalt erkennbar ist, nicht merkt. Meiner Meinung nach ist diese Regelung irrtümlicher Weise falsch geregelt worden. Unter Berücksichtigung des Einzelfalles soll der Begriff „Untersuchung" weiterhin angewendet werden.

Es gibt keine wesentlichen Änderungen bezüglich versteckter Mängel. Versteckte (geheime) Mängel, d.h. solche die bei ordnungsgemäßer Untersuchung nicht erkennbar sind, sind „sofort" nach der Entdeckung zu rügen. Diese Regelung ist parallel zum Art. 198 Abs. 2 aOR.

---

3 *Aral/Ayrancı*, Borclar Hukuku Özel Hükümler (Schuldrecht, Besonderer Teil), 9. Aufl. Ankara 2012, S. 118.

Die Verjährungsfrist ist in Art. 231 Abs. 1 TOR ausdrücklich geregelt. Nach aOR war die Dauer der Frist ein Jahr. Die Änderung sieht eine Frist von zwei Jahren vor.

2. Die Änderungen beim Grundstückskauf

Der Grundstückskauf wurde in den Art. 213 ff. aOR geregelt. Es gibt keine wesentlichen Unterschiede zum TOR (Art. 237–246). Während das alte OR (Art. 215) das Wort „Gebäude" benutzte, verwendet das TOR das Wort „Liegenschaften", also ein umfangreicheres Wort.

Die im Art. 125 aOR auf fünf Jahre begrenzte Sachgewährleistung wird im TOR in zwei geteilt. Im Unterschied zum aOR beträgt die Verjährungsfrist fünf Jahre und für schweres Verschulden zwanzig Jahre. Somit ist die Gesetzeslücke bezüglich der Verjährungsfrist für schweres Verschulden erfüllt und unabhängig vom Verschulden des Verkäufers kommt eine sachgerechte Regelung zustande.

Vorkaufs- und Rückkaufsrechte sind im TOR als Grundstückskaufarten geregelt.

Nach dem TOR kann das Vorkaufsrecht geltend gemacht werden, wenn das Grundstück verkauft wird, sowie bei jedem anderen Rechtsgeschäft, das wirtschaftlich einem Verkauf gleichkommt. Somit hat das Gesetz den Anwendungsbereich erweitert. Nach Art. 240 TOR gelten Zuweisungen an einen Erben in der Erbteilung, die Zwangsversteigerung und der Erwerb zur Erfüllung öffentlicher Aufgaben nicht als Vorkaufsfall. Diese Regelung gab es im alten Gesetz nicht.

Nach Art. 242 TOR muss der Vorkaufsberechtigte sein Vorkaufsrecht innerhalb von drei Monaten ab Kenntnisnahme des einem Verkauf gleichkommenden Rechtsgeschäfts oder in allen anderen Fällen binnen zwei Jahren ab Verkauf ausüben.

Nach Art. 245 Abs. 1 TOR gehen der Nutzen und die Gefahr mit der Eintragung auf den Käufer über. Nach diesem Artikel gehen Nutzen und Gefahr mit der Übergabe auf den Käufer über, wenn die Übergabe verzögert ist. Diese Regelung dient einerseits dem Schutz des Käufers bis zur Übergabe und wird anderseits zu einem Hindernis für einen bösgläubigen Rücktritt des Lieferanten nach dem Zustandekommen des Vertrages unter Berücksichtigung des Werts des Grundstücks.

3. Die Arten von Kaufverträgen

a) Kauf nach Muster

Der in Art. 218 aOR geregelte Kauf nach Muster ist im neuen Gesetz in Art. 247 TOR geregelt. Im alten Gesetz gab es keine Umschreibung von Definitionen dieser Vertragsart, sondern im aOR sind die Konsequenzen von Nichteinhaltung von Vorschriften und die Beweispflicht geregelt. Art. 248 TOR umschreibt dagegen als neue Regelung den Kauf nach Muster.

b) *Kauf auf Probe oder auf Besicht*

Der in Art. 249 TOR und Art. 252 TOR geregelte Kauf auf Probe oder auf Besicht wurde auch in Art. 219 aOR und Art. 223 aOR geregelt. Diese Kaufvertragsart ist neu im Gesetz definiert.

Nach Art. 250 TOR auch sowie im aOR vorgesehen wurde, steht dem Käufer frei, die verkaufte Sache anzunehmen oder zurückzugeben.

c) *Teilzahlungsgeschäfte*

Es gibt wesentliche Änderungen bezüglich Teilzahlungsgeschäfte. Nach dem alten Gesetz kam zuerst der Vertrag zustande und danach wurde mit der Bezahlung angefangen. Mit der Nötigung von ökonomischen Bedürfnissen kommt dieser Vorauszahlungsvertrag zur Anwendung.

In Art. 222–224 aOR geregelte Teilzahlungsgeschäfte sind in Art. 253 ff. TOR geregelt. Im Unterschied zum aOR wurde die Definition von Kauf mit Ratenzahlung umschrieben. Es wird anstatt „ratenweise“ „teilweise“ bevorzugt und die Teilzahlungsgeschäfte werden definiert.

Art. 255 TOR regelt die Schriftform als Gültigkeitsvoraussetzung und die erforderlichen Inhaltsvoraussetzungen. Ein Verstoß gegen diese Formvorschrift hat die Nichtigkeit zur Folge.

Nach Art. 254 TOR ist die Gültigkeit eines von einem Unmündigen oder beschränkt Geschäftsfähigen unterzeichneten Vertrages von der Einwilligung seines gesetzlichen Vertreters abhängig. In solchen Fällen erlaubt das Gesetz eine vor- oder nachträgliche Einwilligung nicht. Die Einwilligung muss spätestens bis zum Vertragsabschluss vorhanden sein. Verträge, die das Schriftformerfordernis einhalten, aber ohne Einwilligung des gesetzlichen Vertreters geschlossen werden, sind nichtig.[4]

Nach Art. 255 TOR (diese Regelung ist auch neu) kann der Käufer innerhalb von sieben Tagen ab dem Erhalt zweier Exemplare, die mit einer Unterschrift versehen sind, ohne Nennung eines Grundes zurücktreten. Es genügt dabei, dass der siebte Tag der Tag ist, an dem sie zur Post gegeben werden. In einem solchem Fall hat der Käufer keinen Schadensersatz für den Rücktritt zu leisten. Der Gesetzgeber hat mit dieser Vorschrift die Geltendmachung von Ansprüchen erschwert.

d) *Verzug des Käufers in Teilzahlungsgeschäften*

Es gibt wichtige Änderungen bezüglich des Verzugs des Gläubigers in Teilzahlungsgeschäften. Art. 259 Abs. 1 TOR betrifft den Verzug des Käufers für Anzahlungen. Nach dieser Vorschrift kann der Käufer die Barkaufzahlung mit Zinsen verlangen oder vom Vertrag zurücktreten und negatives Interesse verlangen. Die Fälligkeitsvoraussetzung gilt nicht für die Anzahlung.

---

4 *Aydoğdu/Kahveci*, S. 318.

Art. 259 Abs. 2 TOR regelt den Verzug des Käufers in Teilzahlungen. Hier gilt die im aOR geregelte Voraussetzung „Fälligkeit". Aber die Voraussetzungen sind geändert worden. Die Verspätungszinsen und auch die Bezahlung von verspäteten Raten und Ersatz für die Verspätung können gefordert werden. Damit die Fälligkeitsvoraussetzung zur Anwendung kommt, muss diese Voraussetzung unter Vorbehalt im Vertrag deutlich vorgesehen werden und auch die nicht bezahlten Raten müssen zehn Prozent vom Gesamtbetrag ausmachen und zwei Vorauszahlungen einen Viertel vom Gesamtbetrag ausmachen oder die letzte Vorauszahlung verfallen.

Eine der Neuerungen im TOR ist das spezielle Rücktrittsrecht. Dieses Recht ist in Art. 259 TOR und Art. 260 TOR geregelt. Das Rücktrittsrecht hat die gleichen Voraussetzungen wie die Fälligkeit. Aber ein Rücktritt kommt nicht zur Anwendung, wenn der vom Verkäufer verlangte Betrag den bezahlten Raten gleichkommt oder diesen übersteigt. Nach Art. 260 TOR kann der Verkäufer vom Käufer mit der Voraussetzung, dass nur auf den Barkaufpreis berechnet wird, bis zu seinem Rücktritt vom Vertrag die gesetzlichen Zinsen und Ersatz für eine seit Vertragsschluss eingetretene Wertminderung der Kaufsache beanspruchen, wenn der Verkäufer vom Vertrag austritt. Eine Konventionalstrafe darf zehn Prozent des Barkaufpreises nicht übersteigen. In einem separaten Teil kann eine Ersatzleistung vorgesehen werden.

Art. 261 TOR regelt den Eingriff des Richters beim Rücktritt. Wenn der Käufer eine Sicherung für seine Schulden im Falle des Rücktritts durch den Verkäufer gibt und ihm gemäß dieser neuen Regelung kein Schaden zugefügt wird, können dem Käufer Erleichterungen hinsichtlich der Bezahlung gewährt werden. Es kann verboten werden, dass der Verkäufer den verkauften Gegenstand zurücknimmt. Diese Regelung gab es im alten Gesetz nicht.

Art. 262 TOR regelt die Zuständigkeit des Gerichts und das Schiedsverfahren und in Art. 263 TOR sind die Fälle geregelt, auf die die Vorschriften der Teilzahlungsgeschäfte angewendet werden können.

Art. 265 TOR bestimmt die Bezahlung mit Sicherung, Art. 266 TOR regelt den Anspruch auf Übergabe der Sache, Art. 268 TOR enthält die Bestimmung des Wertes und das Recht zur Übertragung in den normalen Kauf. Nach Art. 269 TOR kann der Ersatz für den Rücktritt nicht verlangt werden, wenn der Tod des Käufers oder die Zahlunsunfähigkeit eingetreten ist.

Art. 262 TOR regelt das zuständige Gericht und die Arbitrage/ das Schiedsverfahren. In Art. 263 TOR sind die Fälle geregelt, auf die die Vorschriften von Teilzahlungsgeschäften angewendet werden können. Diese haben die gleichen Voraussetzungen wie die Fälligkeit. Nach diesem Artikel kommt der Rücktritt nicht zur Anwendung, wenn der vom Verkäufer verlangte Betrag den bezahlten Raten gleichkommt oder mehr als diese sind.

Art. 261 TOR regelt den Eingriff des Richters in den Rücktritt. Wenn der Käufer Sicherungen für seine Schulden - im Falle des Rücktritts des Verkäufers - gibt und ihm gemäß dieser neuen Regelung kein Schaden zugefügt wird, können dem Käufer Erleichterungen in der Sache der Bezahlung gewährt werden. Es kann verboten werden, dass der Verkäufer den verkauften Gegenstand zurücknimmt. Die Regelung gab es im alten Gesetz nicht.

Obwohl das Gesetz in den in Art. 264–273 TOR geregelten Bestimmungen über Vorauszahlungsverträge mit ratenweise Zahlungen vorsieht, dass erst nach der Bezahlung des Kaufpreises (Zahlung von allen Raten in Art. 264 I TOR) die Sache übergegeben wird, ist diese Frist angemessen. Sind die Voraussetzungen nach Art. 266 TOR erfüllt, so kann der Käufer den Kaufgegenstand ohne Bezahlung vom Gesamtbetrag verlangen.

Art. 265 TOR betrifft die Bezahlung mit Sicherung, Art. 266 TOR regelt den Anspruch auf Übergabe der Sache und Art. 268 TOR die Bestimmung des Wertes und den Übergang vom normalen Kauf. Nach Art. 269 TOR wird Ersatz für einen Rücktritt nicht verlangt, wenn vom Tod des Käufers oder Zahlungsunfähigkeit die Rede ist.

B. Mietvertrag

Zum Mietrecht möchte ich zuerst sagen, dass die Zweiteilung beseitigt wurde. Mit dem Inkrafttreten des revidierten Mietrechts ist das Mietrecht vereinheitlicht und als Ganzes im OR geregelt. Somit gibt es kein Spezialgesetz neben dem OR.

Weil die Mietsache in zwei verschiedenen Gesetzen, dem OR sowie dem Gesetz über Mietsachen an Immobilien und Grundstücken geregelt ist, führte es in der Praxis zu widersprüchlichen Ergebnissen. Mit dem TOR werden allgemeine Bestimmungen auch für Wohn- und Geschäftsräume geregelt, falls nichts anderes vereinbart wurde. Die Sonderbestimmungen für Wohn-und Geschäftsräume sind in Art. 399 ff. TOR geregelt.

Neu ist auch die Umfangsunterscheidung. Nach Art. 339 Abs. 1 TOR gelten die Vorschriften von Wohn- und Geschäftsräumen für Mieten, die für mehr als sechs Monate gezahlt werden und die Vorschriften des Mietvertrags gelten für Mieten, die für weniger als sechs Monate gemietet werden. Diese Änderung spielt bei der Kündigung und der Miete eine große Rolle.

Im Unterschied zum aOR gibt es keine Unterscheidung zwischen beweglichen und unbeweglichen Sachen. Nach Art. 339 Abs. 1 TOR sind auch die mit den Immobilien vermieteten beweglichen Sachen umfasst.

Während in Art. 258 aOR Gebrauchsüberlassung definiert wurde, wird in Art. 299 TOR „Gebrauchs- und Nutzungsüberlassung“ definiert. Somit sind die Befugnisse des Mieters verbreitet und Erzielung des Gewinns freigelassen.

Das neue Gesetz hat das Wort „kiralayan“ durch „kiraya veren“ ersetzt. Das ist eine zutreffende Regelung.

Nach Art. 301 TOR ist der Vermieter verpflichtet, die Sache zum vereinbarten Zeitpunkt in einem zum vorausgesetzten Gebrauch tauglichen Zustand zu übergeben und in demselben Zustand zu erhalten. Nach dieser Regelung sind abweichende Vereinbarungen zum Nachteil des Mieters nichtig. Vorheriger Verzicht ist auch nichtig. Im aOR gab es keine solche Regelung.

Nach Art. 302 TOR übernimmt der Vermieter die Pflichten über Versicherung, Steuer und Ähnlichem, falls nichts anderes vereinbart wird. Da die Steuerpflicht nicht den Parteien überlassen ist, ist eine Vereinbarung nicht rechtmäßig. Diese Regelung ist nicht im Gesetz Nr. 6570 deutlich vorgesehen.

Nach Art. 303 TOR übernimmt der Vermieter auch die Nebenpflichten. Der Vermieter trägt auch die Nebenkosten für Gebrauchsüberlassungen, die von ihm oder von dritten Person vorgenommen sind.

Art. 304 f. TOR betrifft die Haftung für mangelhafte Übergabe. Das Gesetz unterscheidet zwei Arten von Mängeln. Bei schweren Mängeln steht dem Mieter das Recht zu, über den Verzug des Schuldners oder die Vorschriften über nachträglich auftretende Mängel vorzugehen. Bei kleinen Mängeln stehen dem Mieter Rechte nach Art. 249, 250, 251 aOR zu, wie Kündigung, Herabsetzung und Recht auf Beseitigung des Mangels. Neben diesen Rechten wurde das Recht zur Abwandlung erst mit TOR möglich.

Nach Art. 310 TOR ist der neue Eigentümer der Vertragspartner, wenn der Eigentümer der vermieteten Sache gewechselt wurde. Die Regel „Kauf bricht Miete" wurde aufgehoben und umgekehrt.[5] Es wurde behauptet, dass diese Regelung der Vertragsfreiheit widerspricht. Dagegen wird vertreten, dass diese Regelung ähnlich wie die alte Regelung ist und aufgrund seiner Natur (öffentliche Ordnung) der Eingriff des Gesetzgebers möglich ist. Art. 311 TOR regelt, dass die Übertragung auch für beschränktes dingliches Recht gültig ist.

Nach Art. 313 TOR ist der Mieter verpflichtet, Mietzins zu bezahlen. Diese Regelung macht keinen Sinn, weil diese Pflicht von Vertrags wegen sehr deutlich ist. Eine zusätzliche Betonung dieser Pflicht im Gesetz ist unnötig.

Das alte OR betrifft Mietvorschuss/ Mietvorauszahlung. Nach neuem Gesetz (Art. 314 TOR) erfolgt die Bezahlung – im Unterschied zum Gesetz über Mietsachen an Immobilien – erst nach dem Gebrauch. Die Parteien können aber anders vorgehen.

Nach Art. 315 TOR kann der Vermieter im Falle des Zahlungsverzuges dem Mieter eine Frist von mindestens zehn Tagen einräumen und falls dieser innerhalb der Frist die Miete nicht entrichtet, so kann der Vermieter ohne Fristsetzung kündigen. Diese Frist beträgt dagegen bei Wohn- und Geschäftsräumen mindestens dreißig Tage. In Art. 260 aOR sind diese Fristen im Verhältnis zum Mietvertrag berechnet.

Nach Art. 316 Abs. 3 TOR ist die Fristsetzung bei vorsätzlicher Schadenszufügung unnötig. Das ist eine verständliche Regelung.

Art. 318 TOR regelt die Meldepflicht. Der Mieter muss die Mängel dem Vermieter melden. Unterlässt der Mieter die Meldung, so haftet er für den Schaden, der dem Vermieter daraus entsteht. Art. 319 TOR regelt die Obhutspflicht. Die Obhutspflicht umfasst die Verpflichtung des Mieters, bei Gefahr die Sache zu verwahren, zu warten und auch zu dulden.

Nach Art. 321 TOR kann der Mieter mit der schriftlichen Einwilligung vom Vermieter an der vermieteten Sache Erneuerungen und Änderungen vornehmen. In einem solchen Fall darf der Vermieter die vermietete Sache, sofern nichts schriftlich

---

5 *Aral/Ayrancı*, S. 241.

vereinbart wurde, nicht in vorherigem Zustand verlangen. Sofern nicht anderes vereinbart wurde, darf der Vermieter die Steigerung des Wertes an der Sache auch nicht verlangen.

Die Einwilligung bei Untervermietung war nur für die Verträge notwendig, die Mietsachen an Immobilien sowie den Erlösmietvertrag betreffen. Für die einfache Miete war dagegen keine Einwilligung vorausgesetzt.

Nach Art. 322 Abs. 2 TOR darf der Mieter bei Wohn- und Geschäftsräumen ohne schriftliche Einwilligung des Vermieters die vermietete Sache nicht vermieten und auch sein Gebrauchsrecht nicht übertragen. In alten Gesetzen gibt es keine Regelung über die Einwilligung (Art. 259 Abs. 1 aOR und Art. 12 Abs. 1 Gesetz über Mietsachen an Immobilien).

Nach Art. 323 TOR ist die Einwilligung des Vermieters für die Übertragung von Mietverträgen ab sechs Monaten für Wohn- und Geschäftsräume maßgebend. Diese Voraussetzung kann im allgemeinen Einwilligungsvertrag durch Abschluss des Vertrages für fünf Monate bewältigt werden.

Für die Mietübertragung ist die Einwilligung nicht vorausgesetzt. Aber für die Übertragung von Mietverhältnissen ist die Einwilligung vorausgesetzt. Nach Art. 323 TOR kann auf Einwilligung bei Wohn- und Geschäftsräumen ohne rechtlichen Grund nicht verzichtet werden.

Nach Art. 326 TOR ist der Verzicht vor Verrechnung nichtig. Nach dieser Regelung ist der Rücktritt vom Vertrag vor Verrechnung nicht möglich. Diese Regelung ist parallel zum Art. 265 des schweizerischen Obligationenrechts.

Nach Art. 331 TOR kann die Vertragspartei das Mietverhältnis unter Einhaltung der gesetzlichen Frist, wenn für ihn ein wichtiger Grund vorliegt, immer kündigen. Ein wichtiger Grund liegt vor, wenn im Sinne von Art. 331 Abs. 1 TOR dieser Grund bei Vertragsschluss nicht voraussehbar ist und mit diesem Grund die Einhaltung der vertraglichen Vorschriften nicht erfüllt werden kann. Somit ist das zugrunde liegende Verhältnis zerstört und dabei ist maßgebend, dass kein Verschulden der zurücktretenden Partei vorliegt.

Im Unterschied zum aOR regelt Art. 333 TOR den Tod des Mieters. Nach dieser Regelung können seine Erben verzichten. In diesem Fall hat der Vermieter kein Verzichtrecht.

Art. 334 TOR regelt die Rückgabe der Sache. Nach dieser Regelung muss der Mieter die Sache in dem Zustand zurückgeben, „der sich aus dem vertragsmäßigen Gebrauch" ergibt. Die Ausnahme von dieser Regelung ist der Umbau mit Einwilligung des Vermieters. Art. 335 TOR regelt die Prüfung der Sache und Meldung an den Mieter. Bei der Rückgabe muss der Vermieter den Zustand der Sache prüfen und Mängel, für die der Mieter einzustehen hat, diesem sofort melden. Schriftlichkeit ist bei der Meldepflicht vorausgesetzt.

Art. 339–356 TOR betreffen die Miete von Geschäftsräumen. Dieser Teil ist vom Gesetz über Mietsachen an Immobilien ins OR übernommen.

Art. 339 Abs. 1 TOR gilt nur für Gebrauchsüberlassung der Immobilien, die über sechs Monate hinausgeht.

Art. 340 TOR ist ein neuer und wichtiger Artikel. Nach dieser Regelung ist der Mietvertrag auch dann gültig, wenn der mit dem Mietzins verbundene Vertrag nichtig ist. Der Zweck ist das Verbot eines Abschlusses des mit Mietvertrag zusammenhängenden Vertrages durch den Vermieter. Nach der herrschenden Lehre ist ein solcher Vertrag (der zusammenhängende Vertrag) nichtig und kann nicht geheilt werden. Dieser Vertrag wirkt rückwirkend (ex tunc) und wird von Amts wegen berücksichtigt.

Mit dem Art. 342 TOR ist ein neuer und wichtiger Begriff „das Depot" ins Gesetz übernommen. Das Depot darf den Mietzins von drei Monaten nicht überschreiten. Das Depot muss der Bank überwiesen werden und kann nicht ohne gerichtlichen Entscheid oder rechtskräftigen Betreibungsbefehl verlangt werden. Diese Regelung verstößt nicht gegen den Grundsatz der Vertragsfreiheit.

Nach Art. 342 Abs. 3 TOR ist die Herausgabe der Sicherheit geregelt. Wenn der Vermieter die Klageerhebung oder die Einreichung eines Betreibungsbegehrens der Bank nicht schriftlich meldet, ist die Bank verpflichtet die Sicherheit herauszugeben.

In Art. 343 TOR und Art. 344 TOR ist die Bestimmung des Mietzinses geregelt. Der Mietzins kann von den Parteien bestimmt werden, darf aber den Index vom Herstellerpreis nicht übersteigen.

Art. 344 Abs. 4 TOR regelt das Verbot des Anstiegs von Mietzinsen für fünf Jahren im Falle der Bezahlung des Mietzinses mit Auslandswährung. Nach dem fünften Jahr werden beim Anstieg das Verhältnis von Preis des Herstellers und die Lage der vermieteten Sache und der Mietzins berücksichtigt. Darüber entscheidet der Richter sachgerecht. Mit dieser Regelung ist dem Richter für den Anstieg von fünf Jahren eine beschränkte Bevollmächtigung und ab fünf Jahren eine unbeschränkte Bevollmächtigung eingeräumt. Die Anwendung der Vorschriften über Auslandswährung wird auf fünf Jahre verschoben. Dabei ist an die Einkaufszentren und die ausländischen Kapitalanleger gedacht und die Frist auf acht Jahren verschoben worden.

Im Unterschied zum aOR regelt Art. 345 TOR die Frist und die Wirkung von der Klageerhebung. Nach Art. 345 Abs. 1 TOR kann gegen die Bestimmung des Mietzinses immer Klage erhoben werden. Im Art. 345 Abs. 2 TOR sind Anstieg von Mietzins in allen Mietperioden, jedoch keine Regelung im Bereich von Anstieg und sein Ausmaß geregelt. Nach der Regelung kann der Vermieter eine Feststellungsklage erheben, wenn er mindestens dreißig Tage vor der neuen Periode eine Feststellungsklage erhoben oder für den Anstieg des Mietzinses vor dieser Frist eine schriftliche Mahnung gestellt hat. Die Entscheidung des Gerichts wird ab Anfang der neuen Periode gültig. Nach Art. 345 Abs. 3 TOR wird die Entscheidung vom Gericht ab dem Anfang der neuen Periode gültig sein, wenn der Anstieg für die neue Periode vereinbart ist und die Klageerhebung bis zum Ende der neuen Periode erfolgt ist.

Art. 346 TOR betrifft das Verbot gegen Bestimmungen zuungunsten des Mieters. Nach dieser Regelung ist der Vermieter zur Bezahlung des Mietzinses und die Übernahme von Nebenkosten verpflichtet. Die Vereinbarungen, die sich auf Konventionalstrafe und Fälligkeit von Mietzinsen beziehen, wenn der Mietzins nicht innerhalb von der vorgesehenen Frist bezahlt wird, sind nichtig.

Art. 347 TOR regelt die Kündigung mit Mitteilung. Bei Wohn- und Geschäftsräumen muss sich der Mieter mindestens fünfzehn Tage vor Beendigung des befristeten Vertrages melden. Ansonsten gilt der Vertrag unter gleichen Voraussetzungen als für ein Jahr verlängert. Am Ende der zehnjährigen Verlängerungsfrist kann der Vermieter unter Einhaltung der allgemeinen Mitteilungsfrist ohne Grund kündigen, wenn er dies vor dem Ablauf des Folgejahres unter Einhaltung einer dreimonatigen Frist dem Mieter mitteilt.

Art. 348 TOR regelt die Schriftlichkeit der Kündigung. Die vorgesehene Schriftform ist die Gültigkeitsvoraussetzung. Bei Wohn- und Geschäftsräumen ist die Gültigkeit der Kündigung von der Schriftform abhängig.

Art. 323, 325, 331, 340, 342, 343, 344, 346 und 354 sind auf die als Kaufleute geltenden Personen im türkischen Handelsgesetz und auf Privatpersonen und juristischen Personen des öffentlichen Rechts nach Übergangsartikel 2 ab 1.7.2012 für acht Jahre nicht anwendbar.

Zusammenfassend ist festzuhalten, dass es viele wichtige Änderungen und Erneuerungen in Kauf-und Mietverträgen gibt. Sie werden mit der Rechtsanwendung verankert.

Zarife Şenocak

Schadensersatzansprüche bei unerwünschter Geburt eines behinderten Kindes nach dem türkischen Recht

A. Einführung

Wissenschaftliche und technische Entwicklungen in der Pränatalmedizin ermöglichen heute Krankheiten und Behinderungen beim heranwachsenden Kind vorgeburtlich festzustellen, beziehungsweise eine diesbezügliche individuelle Wahrscheinlichkeit zu errechnen. Da eine Behandlung im Mutterleib nur in wenigen Fällen möglich ist, bedient man sich der Pränataldiagnostik meistens für den Zweck, den Ehepaaren erforderliche Informationen zu verschaffen, die ihnen eine Entscheidung ermöglicht, ob sie das Kind zur Welt bringen wollen oder nicht. Bei einer positiven Diagnose, nämlich bei der Feststellung einer Fehlbildung oder genetischen Krankheit des Kindes entscheiden sich die Ehepaare meistens für den Schwangerschaftsabbruch aus embryopathischer Indikation bzw. medizinischer Indikation.

Technische Erkennbarkeit der Erkrankungen und Fehlbildungen bei einem Fetus hat aber andererseits zur Folge, dass die Ehepaare den Arzt bzw. den Krankenhausträger auf Schadensersatz verklagen, wenn Behinderungen oder Erkrankungen des Fetus fehlerhaft nicht erkannt werden und statt eines gesunden Kindes ein behindertes Kind zur Welt kommt. Dabei behaupten die Eltern, dass sie sich für den Schwangerschaftsabbruch entschieden hätten, wenn sie gewusst hätten, dass ihr Kind behindert ist und beanspruchen vom Arzt bzw. Krankenhausträger den Ersatz der Unterhaltskosten des unerwünschten behinderten Kindes.

In den meisten westlichen Rechtsordnungen werden Schadensersatzansprüche der Eltern auf die Unterhaltskosten für das unerwünschte behinderte Kind von den Gerichten anerkannt, wie z.B. in den USA, England, Deutschland und Österreich. Während in Frankreich Ansprüche der Eltern unerwünschter behinderter Kinder bis 2002 in der Rechtsprechung bejaht wurden, scheint das am 4.3.2002 erlassene Gesetz über die Patientenrechte und Qualität des Gesundheitswesens die Schadenersatzansprüche der Eltern auf den immateriellen Schaden (wegen der Geburt eines unerwünschten behinderten Kindes) zu beschränken. Im schweizerischen Recht dagegen hatte bislang noch kein Gericht eine Klage wegen der Geburt eines unerwünschten behinderten Kindes zu beurteilen. Aber aus der Entscheidung des Schweizer Bundesgerichts vom 20.12.2005, in dem es die Ersetzbarkeit der Unterhaltskosten für ein unerwünscht geborenes gesundes Kind (infolge einer unterbliebenen Sterilisation) bejaht, ist zu schließen, dass in einer eventuellen Klage wegen der Geburt eines behinderten Kindes die gleiche Linie fortgesetzt wird. Auch im türkischen Recht bejaht der Kassationshof seit dem Jahre 2002 Schadenersatzklagen der Eltern wegen eines behinderten Kindes, das infolge der fehlerhaften pränatalen Diagnostik unerwünscht geboren wurde.

Aus all diesen Gerichtsurteilen ist zu ersehen, dass die deutsche, türkische und andere ausländische Rechtsprechung zum Ersatz von Schaden aufgrund der Geburt eines behinderten Kindes infolge fehlerhafter Pränataldiagnostik grundsätzlich als Spezialfall der Arzthaftung auf den dort entwickelten Grundlagen aufbaut. Jedoch hat die Zuerkennung der Ersetzbarkeit der Unterhaltskosten des unerwünschten Kindes in den westlichen Rechtsordnungen wie in Deutschland, Schweiz, Österreich und Frankreich eine Reihe ethischer und rechtlicher Diskussionen mit sich gebracht. Der größte Teil der Diskussionen betrifft die Frage, ob die Unterhaltsverpflichtung, die aus der Geburt eines ungewollten behinderten Kindes (infolge des Verschuldens des Arztes während der Schwangerschaftsbetreuung) resultiert, als ein von Dritten ersatzfähiger Schaden qualifiziert wird. Im türkischen Recht dagegen, ist in den betreffenden Gerichtsurteilen zum ersatzfähigen Schaden keine Rede von der Unterhaltspflicht der Eltern, die wegen der unerwünschten Geburt des behinderten Kindes entsteht. In den Fällen der unerwünscht geborenen behinderten Kinder sieht die türkische Rechtsprechung den Schadenersatz als eine natürliche, rechtliche Sanktion des fehlerhaften Verhaltens des Arztes bei der Schwangerschaftsbetreuung an und betrachtet, ohne irgendeine ethische oder juristische Auseinandersetzung, den durch die Behinderung des unerwünschten Kindes verursachten vermögensrechtlichen und psychischen Nachteil der Eltern – und sogar des Kindes – als schadensersatzfähig.

B. Zu den rechtlichen Grundlagen der Arzthaftung im türkischen Recht

Der Ersatz der Schäden, die wegen der unerwünschten Geburt eines behinderten Kindes infolge der fehlerhaften pränatalen Diagnostik entstanden sind, ist ein besonderer Anwendungsfall der Arzthaftung. Es gelten die allgemeinen gesetzlichen Regelungen und Prinzipien. Die Grundlage der Schadensersatzansprüche bildet die schuldhafte Verletzung der Pflichten, die die Medizin und das Recht dem Arzt auferlegt.

Im türkischen Recht gibt es keine besonderen gesetzlichen Regelungen für die Arzthaftung aus verschuldeten ärztlichen Eingriffen. In diesem Bereich gelten die allgemeinen Vorschriften des türkischen Obligationengesetzes über vertragliche Haftung bzw. Deliktshaftung oder es handelt sich um eine verwaltungsrechtliche Haftung. Welche Vorschriften zum Tragen kommen, hängt davon ab, ob zwischen dem Patient und Arzt ein privatrechtliches oder öffentliches Rechtverhältnis besteht.

Bei Behandlungen durch frei praktizierende Ärzte und an Privatkrankenhäusern untersteht das medizinische Behandlungsverhältnis entweder den vertraglichen (Art. 96 ff. alt. türk. OG, Art. 112 ff. neues türk. OG) Haftungsbestimmungen oder den Deliktsrechtsbestimmungen (Art. 41 ff. alt. Türk. OG; Art. 49 ff. neu türk. OG); je nachdem, ob zwischen dem Patienten und dem Arzt bzw. Krankenhausträger ein Vertrag vorhanden ist oder nicht. Da bei Vertragsverletzung durch fehlerhaftes Verhalten des Arztes meistens gleichzeitig das absolute Rechtsgut „körperliche Integrität" des Patienten verletzt wird, kann der geschädigte Patient seine Ansprüche ohne weiteres auch auf die Bestimmungen des außervertraglichen Haftpflichtrechts, nämlich des Deliktsrecht stützen. Man spricht dabei in der Lehre von der Konkurrenz zwischen vertraglicher und außervertraglicher Haftpflichtbestimmungen.

Der privatrechtliche Behandlungsvertrag zwischen dem frei praktizierenden Arzt und dem Patienten stellt nach der herrschenden Meinung in der Lehre und der Rechtsprechung einen Auftragsvertrag im Sinne von Art. 502 ff. neues türk. OR dar. Das gilt auch für den Schwangerschaftsabbruchs- und den Schwangerschaftsbetreuungsvertrag. Mit dem Auftragsvertrag verpflichtet sich der Arzt gegenüber dem Patienten zur sorgfältigen Durchführung einer Behandlung nach den Regeln der medizinischen Wissenschaft. Hingegen schuldet der Arzt niemals einen Erfolg. Das Nichteintreten des Erfolgs, der mit dem Behandlungsvertrag abgezielt wird, gehört zum Risikobereich des Patienten, wenn der Arzt die gebotene Sorgfalt anwendet.

Die ärztlichen Eingriffe in privaten Krankenhäusern dagegen werden in der Regel im Rahmen des Krankenhausaufnahmevertrags vorgenommen, der nach der türkischen Rechtslehre als gemischter Vertrag betrachtet wird. Schuldner der vertraglichen Ansprüche ist in diesem Fall der Krankenhausträger, der verschuldete Arzt dagegen ist nach den Bestimmungen des außervertraglichen Haftpflichtrechts haftbar. Sie haften also gegenüber dem geschädigten Patienten solidarisch.

Bei Behandlungen in öffentlichen Krankenhäusern besteht nach dem türkischen Recht zwischen dem Patienten und dem Arzt ein öffentlich-rechtliches Behandlungsverhältnis und die Haftung für verschuldete medizinische Eingriffe richten sich nach Art. 129 Abs. 5 der türk. Verfassung und nach Art. 13 Abs. 1 des Staatsbeamtengesetzes Nr. 657. Gemäß diesen Bestimmungen ist die Schadensersatzklage wegen des Verschuldens eines Beamten oder anderen öffentlichen Personals während der Ausübung ihrer amtlichen Tätigkeit nur gegen die Verwaltung zu erheben. Ein Rückgriffsrecht der Verwaltung auf den schuldhaft handelnden Beamten bleibt vorbehalten. Obwohl in diesem Zusammenhang von Dienstverschulden die Rede ist, ist die sogenannte Staatshaftung eine Kausalhaftung. Wenn der öffentliche Dienst nicht, fehlerhaft oder zu spät erbracht worden ist, wird das Vorliegen eines Dienstverschuldens angenommen. Die sogenannte Staatshaftung ist eine außervertragliche Kausalhaftung.

Auf dieser Basis kann man die Voraussetzungen der Haftung wegen der unerwünschten Geburt eines behinderten Kindes nach fehlerhafter Pränataldiagnostik durch einen frei praktizierenden Arzt oder an privaten sowie öffentlichen Krankenhäusern im türkischen Recht wie folgt aufzählen: Verschulden bzw. Dienstverschulden bei der Staatshaftung, Vertragsverletzung bzw. Rechtswidrigkeit, Schaden und adäquater Kausalzusammenhang.

In Fällen der unerwünschten Geburt eines behinderten Kindes ist der zu ersetzende Schaden die Unterhaltsbelastung der Eltern, die von Gesetzes wegen entsteht Auf den ersten Blick scheint es bei der Bejahung der Schadensersatzansprüche der Eltern wegen der Unterhaltbelastung durch das behinderte Kind kein Problem zu geben. Denn durch die fehlerhafte Pränataldiagnostik oder durch die fehlerhafte Beratung ist ein rechtmäßiger Schwangerschaftsabbruch verhindert worden und durch die unerwünschte Geburt des behinderten Kindes für die Eltern aufgrund des Gesetzes eine Verbindlichkeit gegenüber dem Kind zur Leistung von Unterhalt entstanden. Nach Art. 327 Abs. 1 des türkischen ZGB haben die Eltern für den Unterhalt des Kindes aufzukommen. Inbegriffen sind die Kosten für die Erziehung, Ausbildung und Kindesschutzmaßnahmen. Nach schuldrechtlichen Grundsätzen wird das Entstehen einer vermögensrechtlichen Verbindlichkeit infolge eines Schadensereignisses als Vermögensschaden angesehen.

Jedoch ist in den unerwünschten Kind-Fällen die Ersatzfähigkeit der Unterhaltsaufwendungen in verschiedenen Rechtsordnungen wie in Deutschland, Schweiz, Frankreich, Österreich, USA und England ziemlich kontrovers diskutiert. Ein Grund dafür ist die Problematik der Schnittstelle von Familien- und Schadensersatzrecht. Ein anderer Grund ist, dass nicht nur juristische Argumente, sondern auch unterschiedliche ethische und moralische Wertungen auf die Meinungen über Ersatzfähigkeit der Unterhaltsaufwendungen Einfluss haben.

Gegen die Ersatzfähigkeit der Unterhaltsaufwendungen wurde z.B. in Deutschland und in der Schweiz die Meinung vertreten, dass die Existenz des Kindes und die Unterhaltsbelastung eine Ganzheit bilden. Die Existenz des Kindes als Wert und die Unterhaltsbelastung als Schaden dürfen nicht voneinander getrennt behandelt werden und die Lasten des Eltern-Kind-Verhältnisses können nicht auf einen Dritten abgewälzt werden. Da nach dieser Meinung die Unterhaltsbelastung der Eltern von der Existenz des Kindes untrennbar ist, bedeute die Anerkennung eines Teiles der Ganzheit als Schaden, nämlich der Unterhaltsaufwendungen, dass auch das Kind als Schaden betrachtet wird. Deshalb ist nach dieser Ansicht die Ersatzfähigkeit der Unterhaltskosten ausgeschlossen, da die Bejahung des Kindes als Schaden die Grundrechte des Kindes, nämlich die Unantastbarkeit des Lebensrechts und die Menschenwürde verletzt.

Die herrschende und auch meines Erachtens zutreffende Meinung in Deutschland und in der Schweiz bejaht die Ersatzfähigkeit der Unterhaltsaufwendungen der Eltern für das unerwünschte Kind als Vermögensschaden. Nach dieser Ansicht ist eine von der Geburt des Kindes abgetrennte isolierte Bewertung der Unterhaltspflicht als Vermögensschaden zulässig und der Ersatz der Unterhaltslast der Eltern, die durch die Geburt des Kindes ausgelöst wird, ist im Rahmen der Differenztheorie des Haftungsrechtes möglich. Diese Meinung vergleicht bei der Prüfung, ob infolge des unterbliebenen Schwangerschaftsabbruchs ein Schaden entsteht oder nicht (wie in allen anderen Schadensfällen), das tatsächliche Vermögen der Geschädigten mit dem hypothetischen Vermögen ohne das schädigende Ereignis. Ausschlaggebend ist einzig die Vermögensdifferenz der Eltern vor und nach Entstehung ihrer Unterhaltspflicht.

Wie vorher bemerkt, wurde in der bisherigen türkischen Rechtsprechung, betreffend der Fälle einer unerwünschten Geburt eines behinderten Kindes, über den Schadensbegriff nicht diskutiert und es ist von einer Unterhaltsbelastung der Eltern als ersatzpflichtiger Schaden keine Rede. Aus den zugesprochenen Schadenspositionen für die Eltern und für das Kind, wie die Behandlungs- und privaten Pflegekosten, ist zum Teil aber festzustellen, dass als materieller Schadenersatz die behinderungsbedingten Aufwendungen des Kindes zugesprochen werden (sogenannter finanzieller Mehrbedarf im Verhältnis zum gesunden Kind). In einer Entscheidung des Kassationsgerichts aus dem Jahre 2011 sind auch die Verdienstausfälle zu ersetzen, die infolge der Beschäftigung der Mutter mit der Pflege und Betreuung des behinderten Kindes entstanden sind.

Das türkische Kassationsgericht erkennt auch ohne nähere Auseinandersetzung die immateriellen Schadensersatzansprüche (Genugtuungsansprüche) der Eltern an. Dies macht es wahrscheinlich *(im Rahmen des Art. 49 des alten türkischen Obligationengesetzes/Art. 58 neues türk. OG)* aufgrund der seelischen Belastung, die durch die Geburt des behinderten Kindes entsteht.

Eine andere Voraussetzung gilt für die Haftung in den Fällen einer unerwünschten Geburt des behinderten Kindes, die Vertragsverletzung bzw. Rechtswidrigkeit bei Schwangerschaftsbetreuung in öffentlichen Krankenhäusern. Der Arzt bzw. der Krankenhausträger schuldet aufgrund des bestehenden Vertrags mit der Patientin die gebotene Sorgfalt nach dem aktuellen Stand der medizinischen Wissenschaft. Er haftet für Schäden, die sich aus einem Unterschreiten dieses medizinischen Standards bei der Behandlung ergeben. Maßgeblicher Zeitpunkt für den Stand der medizinischen Wissenschaft ist die Vornahme der ärztlichen Maßnahme.

Bei der Schwangerschafts- und Geburtsmedizin ist die Pränataldiagnostik darauf gerichtet, möglichst frühzeitig Fehlbildungen und genetische Krankheiten beim Fetus festzustellen. Der Arzt hat bei der Schwangerschaftsbetreuung für die Ermittlung von Fehlbildungen und genetischen Krankheiten die erforderlichen Untersuchungen beim Kind zu veranlassen und die Befunde, die infolge der Untersuchungen erhoben wurden, fachgerecht auszulegen. Eine Nicht-Durchführung der pränatalen Diagnostik, die nach dem jeweiligen medizinischen Standard angezeigt ist, oder die trotz Inanspruchnahme der gebotenen pränatalen Untersuchung falsche Interpretation oder Auswertung der Befunde, bilden einen Diagnosefehler.

Wenn der Arzt während der Schwangerschaftsbetreuung eine riskante Schwangerschaft feststellt, hat er die Schwangere über die angezeigten speziellen Pränataldiagnostikmöglichkeiten, ihre Risiken und – im Falle der Durchführung dieser speziellen pränatalen Diagnostikmethode – über die erhobenen Befunde und eventuelle rechtmäßige Abbruchmöglichkeiten aufzuklären. Nach der Aufklärung über das Risiko der Geburt eines behinderten Kindes und über die Risiken der angezeigten speziellen Pränataldiagnostik gehört die Entscheidung darüber, ob die betreffende Pränataldiagnostik vorgenommen wird oder nicht der Schwangeren. Bei positivem Ergebnis im Falle der Durchführung der Pränataldiagnostik und beim Bestehen einer Indikation zu einem rechtmäßigen Schwangerschaftsabbruch obliegt das Entscheidungsrecht und die Entscheidungsfreiheit darüber, ob die Schwangerschaft abgebrochen wird oder nicht, der Schwangeren.

Irgendein Verschulden des Arztes bei der Schwangerschaftsbetreuung ist für die Haftung nicht ausreichend. Wenn Trotz des Fehlverhaltens des Arztes kein Schaden entstanden ist, z.B. ein riskanter Zustand der Schwangerschaft pflichtwidrig nicht erkannt wurde, aber trotzdem ein gesundes Kind zur Welt gekommen ist, entsteht keine Schadensersatzpflicht des Arztes bzw. des Krankenhausträgers.

Bei Schwangerschaftsbetreuungen in öffentlichen Krankenhäusern ist im türkischen Recht statt der Vertragsverletzung die Rechtswidrigkeit Voraussetzung für eine Staatshaftung. Da bei unserer Verwaltungsgerichtsbarkeit, im Falle des pflichtwidrigen Verhaltens des Arztes das Bestehen der Rechtswidrigkeit ohne Weiteres angenommen wird, scheint diese Voraussetzung unproblematisch hinsichtlich der Bejahung der Staatshaftung bei den Fällen der ungeplanten Geburt des behinderten Kindes.

C. Haftungsvoraussetzungen des adäquaten Kausalzusammenhangs

In den Fällen der unerwünschten Geburt des behinderten Kindes nimmt man ein Bestehen des adäquaten Kausalzusammenhangs zwischen der Pflichtverletzung des Arztes (während der Schwangerschaftsbetreuung bzw. Pränataldiagnostik) und den Unterhaltsaufwendungen der Eltern für das behinderte Kind an, wenn die Eltern die Schwangerschaft in dem Falle abgebrochen hätten, wenn sie über die Fehlbildungen oder genetischen Krankheiten des Kindes pflichtgemäß informiert worden wären. Die Beweislast dafür, dass die Schwangere die Schwangerschaft nicht abgebrochen hätte, auch wenn die Eltern richtig informiert worden wären, obliegt dem Arzt bzw. dem Krankenhausträger.

Andererseits setzt die Rechtsprechung des türkischen Kassationsgerichthofs, wie in Deutschland, für die Anerkennung der Schadenersatzansprüche der Eltern wegen der unerwünschten Geburt des behinderten Kindes voraus, dass der Schwangerschaftsabbruch legal möglich, nämlich rechtmäßig gewesen wäre. Die gesetzlichen Voraussetzungen des Schwangerschaftsabbruchs sind im türkischen Recht in Art. 5 des Gesetzes über Bevölkerungsplanung geregelt. Nach dem ersten Absatz des Art. 5 ist der Schwangerschaftsabbruch bis zur Vollendung der zehnten Woche nach der Empfängnis auf Verlangen der Schwangeren vorzunehmen, soweit sie aus medizinischer Sicht für die Gesundheit der Mutter nicht nachteilig scheint. Nach dem zweiten Absatz dagegen ist ein Schwangerschaftsabbruch nach der zehnten Woche nur zulässig, soweit die Schwangerschaft das Leben der Mutter gefährdet (sogenannte medizinische Indikation) oder beim Kind oder bei zukünftigen Generationen schwere Gebrechen verursachen würde (sogenannte embryophatische Indikation). Für den Schwangerschaftsabbruch gemäß dem 2. Absatz, also wegen der embryophatischen Indikation, besteht zeitlich keine Obergrenze. Deshalb ist ein Schwangerschaftsabbruch bis zur Geburt des Kindes zulässig.

Nach Art. 99 des türkischen Strafgesetzbuchs ist die Abtreibung ohne medizinische Notwendigkeit *nach* der zehnten Woche, sowohl für den Arzt als auch für die Schwangere strafbar; auch wenn sie auf die Einwilligung der Schwangeren beruht. Unter medizinischer Notwendigkeit sind die im Bevölkerungsplanungsgesetz und in der diesbezüglichen Durchführungsverordnung genannten Indikationslagen zu verstehen. Krankheiten und Entwicklungsstörungen, die den Schwangerschaftsabbruch für zulässig erklären, sind im Anhang unter Nr. 2 der Durchführungsverordnung aufgezählt.

Da das Verschulden als Haftungsvoraussetzung im Kontext des Vortragsthemas keine Besonderheit aufweist, möchte ich lieber auf Weiteres eingehen.

Die berechtigte Person, die Schadenersatz wegen der unerwünschten Geburt des behinderten Kindes verlangen kann, ist vor allem die Mutter. Darüber hinaus ist über die Konstruktion des Vertrages mit Schutzwirkung zugunsten Dritter der, dem Kind unterhaltspflichtige, Vater mit in den Schwangerschaftsbetreuungsvertrag einbezogen und kann einen eigenen Schadensersatzanspruch gegen den Arzt geltend machen.

Der türkische Kassationsgerichtshof bejaht auch in seiner Rechtsprechung von den Eltern im Namen des Kindes geltend gemachte materielle und immaterielle Schadensersatzansprüche. Die dem Kind zugesprochenen Schadenspositionen, die den materiellen Schadensersatzanspruch betreffen, sind laut einer Entscheidung des Kassationsgerichts aus dem Jahre 2004 die Behandlungskosten und der Schaden, den das Kind durch lebenslängliche Arbeitsunfähigkeit erleidet. Aus einer anderen Entscheidung aus dem Jahre 2011 dagegen die Aufwendungen für einen privaten Pfleger, die eigentlich wie Behandlungskosten im Rahmen der Unterhaltspflicht die Eltern zu bestreiten haben. Nach der letzten Entscheidung ist der Schadensersatzanspruch des Kindes wegen seiner lebenslänglichen Arbeitsunfähigkeit, mit der Begründung zu verneinen, dass zwischen der Arbeitsunfähigkeit des Kindes wegen seiner Behinderung und der Pflichtverletzung des Arztes kein Kausalzusammenhang besteht.

Nach meiner Meinung – wie die herrschende Meinung in Deutschland und des Bundesgerichtshofs, sollte das behinderte Kind selbst vertragsrechtlich keinen Schadensersatzanspruch haben. Einerseits hat im Falle der unerwünschten Geburt des behinderten Kindes nicht der Arzt die Fehlentwicklung oder -bildung des Kindes verursacht. Andererseits, obwohl die Gesundheit des Fötus im Schutzbereich des Schwangerschaftsbetreuungsvertrages impliziert ist, gehört das Interesse des Fötus am Nichtgeborenwerden und Nichtleben nicht dem Schutzbereich des Vertrages an.

Das Bevölkerungsplanungsgesetz erkennt das Abtreibungsrecht bei Vorhandensein der dort zitierten bestimmten Voraussetzungen und Umstände der Schwangeren an, dagegen jedoch nicht ein Recht auf Nichtgeborenwerden des Kindes. Deswegen sollte das behinderte Kind wegen des verpassten Schwangerschaftsabbruchs den Arzt bzw. den Krankenhausträger nicht haftbar machen und keinen Schadensersatzanspruch gegen ihn geltend machen können.

Da es in unserem Rechtsystem kein Recht auf Nichtgeborenwerden gibt, sollte das behinderte Kind gegen den Arzt auch keine deliktsrechtlichen Ansprüche vorbringen können. Die Anerkennung eines solchen Rechts würde bedeuten, dass das Leben des behinderten Kindes gegenüber des gesunden unwert ist. Ein solches Unwerturteil verstößt gegen den Unantastbarkeitsgrundsatz des Lebensrechts und der Menschenwürde (Art. 17 Türkische Verfassung) sowie dem Gleichbehandlungssatz der Türkischen Verfassung (Art. 10).

Arzu Oğuz

Die rechtlichen Voraussetzungen einer Adoption nach dem türkischen Recht

A. Die Adoption als Institution

Es ist jederzeit möglich das Verwandschaftsverhältnis zwischen Eltern und Kind und das Sorgerecht als familienrechtliche Angelegenheit mit der Adoption zu verbinden. So ist auch nach § 207 des neuen Türkischen Privatrechts möglich, im Wege einer Adoption eine Vaterschaft zu begründen, sodass diesbezüglich neue gesetzliche Regelungen getroffen wurden. Um den Nutzen des adoptierten Kindes zu gewährleisten, haben als Inspirationsquelle dabei die Regelungen des schweizerischen Privatrechts (Art. 264 bis 269c ZGB) gedient. So wird mithilfe der Adoption erreicht, dass im Rahmen der rechtlichen Möglichkeiten eine rechtliche Bindung zwischen Eltern und Kind entsteht genauso wie im Falle einer üblichen Eltern-Kind-Beziehung. Der Terminus der Verwandtschaft wird auch für rechtlich entstandene Verwandtschaftsverhältnisse als Gegensatz zum biologisch entstandenen Familienverhältnis verwendet.[1]

Unabhängig davon, ob der Gesetzgeber materielle und formelle Bedingungen voraussetzt, oder mit den entstandenen Vorschriften und Ergebnissen der Prozess der Adoption zu Ende geführt wird, wird es keinen privatrechtlichen Vertrag diesbezüglich mehr geben. In diesem Zusammenhang ist es wichtig, dass eine besondere familienrechtliche Institution existiert und dass vor allem die justizielle Seite in diesem Bereich besonders ausgeprägt ist. Daher ist es notwendig, dieses Institut von anderen zu unterscheiden.[2] Auf der anderen Seite gibt es Institute wie die Pflegschaft oder andere Erziehungseinrichtungen, die das Kindesrecht beeinträchtigen

---

1 Das Zivilgesetzbuch mit der Nummer 4721 und das Gesetz über die Gültigkeit und die Anwendbarkeit des Zivilgesetzbuchs mit der Nummer 4722 wurde im Gesetzesblatt Nummer 24607 am 8.12.2011 veröffentlicht und ist seit dem 1.1.2002 in Kraft. Nach Art. 14 des Gesetzes über die Anwendbarkeit bewahren Adoptionsverhältnisse, die vor dem Inkrafttreten des Bürgerlichen Gesetzbuchs begründet wurden, ihre Wirksamkeit mit all ihren Vorschriften. Deswegen werden auf nach altem Recht begründete Adoptionsverhältnisse die Vorschriften des Bürgerlichen Gesetzbuchs mit der Nummer 743 angewandt.

2 *Akintürk*, Das an das neue Zivilrecht angepasste Familienrecht (*Yeni Medenî Kanuna Uyarlanmış Aile Hukuku)*, 2. Band, 6. Aufl., 2002, Istanbul, S. 362; *Demir*, Die gesetzlichen Voraussetzungen der Adoption im Vergleich zu den Gesetzen anderer Länder (*Bazı Ülke Yasaları İle Karşılaştırmalı Olarak Evlat Edinmenin Yasal Koşulları*), Zeitschrift der Juristischen Fakultät der Universität Ankara (ZJFUA) 2003, Band 52, 3. Ausgabe, S. 254.

und als soziale Einrichtungen in Erscheinung treten. Indes ist es so, dass die aufgezeigten Aktivitäten und auch die tatsächliche Praxis vielmehr als gesellschaftliche Faktoren in Erscheinung treten, als dass sie speziell dem Familien- und Kindesrecht angehören.[3]

So sehr es bei der Adoption auch illegitime oder den Moralvorstellungen zuwider kommende Einwände gibt, wie z. B. dass Erben den Erbanteil des adoptierten Kindes beanspruchen oder die Möglichkeit besteht die Adoption von betrügerischen Transaktionen abhängig zu machen, so sehr gibt es auch Vorteile wie z. B. den Schutz von Waisenkindern oder die Möglichkeit für Eltern, deren finanzielle, soziale und kulturelle Situation nicht ausreichend ist, doch noch den Wunsch nach einem Kind zu erfüllen und dieses vor einer schlechten Erziehung zu bewahren.[4]

So hat der Gesetzgeber, um die Möglichkeit der oben aufgeführten Nachteile zu verhindern oder wenigstens auf ein Minimum zu reduzieren, die von ihm bei einer Adoption vorausgesetzten allgemeinen und besonderen Bedingungen – vor allem solche wie die Vorteile des Kindes, das Einverständnis, die Rechtfertigung und die gerichtliche Genehmigung – detailliert neu geregelt.[5]

B. Die erforderlichen rechtlichen Voraussetzungen der Adoption

Die neuen rechtlichen Regelungen des Türkischen Privatrechts beinhalten parallel zum ZGB verschiedene Regelungen bezüglich der Parteien einer Adoption und den Adoptierten.

I. Die Adoption von Kleinkindern

1. Allgemeine Voraussetzungen

Bei der Adoption von Kleinkindern sind insbesondere die Grundvoraussetzungen und die Funktionen des Kindesrechts,[6] der europarechtliche Vertrag basierend auf

3 *Demir*, ZJFUA 2003, Band 52, Ausgabe 3, S. 255.

4 *Altaş*, Das Ziel bei einer Adoption (*Evlatlık Sözleşmesinde Amaç)*, Verein der Türkischen Bibliothekare, Mai 2000, Jahr l, Ausgabe 1, S. 103 – 106; *Şıpka*, Die Begutachtung der Vorschriften über die Adoption im Bürgerlichen Gesetzbuch Nr. 4721 (*4721 Sayılı Türk Medenî Kanunu'nun „Evlât Edinme"ye İlişkin Hükümlerinin İncelenmesi,* Zeitschrift der Juristischen Fakultät der Universität Istanbul (ZJFUI), Band LVI1, Ausgabe 1–2, 1999, S. 303 – 30; *Velidedeoğlu*, Türkisches Bürgerliches Recht – Familienrecht (*Türk Medenî Hukuku – Aile Hukuku)*, Istanbul 1965, S. 345; *Serozan*, Kindesrecht (*Çocuk Hukuku)*, Istanbul 2000, S. 143.

5 *Demir*, ZJFUA 2003, Band 52, Ausgabe 3, S. 255.

6 *Serozan*, Kindesrecht (*Çocuk Hukuku)*, Istanbul 2000, S. 1 ff. und insbesondere S. 9–20; *Akyüz*, Der Schutz der Kinderrechte und der Sicherheit der Kinder im nationalen und internationalen Recht (*Ulusal ve Uluslararası Hukukta Çocuğun Haklarının ve*

der Sitzung des Europarats zum Kindesrecht[7] und der europarechtliche Vertrag zur Adoption von Kleinkindern[8] zu Grunde zu legen. Es ist rechtlich zwingend vorgesehen, dass die neuen gesetzlichen Regelungen unter der Zugrundelegung dieser Grundvoraussetzungen erfolgen. Um späteren Unannehmlichkeiten und schwierigen Situationen vorzubeugen, hat der Gesetzgeber für das Adoptionsverfahren von Kleinkindern als Einzelperson oder für eine Paar-Adoption die unten aufgeführten Voraussetzungen vorgesehen:

a) *Einjährige Beaufsichtigungs- und Erziehungszeit (Voraussetzung der Beaufsichtigung und Erziehung)*

Bei der rechtlichen Voraussetzung, dass das zu adoptierende Kind noch minderjährig sein muss, hat der Gesetzgeber noch gewissenhafter gehandelt. Im Gesetz (Art. 305 TZGB) wird vorgeschrieben, dass diejenige Partei, die das Kind adoptiert, vor der verwirklichten Adoption eine Beaufsichtigungs- und Erziehungsdauer von einem Jahr überstehen muss. Kurz gesagt ist diese Voraussetzung (auch Beaufsichtigungs- oder Erziehungsvoraussetzung genannt) zusammen mit dem im türkischen Recht verankerten „System der Pflegschaft" ein System, das zu einer erfolgreichen Adoption beiträgt.[9]

Ziel dieser Gesetzgebung ist es bei der Adoption nicht volljähriger Kinder Bedenken bei denjenigen zu haben, die bei dem Schutz, der Ernährung und der Erziehung der Kinder sich keinerlei Mühe gemacht haben oder sonst wie hierbei förderlich waren. Dem liegt der Gedanke zu Grunde, dass jemand, der weder bei der Beaufsichtigung, noch bei der Erziehung des Kindes irgendwelche Anstrengungen erbracht und der zudem das zu adoptierende Kind kaum kennt, bei Gericht einen Antrag stellen soll, um ein direktes und unkompliziertes Adoptionsverfahren absolvieren zu können.[10]

Güvenliğinin Korunması), Bildungsserie zu den Menschenrechten, Ankara 2000, S. 1 ff.

7 Die Türkei hat den Vertrag zu den Kinderrechten 1996, Nr. 160 am 09.6.1999 unterzeichnet und mit dem Gesetz Nr. 4620 vom 18.1.2001 zugestimmt. Siehe zu den Vertragsbestimmungen ausführlich: *Akyüz,* S. 19; *Oğuz,* Mitteilungen des ersten Istanbuler Kinder-Kongresses (*I.İstanbul Çocuk Kurultayı Bildirileri),* Kinder Verein Istanbul, Istanbul 2000; *Akıllıoğlu,* Vertrag über die Kinderrechte (*Çocuk Haklarına Dair Sözleşme),* Ankara 1995.

8 Der Vertrag über die Adoption von Kindern (Straßburg – 24.4.1967) wurde noch nicht von der Türkei unterzeichnet und zugestimmt. Eine Liste zu den internationalen Verträgen zu den Kinderrechten und welche die Türkei unterzeichnet und zugestimmt hat, siehe *Serozan,* S. 42–44.

9 Für mehr Informationen zu diesem Thema siehe *Sayıta,* Die Unterbringung eines Kindes bei der Pflegefamilie im türkischen Recht (*Türk Hukukunda Çocuğun Koruyucu Aile Yanına Yerleştirilmesi),* Doktorarbeit, Istanbul 1996; *Şıpka,* S. 307; *Demir,* ZJFUA 2003, Band 52, Ausgabe 3, S. 257.

10 *Demir,* ZJFUA 2003, Band 52, Ausgabe 3, S. 257.

Da das Adoptionsverfahren von nun an die Eigenschaft eines gerichtliches Verfahrens aufweist, wird rechtlich vorausgesetzt, dass der Nutzen für das zu adoptierende Kind und – falls vorhanden – für die leiblichen Kinder des Adoptierenden in einem gerichtlichen Verfahren festzustellen sind. Dementsprechend hat der zuständige und beauftragte Richter entsprechend dem in Art. 4 des Türkischen Zivilgesetzbuches (TZGB) ausgedrückten Willens eine dem Recht und der Gerechtigkeit entsprechende Ermessensentscheidung zu treffen.[11] Auch wenn die Entscheidung des Richters die Qualität eines Urteils aufweist, muss bei der gerichtlichen Bewilligung die anzuwendende Ermessensnorm einen Schutzzweck aufweisen und auch gleichzeitig im Rahmen des Anwendungsbereichs dieser Norm bleiben. So hat der Richter seine Ermessensbefugnis, wie bei jeder Ermessensentscheidung, in den Grenzen der Ermessensnorm und des Rechts auszuüben. Andernfalls wird ein Urteil, welches dem Recht und der Gerechtigkeit widerspricht, durch die zuständige Stelle auf Grund des Missbrauchs der Ermessensbefugnis oder eines Ermessensfehlgebrauchs für unwirksam erklärt.[12]

b) Die Voraussetzungen der Vorteilsfindung für das Kind

Das Prinzip, die Vorteile des Kindes zu schützen, ist eines der Grundregeln des Familienrechts. Im Rahmen dieser verfassungsrechtlichen Prinzipien und im Hinblick auf den Schutz aller zu adoptierenden Kinder, egal ob ehelich oder unehelich, muss der Begriff „der Schutz der Kinder“ zum Hauptzweck gemacht werden. In der Lehre wird zu Recht anerkannt, dass der Begriff im Hinblick auf den Schutz und die Vorteile des Kindes weit auszulegen ist.[13]

Bei der Adoption sind dem Kind in erster Linie Vorteile zu gewähren. Diese gesetzliche Voraussetzung, welche die Vorteile für das Kind berücksichtigt, ist eine sehr charakteristische, materielle und absolute Voraussetzung für die Adoption. Aus diesem Grund werden alle Zustände und Vorteile des Kindes in umfassender Weise recherchiert, bevor im Rahmen der konkreten Voraussetzungen ein gerichtliches Adoptionsverfahren in die Wege geleitet wird. Während dieser Recherchen werden die Parteien und auch andere zustimmungsbedürftige Personen einer Anhörung unterzogen und es werden gegebenenfalls von Experten im Bereich Kinder und Familien wissenschaftliche Gutachten eingeholt. So muss auch hier, wie beim Hauptkriterium des Vorteils des Kindes, das Kind über seine nationale Herkunft

---

11 Die Genehmigungsentscheidung des Richters wird von manchen als verwaltungsrechtliche Entscheidung angesehen. Für diese Ansicht siehe *Turhan,* Adoption (*Evlât Edinme*), Zeitschrift des Kassationsgerichtshofes, Band 26, Januar-April 2000, Ausgabe 1–2, S. 55.

12 *Demir,* ZJFUA 2003, Band 52, Ausgabe 3, S. 258.

13 *Öztan,* Familienrecht (*Aile Hukuku*), 3. Aufl., Ankara 2000, S. 6; *Akyüz,* S. 128 ff.; Şıpka, ZJFUI, Band LVI1, Ausgabe 1 – 2, 1999, S. 308.

unterrichtet werden; diesbezüglich ist auch die Ansicht und die Meinung des zu adoptierenden Kindes einzuholen und zu bewerten.[14]

Nur wenn nach diesen ergänzenden Eigenschaften die Befragung nicht negativ ausfällt, so soll in diesem Falle bei dem Adoptionsverfahren eine gerichtliche Entscheidung ergehen, wenn auch die restlichen gesetzlichen Voraussetzungen vorliegen.

Bei der gerichtlichen Analyse sind zum einen die Persönlichkeiten sowie die gesundheitliche und finanzielle Lage, zum anderen das Bildungsniveau des Kindes, die Hintergründe der Adoption und das Familien- und Beaufsichtigungsverhältnis zeitgleich festzulegen. In diesem Zusammenhang sind auch die Ansichten und das Verhalten der Verwandten des zu adoptierenden Kindes zu bewerten. Bei den Recherchen, die durch den Richter durchgeführt werden, müssen von öffentlichen Stellen, die sich mit dem Kindesrecht beschäftigen (Sozialamt, Jugendamt), in angemessener Weise die erforderlichen rechtlichen und sozial-psychologischen Informationen in schriftlicher Form eingeholt und bewertet werden.[15]

c) *Die Voraussetzung, dass der Adoptierende die Rechte seiner leiblichen Kinder entgegen der Gerechtigkeit nicht verletzen darf*

Viel wichtiger als die wirtschaftlichen und materiellen Vorteile ist die Tatsache, dass das adoptierte Kind sich mit den leiblichen Kindern – und falls vorhanden mit anderen adoptierten Kindern – in einem seelisch und körperlich gesunden Zustand und in sozial-kultureller und rechtlicher Hinsicht im Einklang befindet.[16]

Es ist in den Regelungen des türkischen bürgerlichen Rechts irrelevant, ob die Adoptierenden bei der Adoption von Kleinkindern Nachkömmlinge existieren oder nicht. Nunmehr ist es gestattet, dass Personen, die Nachkömmlinge haben, auch Kleinkinder adoptieren dürfen.

Bei der Adoption von Kleinkindern ist als generelle Voraussetzung darauf zu achten, dass die Vorteile anderer adoptierter (leiblicher) Kinder nicht beeinträchtigt werden. Es muss zwischen den Adoptierenden, den zu adoptierenden Kindern und den anderen leiblichen Kindern der Richtigkeit halber ein Vorteilsausgleich geschaffen werden. Aus diesem Grund wird dem Richter – wie dem gesetzgeberischen Willen zu entnehmen ist – ein Entscheidungsspielraum hinsichtlich der Richtigkeit der Entscheidung eingeräumt.[17]

---

14 *Demir*, JFUA 2003, Band 52, Ausgabe 3, S. 259.

15 *Demir*, JFUA 2003, Band 52, Ausgabe 3, S. 259.

16 *Şıpka*, S. 308 – 309; *Demir*, ZJFUA 2003, Band 52, Ausgabe 3, S. 259. Die Voraussetzung der Beobachtung der Vorteile des Kindes begegnen uns auch im deutschen Bürgerlichen Recht (§ 1745 BGB), im schweizerischen Bürgerlichen Recht (Art. 264 ZGB) und im österreichischen Bürgerlichen Recht (§ 180a ABGB) als wichtiges Gestaltungsthema.

17 *Demir*, ZJFUA 2003, Band 52, Ausgabe 3, S. 260.

So ist ebenfalls zu berücksichtigen, dass die Möglichkeit besteht, dass der Adoptierende auch seinen leiblichen Abkömmlingen Schaden zufügen kann.[18]

2. *Besondere Voraussetzungen*

a) Die Situation der gemeinsamen Adoption

aa) Regel: Nur Ehepaare können gemeinsam ein Kind adoptieren

So wie es in der Schweiz der Fall ist (Art. 264a ZGB), so wird auch im türkischen bürgerlichen Recht vorausgesetzt, dass nur Ehepaare ein Kind adoptieren sollen. Nunmehr existiert die Regelung wie im alten Recht nicht mehr, dass beim Wunsch einer Einzeladoption die Genehmigung des anderen Ehepartners benötigt wird. Vielmehr verbietet das neue Gesetz eine Einzeladoption für Ehepaare. Soweit die Ehepaare eine von den beiden unten aufgeführten alternativen Voraussetzungen erfüllen, wird ihnen ein gemeinsames Adoptionsrecht gewährt (Art. 306 I TZGB).

aaa) Mindestvoraussetzung einer fünfjährigen Ehedauer

Falls die Ehepartner schon seit mehr als fünf Jahren verheiratet sind, können sie eine Adoption durchführen, ohne die Voraussetzung des Mindestalters von 30 Jahren zu erfüllen. Falls die Eheleute mit 17 Jahren geheiratet haben, können sie, sobald fünf Jahre ab diesem Zeitpunkt vergangen sind, also sobald sie das 21. Lebensjahr

---

18 So hat dieser Punkt im österreichischen bürgerlichen Recht eine gesonderte Regelung (§ 180a ABGB). Nach dieser Regelung muss die ergangene gerichtliche Entscheidung dem Wohle des nicht geschäftsfähigen Kindes dienen. Bei der vorliegenden Vorschrift wird folglich bezweckt, dass zwischen dem adoptierten Kind und den Adoptierenden ein Eltern- Kind-Verhältnis mit der Eigenschaft eines leiblichen Eltern-Kind- Verhältnisses besteht oder ein solches aufgebaut wird. Wenn man in diesem Zusammenhang einen Blick auf das deutsche Bürgerliche Recht wirft (§ 1745 BGB; Verbot der Annahme), stellt man fest, das folgender Beschluss mit dem Thema „Verbot der Adoption“ seine Niederschrift findet: „Wenn Zweifel darüber bestehen, dass das zu adoptierende Kind neben den leiblichen Kindern die ihm gewährten Vorteile nicht im vollem Umfang ausleben kann oder diese ihm vorenthalten werden, darf über eine etwaige Adoption keine Entscheidung ergehen. Der finanzielle Nutzen muss in konkreter Weise festgestellt werden. Durch eine gerichtliche Entscheidung ist in finanziellen Angelegenheiten ein Ausgleich zwischen den Adoptierenden, ihren (falls vorhanden) leiblichen Kindern und dem adoptierten Kind zu schaffen. In diesem Rahmen muss eine Vorteilsausgleichung erfolgen, die nicht nur die finanziellen, sondern auch die materiellen und immateriellen Gegebenheiten mitberücksichtigt. So ist gegebenenfalls von einem Adoptionsverfahren abzusehen. So wie festgestellt wurde, wurde im neuen türkischen bürgerlichen Recht nur ein Ermessensfehlgebrauch bezüglich der Vorteile der leiblichen Kinder geregelt, so dass diesbezüglich eine unzureichende Regelung getroffen wurde (siehe *Demir*, ZJFUA 2003, Band 52, Ausgabe 3, S. 261).

vollendet haben, ohne die Voraussetzung des Mindestalters von 30 Jahren erfüllt zu haben, die Möglichkeit einer Adoption wahrnehmen (Art. 306 II TZGB).

bbb) Oder die Eheleute erfüllen die Voraussetzung des Mindestalters von 30 Jahren

Falls die Voraussetzung einer Mindestdauer der Ehe von fünf Jahren nicht erfüllt ist, kann eine alternative besondere Voraussetzung in Betracht kommen. Ohne dabei die Mindestdauer der Ehe von fünf Jahren zu berücksichtigen, müssen in diesem Fall beide Eheleute das 30. Lebensjahr erreicht haben (Art. 306 II TZGB).

bb) Die Adoption des leiblichen Kindes eines Ehepaares

Falls einer der unten aufgeführten Voraussetzungen vorliegt, räumt der Gesetzgeber den Ehepaaren die Möglichkeit ein, das leibliche Kind des anderen Ehepartners zu adoptieren, welches aus einer früheren Ehe stammt. Eine dieser Voraussetzungen ist, dass der andere Ehepartner, der das Kind adoptieren möchte, ein Mindestalter von 30 Jahren aufweisen muss. Falls einer dieser Voraussetzungen vorliegen sollte, kann das als Stiefkind bezeichnete Kind soweit wie möglich die Rolle eines leiblichen Kinds einnehmen (Art. 306 III TZGB).

cc) Das Nichtbestehen einer Möglichkeit der gemeinsamen Adoption

Manche vorliegenden Gründe können dafür sorgen, dass die Möglichkeit einer Adoption ausbleibt. Diese Gründe werden im Gesetz wie folgt aufgezählt: Obwohl das 30. Lebensjahr vollendet wurde, darf dieser Person nicht die Einsichtsfähigkeit fehlen; dass der Aufenthaltsort seit mehr als zwei Jahren nicht ermittelt werden kann; dass einer der beiden Ehepartner auf Grund einer gerichtlichen Entscheidung seit zwei Jahren getrennt vom anderen Ehepartner lebt. Derjenige Ehepartner, der einen der aufgezählten Gründe vor Gericht beweisen kann, kann die Pflicht, das Kind gemeinsam zu adoptieren aus dem Weg schaffen; so verschafft er sich die Möglichkeit, das Kind alleine zu adoptieren (Art. 307 II TZGB).

b) Im Falle der alleinigen Adoption

Bei der Regelung der alleinigen Adoption wurde Art. 264 b des schweizerischen Bürgerlichen Gesetzbuches zu Grunde gelegt. Oben wurde aufgeführt, wie Eheleute ausnahmsweise eine Adoption alleine durchführen können. Nun ist gegenständliches Thema, wie vor allem ledige Personen ohne eine eheliche Bindung eine Adoption verwirklichen können.

Die gesetzlichen Voraussetzungen, die das Ehepaar zu erfüllen hat bei einer Einzel- oder gemeinsamen Adoption sehen wie folgt aus:

aa) Die Vollendung des 30. Lebensjahres

Sowie oben bereits aufgeführt wurde, müssen nicht verheiratete Personen mindestens 30 Jahre alt sein, um eine Adoption verwirklichen zu können. Dieses Mindestalter von 30 Jahren war früher auf 40 Jahre angesetzt, wurde dann später auf 35 Jahre herabgesetzt. Allerdings hat der Gesetzgeber des neuen türkischen Bürgerlichen Rechts wohl das Alter von 35 Jahren als zu hoch angesehen, sodass er das Bedürfnis hatte, dieses Alter herabzusetzen.[19]

bb) Das Nichtbestehen der Möglichkeit einer gemeinsamen Adoption

Als Regelfall gilt, dass Ehegatten nicht alleine ein Kind adoptieren können. Mit anderen Worten ist die Adoption von Kindern durch Ehepaare die Regel. So könnte es aber sein, dass nicht immer die Möglichkeit besteht, dass Ehegatten gemeinsam ein Kind adoptieren. Dementsprechend hat der Gesetzgeber in § 307 (zweiter Absatz) folgende Regelung getroffen: „Einer der beiden über 30-jährigen Ehegatten kann dann ein alleiniges Adoptionsrecht geltend machen, wenn der andere Ehepartner dauernd abwesend ist, sein Aufenthaltsort seit mehr als zwei Jahren nicht festgestellt werden kann, wenn durch Gerichtsentschluss eine zweijährige Trennung angeordnet ist und der jeweilige Ehepartner beweisen kann, dass eine gemeinsame Adoption möglich ist."

cc) Die Voraussetzung des Altersunterschiedes zwischen adoptiertem Kind und Adoptierendem

Die Voraussetzung des Altersunterschiedes von 18 Jahren wurde in Anlehnung an die alte Gesetzgebung beibehalten (Art. 308 I TZGB).[20]

---

19 Betreffend dieses Themas wird im österreichischen Bürgerlichen Gesetzbuch geregelt, dass auch das Geschlecht der adoptierenden Person von besonderer Bedeutung ist: Der Adoptivvater muss das 30. Lebensjahr, die Adoptivmutter das 28. Lebensjahr vollendet haben. Falls die Ehegatten ein Kind adoptieren oder jeweils das leibliche Kind des anderen Ehegatten adoptieren wollen, ohne das Mindestalter erreicht zu haben, wird dies gestattet, da schon ein ähnliches Verhältnis wie bei leiblichen Eltern besteht (§ 180 ABGB).

20 In diesem Zusammenhang stellt sich auch die Frage, weshalb der Altersunterschied auf das Mindestheiratsalter von 18 Jahren und nicht auf 17 Jahre angesetzt wurde. In der neuen schweizerischen Gesetzgebung wurde dieses Mindestalter auf 16 Jahre begrenzt (Art. 265 ZGB).
So wie das türkische bürgerliche Recht sieht auch das österreichische Bürgerliche Gesetzbuch (§ 180 Abs. 2 ABGB) vor, dass das Alter zwischen dem adoptierten Kind und den Adoptiveltern mindestens 18 Jahre betragen muss. Allerdings gelten die genannten Voraussetzungen auch dann als erfüllt, wenn zwischen Adoptivkind und Adoptiveltern ein vorheriges, familienähnliches Verhältnis bestand und der Altersunterschied von 18 Jahren noch nicht ganz erreicht wurde. So wie in der gleichen Vorschrift im zweiten Absatz festgelegt wird, dass der Altersunterschied zwischen

c) *Die Voraussetzung hinsichtlich der Genehmigung*

Bevor bei einem Adoptionsverfahren eine gerichtliche Entscheidung erteilt wird, muss an die Einwilligung der Verantwortlichen als gesetzliche Voraussetzung gedacht werden. Wenn aber die erforderliche Genehmigung nicht vorliegt, kann diese Angelegenheit nicht mehr fortgeführt werden, falls sie dann dem Kindeswohl widerspricht. Andernfalls wird die Frage des Missbrauchsverbots der Antragsberechtigung aufgeworfen.[21] Bei der Bewertung der Altersvoraussetzungen ist im rechtlichen Rahmen den unten aufgeführten Punkten hinsichtlich der gerichtlichen Bewertung besonders Beachtung zu schenken.

aa) Die Einwilligung des Kindes

Soweit das zu adoptierende Kind die erforderliche Einwilligungsfähigkeit hat, muss es seine Einwilligung zum Adoptionsverfahren bekanntgeben. Auch wenn die Regelungen teilweise divergieren, wurde dieser Voraussetzung im Gesetz genüge getan (§ 1746 BGB; § 180 a ABGB; Art. 265a ZGB; Art. 308 Abs. 2 TZGB).

Es ist selbstverständlich, dass bei dem Adoptionsverfahren von Kleinkindern zuerst deren Einwilligung eingeholt wird. Der Grund dafür liegt darin, dass mit Beendigung des Adoptionsverfahrens das Vormundschaftsverhältnis zwischen Eltern und Kind das Kind stark prägt. Auf Grund dieser Erwägungen hat das Kind im Falle des Vorliegens seiner Einwilligungsfähigkeit das Recht die für das Adoptionsverfahren erforderliche Einwilligung selbst zu erteilen. Im Sinne des bürgerlichen Rechts kann die Einwilligung als persönliches Recht gesetzlich gesehen nicht von vertretungsbefugten Personen geltend gemacht werden.[22]

Adoptivkind und Adoptiveltern auch 16 Jahre betragen kann, falls das Adoptivkind ein Verwandter eines der Ehepartner ist oder es das Stiefkind eines der Ehepartner ist.

Auf der anderen Seite werden im deutschen bürgerlichen Recht (§ 1743 BGB) hinsichtlich des Adoptionsverfahrens andere Altersgrenzen gesetzt. Demnach wird vorausgesetzt, dass die adoptierende Person mindestens 25 Jahre alt sein muss. Im Fall des § 1741 Abs. 2 Satz 1 (also die Adoption des leiblichen Kindes des anderen Ehepartners), wird ein Mindestalter von 21 Jahren vorausgesetzt. So wie weiterhin im § 1741 Abs. 2 BGB geregelt wird, dass der Ehegatte ein Kind auch dann alleine adoptieren kann, wenn der andere Ehegatte das Kind nicht adoptieren kann, weil er geschäftsunfähig ist oder das 21. Lebensjahr noch nicht vollendet hat.

21 *Serozan*, S. 151; *Demir*, ZJFUA 2003, Band 52, Ausgabe 3, S. 265.

22 *Demir*, ZJFUA 2003, Band 52, Ausgabe 3, S. 266, Das deutsche Bürgerliche Gesetz (§ 1746 BGB), welches das Einverständnis des Kindes für die Adoption verlangt, hat bei diesem Punkt eine gesonderte Regelung getroffen: Für ein Kind, welches noch nicht die Geschäftsfähigkeit besitzt oder welches noch nicht das 14. Lebensjahr vollendet hat, kann die erforderliche Genehmigung nur von den gesetzlichen Vertretern eingeholt werden. Außerdem wird auch bei Angelegenheiten, bei denen das Kind eigenständig eine Genehmigung erteilen kann, weiterhin die Einwilligung der gesetzlichen Vertreter verlangt. Im zweiten Abschnitt der in Rede stehenden Vorschrift wird

Auf der anderen Seite wurde im türkischen bürgerlichen Recht geregelt, dass Kinder, die nicht unter dem Sorgerecht der Eltern stehen, unabhängig von ihrer Einwilligungsfähigkeit eine Genehmigung durch die zuständigen Vormundschaftsbehörden erteilt wird (Art. 308 III TZGB).[23]

bb) Die gemeinsame Zustimmung der Eltern des Kleinkindes

Bei dem Adoptionsverfahren begegnet uns die gemeinsame Zustimmung der Eltern des Kindes als eine rechtliche Voraussetzung. Auf der einen Seite ist die Zustimmung der Eltern ein festgesetztes Recht, auf der anderen Seite kann die Tatsache, dass die Eltern das Sorgerecht haben und durch das Überlassen auch ernsthafte Folgen mit sich bringen, wie das Zerbrechen des Familienverhältnisses mit den leiblichen Eltern. Aus diesem Grund ist bezüglich der Bekanntgabe der Einwilligung zum Adoptionsverfahren keinerlei konkrete gesetzliche Regelung vorhanden. Sei es in der Türkei oder sei es in den in diesem Beitrag erwähnten Staaten, es besteht das Bedürfnis, hinsichtlich der Zustimmung der Eltern für das Adoptionsverfahren besondere Regelungen zu treffen.[24]

Dass bei der Kleinkind-Adoption eine gemeinsame Zustimmung erfolgt, ist der Normalfall. Da die Zustimmung nicht davon abhängt, ob ein Sorgerecht besteht oder nicht, wird die Zustimmung durch die Eltern erteilt, die ein Verwandtschaftsverhältnis mit dem Kind haben. Die Erteilung der gemeinsamen Zustimmung ist auf das Adoptionsverfahren gerichtet.[25]

---

geregelt, dass Kinder, die 14 Jahre alt sind und eine beschränkte Geschäftsfähigkeit aufweisen, die Einwilligung zur Adoption gegenüber dem Vormundschaftsgericht jederzeit widerrufen können, solange keine gerichtliche Einigung hierüber ergangen ist. Aber auch hier muss der Einwilligungswiderruf schriftlich dokumentiert werden, wobei bei dieser Angelegenheit nicht vorausgesetzt wird, dass die Einwilligung der gesetzlichen Vertreter vorliegt.

23 Da aus der Sicht des österreichischen Bürgerlichen Rechts das Adoptionsverfahren gleichzeitig einen bürgerlich-rechtlichen Vertrag darstellt, haben die gesetzlichen Vertreter die Möglichkeit, diesen Vertrag abzuschließen, wenn dies nicht durch das zu adoptierende Kind höchstpersönlich erfolgen kann. Die Antragsbefugnis entfällt, wenn die gesetzlichen Vertreter schon ein Adoptionsverfahren eingeleitet haben oder wenn mindestens sechs Monate der Aufenthaltsort feststeht (ABGB § 181 Abs. 2).

24 *Serozan*, S. 147–148; *Akyüz*, S. 136; *Demir*, ZJFUA 2003, Band 52, Ausgabe 3, S. 267. Insbesondere in Deutschland (§ 1747 BGB) kann nach der erteilten Zustimmung der Eltern und wenn bezüglich einer beantragten Vaterschaftsfeststellung eines anderen Mannes noch keine gerichtliche Entscheidung ergangen ist (§ 1592 BGB), nach dem Sinn des § 1748 Abs. 4 die Vaterschaft desjenigen in Betracht kommen, der diese nach den Voraussetzungen des § 1600d Abs. 2 Satz 1 glaubhaft macht.

25 *Demir*, ZJFUA 2003, Band 52, Ausgabe 3, S. 268.

cc) Der Zeitpunkt und die Gestaltung der Genehmigung

Die Zustimmung hat gegenüber dem Gericht am Wohnort des Kindes oder am Wohnort der Eltern in mündlicher oder schriftlicher Weise zu erfolgen und ist so dann zur Niederschrift zu erklären.

Das türkische Zivilgesetzbuch, welches in § 309 das Thema der Einwilligung regelt, hat im Hinblick auf die Sicherheit und die Entwicklung des Kindes folgende Regelungen getroffen: „Das Adoptionsverfahren setzt die gemeinsame Zustimmung der Eltern voraus. Die Zustimmung ist am Gericht des Wohnortes der Eltern oder des Kindes mündlich oder schriftlich zur Niederschrift zu erklären. Die erteilte Genehmigung ist auch dann gültig, wenn die Namen oder gar die Personen der Adoptierenden noch nicht feststehen." Im Rahmen dieser Bestimmung wird geklärt, wann und wo die Zustimmung der Betroffenen erteilt wird. Gleichzeitig wird in diesem Zusammenhang gewährleistet, dass vor der Erledigung des Adoptionsverfahrens der zuständige Familienrichter seine Entscheidungskompetenz dahingehend ausübt, dass er die Zustimmungen einholt und das Vorliegen oder Nichtvorliegen anderer Faktoren überprüft.[26]

dd) Situationen, in denen keine Einwilligung erforderlich ist

Die Einwilligung der Eltern ist eine notwendige, gesetzliche Voraussetzung für eine erfolgreiche Adoption. Allerdings ist auch gesetzlich geregelt, wann diese Einwilligung nicht erforderlich ist (Art. 311 TZGB). Damit von der gesetzlichen Voraussetzung der Einwilligung abgesehen werden kann, müssen manche im Gesetz vorausgesetzten Umstände vorliegen und es muss gerichtlich bestätigt werden, dass es dieser Einwilligung nicht bedarf.

aaa) Die Voraussetzungen

Damit es einer Einwilligung der Eltern nicht bedarf, muss unbedingt einer der beiden unten genannten Voraussetzungen vorliegen. Einer dieser beiden alternativen Umstände ist, wenn einem Elternteil dauerhaft die Einsichtsfähigkeit fehlt

---

26 In § 1750 BGB wird geregelt, dass die Zustimmung gegenüber dem Familiengericht zu erfolgen hat. In Satz 2 wird geregelt, dass eine außerhalb des Gerichts erteilte Zustimmung der notariellen Beurkundung bedarf. Die erteilte Einwilligung erhält ihre Wirksamkeit mit Zustellung an das zuständige Gericht. Im Zweiten Absatz wird geklärt, dass die Einwilligung an keine Bedingung oder Zeitbestimmung gebunden werden darf. Auch wird hier geklärt (§ 1746 Abs. 2), dass die Einwilligung gegenüber dem Familiengericht widerrufen werden kann, wenn das Kind noch nicht das 14. Lebensjahr vollendet hat und geschäftsunfähig ist. Auch ist die Zustimmung des gesetzlichen Vertreters hierfür nicht erforderlich. Im letzten Absatz dieser Vorschrift wird geklärt, dass die Einwilligung ihre Kraft verliert, wenn der Antrag zurückgenommen oder die Annahme versagt wird. Die Einwilligung eines Elternteils verliert ferner ihre Kraft dann, wenn das Kind nicht innerhalb von drei Jahren seit dem Wirksamwerden der Einwilligung adoptiert wird.

oder wenn die Verpflichtungen gegenüber dem Kind nicht erfüllt werden (Art. 311 TZGB).

bbb) Das gerichtliche Urteil hinsichtlich des Verzichts auf die Einwilligung

Oben wurde aufgeführt, dass die Einwilligung der Eltern für das Adoptionsverfahren eine wichtige Voraussetzung darstellt und dass nur ausnahmsweise auf die Einwilligung verzichtet wird. Bevor darüber entschieden wird, ob die elterliche Einwilligung zur Bestimmung des Aufenthaltsortes notwendig ist, kommt die Unterbringung in eine Einrichtung zum Zwecke der Adoption nicht in Frage. Wenn die Einwilligung fehlt, wird das gerichtliche Urteil zu Gunsten der Adoptierenden oder der zur Adoption Hilfe beitragenden Person ergehen (Art. 320 TZGB/ Art. 312 Abs. 1 TZGB).[27]

II. Die Voraussetzungen der Adoption von Jugendlichen und Eingeschränkten

1. *Im Allgemeinen*

Im Vergleich zur Adoption von Kleinkindern ist die Adoption von Jugendlichen und eingeschränkten Personen strengeren Voraussetzungen ausgesetzt. Zu erwähnen ist hier aber, dass außer den erwähnten Voraussetzungen die Regelungen Anwendung finden, die auch bei der Adoption von Kleinkindern gelten (Art. 313 Abs. 3 TZGB).

---

27 Vor allem im Falle einer Nichterfüllung der Beaufsichtigungs- und Verpflegungspflicht und der Entscheidung des Verzichtes der Einwilligung, wird diese Entscheidung in schriftlicher Form den Eltern mitgeteilt (Art. 312 Abs. 3 TZGB). Auch im deutschen Bürgerlichen Recht (§ 1748 BGB) wurde der Verzicht auf die Einwilligung geregelt. Nach dieser Vorschrift kann das Gericht auf Antrag des Kindes auch ohne die Einwilligung der Eltern ein betreffendes Urteil aussprechen: Wenn die Eltern ihre Pflichten gegenüber dem Kind vernachlässigen; wenn die Eltern dem Verhalten des Kindes gegenüber reaktionslos bleiben; wenn im Falle einer verwirklichten Adoption das Kind erheblichen Gefahren oder Beeinträchtigungen ausgesetzt ist. Außer in diesen aufgezählten Situationen und wenn die Nichterfüllung der Pflichten dem Kind gegenüber nicht lange andauern oder wenn diese Situation lange andauert, wird die Einwilligung des Kindes nicht eingeholt, da das Kind nicht lange in der Obhut dieser Eltern bleiben wird. Im 3. Absatz der in Rede stehenden Vorschrift (§ 1748 BGB) wird ebenfalls auf die Einwilligung der Eltern verzichtet, wenn die Eltern schwerwiegende psychische oder seelische Störungen haben oder geistig behindert sind und aus diesem Grund nicht dauerhaft die Erziehungspflicht wahrnehmen können oder auf Grund eines fehlenden Familienverhältnisses eine stabile Erziehung gefährdet wird. Im Falle eines alleinigen Sorgerechts der Mutter (§ 1626 a Abs. 2 BGB) ist das Gericht dazu ermächtigt, die Einwilligung des Vaters zu ersetzen, wenn das Unterbleiben der Annahme dem Kind zu unverhältnismäßigem Nachteil gereichen würde (§ 1748 Abs. 4 BGB).

Alternativ sind die Voraussetzungen wie folgt (Art. 313 Abs. 1 TZGB):

a) Wenn der zu adoptierende Jugendliche oder Eingeschränkte körperlich oder geistig behindert ist und dauerhaft auf Hilfe angewiesen ist, muss die Beaufsichtigungspflicht des Adoptierenden mindestens fünf Jahre betragen.
b) Dass das zu adoptierende Kind in seiner Kindheit mindestens fünf Jahre unter der Beaufsichtigung und Erziehung des Adoptierenden stand.
c) Dass zusammen mit den anderen Gründen das Adoptivkind mindestens fünf Jahre lang bei der Adoptivfamilie gelebt hat.

2. *Die Einwilligung des anderen Ehepartners*

Falls die zu adoptierende jugendliche oder eingeschränkte Person verheiratet ist, bedarf es auch der Genehmigung des anderen Ehegatten. Bei diesem Umstand handelt es sich um ein unverzichtbares Merkmal der Adoption. Auf Grund der Eigenart dieses Verfahrens ist es notwendig, dass die Einwilligung des anderen Ehepartners vorliegt, bevor ein Eltern-Kind-Verhältnis mit den Eltern entsteht (Art. 313 Abs. 2 TZGB).

Andererseits hat der Kassationshof bei einem seiner Ausführungen klargestellt, dass bei der Adoption von verheirateten Personen die Einwilligung des anderen Ehepartners eine Voraussetzung darstellt, die auch das Gemeinwesen betrifft und das bei dessen Fehlen die Adoption die Nichtigkeit zur Folge hat. Nunmehr hat diese Ausführung aus dem alten Bürgerlichen Recht ihre Niederschrift im neuen Bürgerlichen Recht (Art. 317 TZGB) gefunden. Bei der erwähnten Bestimmung wird auch offensichtlich klargestellt, dass das Fehlen der Einwilligung des anderen Ehepartners die Aufhebung des Adoptionsverfahrens bedeutet.[28]

Schlussfolgerung

Das neue Türkische Bürgerliches Gesetzbuch hat mit der Gestaltung der Institution der Adoption nach dem Vorbild des Schweizerischen Bürgerlichen Gesetzbuchs und der Berücksichtigung internationaler Abkommen ein neues modernes System geschaffen. Bei der Gestaltung der Adoptionsvoraussetzungen wurde vor allem auf die Tatsache geachtet, dass die Institution der Adoption einer normalen Eltern-Kind-Beziehung gleicht.

---

28 *Demir*, ZJFUA (2003), Band 52, Ausgabe 3, S. 271. Bei dem Thema der Einwilligung des anderen Ehepartners hat auch das deutsche Bürgerliche Recht (§ 1749 BGB) eine Regelung getroffen. Danach ist zur Annahme des Kindes durch einen Ehegatten allein die Einwilligung des anderen Ehegatten erforderlich. Auch kann das Familiengericht auf Antrag des Adoptierenden die Einwilligung ersetzen. Die Einwilligung darf nur dann nicht ersetzt werden, wenn berechtigte Interessen des anderen Ehepartners und der Familie der Adoption entgegenstehen. Im 2. Absatz wird geregelt, dass es zur Adoption eines Verheirateten der Einwilligung seines Ehegatten bedarf. Schließlich wird im letzten Absatz, so wie auch im türkischen Bürgerlichen Recht geregelt, dass die Einwilligung des anderen Ehegatten nicht erforderlich ist, wenn er zur Abgabe der Erklärung dauernd außerstande ist oder sein Aufenthalt dauernd unbekannt ist.

Erhan Temel

Wahlrecht des Käufers bei Sachmängeln im deutschen und türkischen Recht unter besonderer Berücksichtigung der Bodenfliesen-Entscheidung des EuGH

A. Einleitung

Die türkische Rechtsordnung bildet – spätestens seit dem 19. Jahrhundert – einen Teil der europäischen Rechtsfamilie. Dies erklärt sich einerseits damit, dass das türkische Rechtssystem dem kontinental europäischen, sprich römisch-germanischen System angehört. Andererseits verpflichtet sich die Türkei sozusagen vom Abschluss des Abkommens von Ankara vom 12.9.1963 (das Assoziierungsabkommen EWG – Türkei) an, die Rechtsangleichung durchzuführen. Bekanntlich muss ein Beitrittskandidat nach den sog. Kopenhagener Kriterien des Europäischen Rates vom 22.6.1993 neben den wirtschaftlichen und politischen, auch die *Acquis-Kriterien* (Acuis communautaire, d.h. gemeinschaftlicher Besitzstand)[1] erfüllen. Am 1.1.1996 ist die Zollunion zwischen der Europäischen Union und der Türkei in Kraft getreten. Dies hat die Harmonisierungsbestrebungen der Türkei in gewisser Weise beschleunigt. Zum Zweck der Rechtsharmonisierung wurden in den neunziger Jahren eine Reihe neuer Gesetze, darunter das Verbraucherschutzgesetz[2] (TVSG), erlassen.

Das Gewährleistungsrecht beim Verbrauchsgüterkauf ist im Unterschied zum deutschen Recht als *lex specialis* in einem separaten Gesetz, also im TVSG verankert. Dagegen richtet sich das Gewährleistungsrecht beim beiderseitigen Handelskauf, also beim Kaufvertrag zwischen Kaufleuten, nach Art. 219 ff. des türkischen Obligationengesetzes[3] (TOG). Auch für die Kaufverträge zwischen Verbrauchern kommen die Vorschriften des TOG über die Gewährleistung zur Anwendung. Dies gilt auch, wenn der Verbraucher als Verkäufer und der Unternehmer als Käufer einen Kaufvertrag abschließen. Der deutsche Gesetzgeber hat sich dagegen in Bezug auf das Gewährleistungsrecht beim Kauf einer mangelhaften Ware für eine einheitliche Lösung entschieden.[4] Demnach gelten die Vorschriften der §§ 433 ff. BGB für alle

---

1 Hierzu gehören vor allem die Verträge der Europäischen Union, Verordnungen, Richtlinien und Entscheidungen der Organe der EU.

2 Verbraucherschutzgesetz (Tüketicinin Korunmasi Hakkinda Kanun Nr. 4077) vom 23.2.1995 Nr. 4077. Amtsblatt (Resmi Gazete) v. 8.3.1995 Nr. 22221.

3 Das türkische Obligationengesetz Nr. 6098 (6098 Sayili Türk Borclar Kanunu) vom 11.1.2011, Amtsblatt v. 4.2.2011, Nr. 27836. Das TOG neuer Fassung ist am 1.7.2012 in Kraft getreten.

4 BT-Drucksache 14/6040, 211.

Kaufverträge, also im Prinzip unabhängig davon, ob es sich dabei um einen Verbrauchsgüterkauf oder Handelskauf handelt. In den §§ 474–479 BGB sind dagegen nur die für den Verbrauchsgüterkauf geltenden zusätzlichen Vorschriften, welche grundsätzlich zugunsten des Verbrauchers eingreifen, normiert. Diese Vorschriften über die mangelhafte Kaufsache sind im Rahmen der Schuldrechtsreform zum 1.1.2002 weitestgehend neu gefasst worden. Dabei hatte der deutsche Gesetzgeber unter anderem[5] zum Ziel, die Richtlinie 1999/44/EG des Europäischen Parlaments und des Rates vom 25.5.1999[6] ins deutsche Recht umzusetzen.

Durch diese als Verbrauchsgüterkauf-Richtlinie (im Folgenden nur Richtlinie) bekannte Maßnahme wurde innerhalb der Europäischen Union ein wichtiger Beitrag zur Erreichung eines hohen Niveaus des Verbraucherschutzes geleistet.[7] Obwohl die Türkei im Sinne des Art. 288 AEUV (Vertrag über die Arbeitsweise der Europäischen Union) nicht verpflichtet war, die Richtlinie umzusetzen, wurde diese Richtlinie im Jahr 2003[8] im Rahmen der *Acquis-Kriterien* ins TVSG *autonom* aufgenommen.

Seit der Schuldrechtsreform beschäftigte der Nacherfüllungsanspruch des Käufers sowohl die Gerichte als auch die Literatur. Der EuGH dehnte mit seiner sog. Bodenfliesen-Entscheidung[9] im Jahr 2011 den Anwendungsbereich des Art. 3 der Richtlinie innerhalb des verfassungsrechtlich zulässigen Rahmens aus.[10] Ziel dieses Beitrags ist in erster Linie, das Wahlrecht des Käufers einer mangelhaften Ware unter besonderer Berücksichtigung der Bodenfliesen-Entscheidung rechtsvergleichend im BGB und im TVSG aufzuzeigen. Dabei wird das Augenmerk insbesondere auf die Frage gerichtet, ob das TVSG im Hinblick auf diese Entscheidung des EuGH Neuerungen bedarf oder ob dessen Schutzniveau, was den Nacherfüllungsanspruch betrifft, bereits den Auslegungsergebnissen des EuGH entspricht oder sogar darüber hinausgeht. Da das TVSG durch eine umfangreiche Gesetzesänderung am 7.11.2013 revidiert wurde,[11] ist diese Feststellung von enormer Bedeutung. Daher werde ich zunächst die Rechtslage im alten Recht darstellen und im Anschluss daran auf

5 Die Zahlungsverzugsrichtlinie 2000/35/EG vom 29.6.2000 und die E-Commerce-Richtlinie 2000/31 vom 8.6.2000 wurden mit dem Schuldrechtsmodernisierungsgesetz in deutsches Recht umgesetzt, zugleich wurde das Schuldrecht in wichtigen Teilen modernisiert.

6 Richtlinie 1999/44/EG v. 25.5.1999 ABl. EG Nr. L 171/12.

7 Siehe hierzu ersten Erwägungsgrund der Richtlinie.

8 Das Verbraucherschutzgesetz alter Fassung (Nr. 4822) vom 6.3.2003 Amtsblatt v. 14.3.2003 Nr. 25048.

9 EuGH v. 16.6.2011, BeckEuRS 2011, 575052 und RIW 2011, S. 710–719.

10 *Kaiser*, EuGH zum Austausch mangelhafter eingebauter Verbrauchsgüter, JZ 2011, 978 (984); *Jaensch*, Umfang der kaufrechtlichen Nacherfüllung, NJW 2012, 1025 (1026).

11 Verbraucherschutzgesetz Nr. 6502 (6502 Sayili Tüketicinin Korunmasi Hakkinda Kanun) vom 7.11.2013, Amtsblatt v. 28.11.2013, Nr. 28835. Das neue TVGS ist am 28.5.2014 in Kraft getreten.

die erfolgten Änderungen zum Wahlrecht des Käufers – eines mangelhaften Verbrauchsgutes – im TVSG neuer Fassung eingehen und versuchen, sie im Lichte der EuGH-Entscheidung zu interpretieren.

B. Begriff des Sachmangels im deutschen und türkischen Recht

Das Wahlrecht des Käufers setzt in beiden Rechtsordnungen voraus, dass die verkaufte Ware mangelhaft ist. Daher macht es Sinn, zunächst die Mangelhaftigkeit kurz darzustellen. Wie im türkischen Recht gehört auch im deutschen Recht die Lieferung einer von Rechts- und Sachmängeln freien Ware zur Hauptleistungspflicht des Verkäufers. Nach § 433 Abs. 1 Satz 2 BGB hat der Verkäufer die verkaufte Sache dem Käufer frei von Sach- und Rechtsmängeln zu verschaffen. Die Legaldefinition des Sachmangels findet sich in § 434 BGB. Demnach ist die verkaufte Sache mangelhaft:

(1) wenn sie bei Gefahrübergang die Beschaffenheit, die sie haben muss, nicht aufweist, also eine Beschaffenheitsabweichung besteht oder
(2) wenn sie fehlerhaft montiert ist (Montagefehler, § 434 Abs. 2 BGB) oder aber auch
(3) wenn sie falsch oder zu wenig geliefert wurde (Falsch- bzw. Zuweniglieferung, § 434 Abs. 3 BGB).

Von einer Beschaffenheitsabweichung spricht man in erster Linie dann, wenn die Sache die von den Parteien ausdrücklich oder zumindest konkludent vereinbarte Beschaffenheit nicht aufweist (*subjektiver Fehlerbegriff*), § 434 Abs. 1 Satz 1 BGB. Falls die Parteien keine vertragliche Vereinbarung über die Beschaffenheit getroffen haben, so ist auf die im Vertrag vorausgesetzte Verwendung der verkauften Sache abzustellen. Demnach ist die Sache mangelhaft, wenn sie sich nicht für die nach dem Vertrag vorausgesetzte Verwendung eignet, § 434 Abs. 1 Satz 2 Nr. 1. Haben die Parteien dagegen weder eine Beschaffenheit vereinbart noch eine Verwendung vorausgesetzt, so ist die Sache mangelhaft, wenn sie sich nicht für die gewöhnliche Verwendung eignet, oder nicht diejenige Beschaffenheit aufweist, die bei der gleichen Art üblich ist und die der Käufer nach der Art der Sache erwarten kann (*objektiver Fehlerbegriff*), § 434 Abs. 1 Satz 2 Nr. 2 BGB. Unter diese Beschaffenheit fallen auch die Eigenschaften, die der Käufer nach den öffentlichen Äußerungen des Verkäufers, des Herstellers oder seines Gehilfen insbesondere in der Werbung oder bei der Kennzeichnung über die Eigenschaften der Sache erwarten kann (§ 434 Abs. 1 Satz 3 Nr. 2 BGB). Die Vorschriften über die Beschaffenheitsabweichung im BGB stimmen weitgehend mit denen der Richtlinie überein. Es liegt aber auf der Hand, dass der Grad des Verbraucherschutzes im BGB über das in der Richtlinie vorgesehene Mindestschutzniveau hinausgeht, denn der deutsche Gesetzgeber erweitert den Umfang der Mangelhaftigkeit um die Falsch- (*aliud*) bzw. Zuweniglieferung (*Quantitätsmangel*).

Die Legaldefinition der Mangelhaftigkeit war im türkischen Recht der Vorschrift in Art. 4 TVSG[12] a.F. zu entnehmen. Bei der Begriffsbestimmung hatte sich der Gesetzgeber in erster Linie an der Definition der Mangelhaftigkeit in Art. 3 der Richtlinie orientiert. Demnach ist die Beschaffenheitsabweichung als Mangel bezeichnet. Neben der Beschaffenheitsabweichung stellt die zweite Komponente der Mangelhaftigkeit die Minderung oder Aufhebung des Werts oder des vom Verbraucher erwartbaren Nutzens (im Hinblick auf den vorausgesetzten Gebrauchszweck) dar. Diesbezüglich fällt ins Auge, dass die schuldrechtliche Legaldefinition der Mangelhaftigkeit in Art. 194 TOG alter Fassung in die verbraucherrechtliche übertragen wurde.[13] Montagefehler wurden von Art. 4 TVSG a.F. nicht als Mangel erfasst. Ebenso waren dort die Falsch- oder Zuweniglieferung nicht im Sinne von § 434 Abs. 3 BGB – deutlich – als Mangel hervorgehoben.

In Art. 8 TVSG neuer Fassung ist die Mangelhaftigkeit fachterminologisch verständlicher und gesetzestechnisch besser definiert. In der neuen Legaldefinition der Mangelhaftigkeit kommt die Systematik der Richtlinie – zum besseren Verständnis – besonders zum Vorschein.[14] Art. 8 Abs. 1 TVSG n.F. macht zunächst einen Unterschied zwischen dem subjektiven und objektiven Fehlerbegriff (bzw. Mangelhaftigkeitsbegriff). Demnach sind diejenigen Waren als mangelhaft legal definiert, die „bei der Übergabe an den Verbraucher"[15] mit dem von den Parteien

---

12 Art. 4 TVSG lautet sinngemäß wie folgt: *„Die Ware, deren Eigenschaften oder deren ihre Eigenschaften beinflussenden Merkmale* (d.h. Quantitätsmangel, der sich auf die Beschaffenheit der Ware auswirkt) *nicht mit denen übereinstimmen, die auf der Verpackung, der Etikettierung oder den Informations- und Gebrauchsanweisungen oder in Reklame und Anzeigen enthalten oder vom Verkäufer mitgeteilt oder als Standard oder in einer technischen Regelung festgelegt worden sind, oder die sachliche, rechtliche oder wirtschaftliche Mängel enthalten, die im Hinblick auf den Bestimmungs- oder Gebrauchszweck den Wert oder vom Verbraucher erwartbaren Nutzen mindern oder aufheben, gilt als mangelhafte Ware".*

13 Zum Mangelbegriff im türkischen Obligationengesetz vgl. *Temel*, Gewährleistungspflicht beim Warenkauf im türkischen Recht unter besonderer Berücksichtigung des revidierten Obligationenrechts, VerRAl 2012 Heft 4 S. 56 ff. und VersRAl 2013 Heft 1 S. 11 ff.

14 Die knapp gehaltene Mangeldefinition in der alten Fassung des Art. 4 TVSG, welche aus einem verschachtelten Satz besteht, lässt nur mühselig, besser gesagt mit viel Mutmaßung erkennen, dass sich der Gesetzgeber dabei der Richtlinie als Vorlage bediente.

15 Ausweislich Art. 10 Abs. 1 TVSG n.F. gilt für die Mängel, die innerhalb von sechs Monaten ab der Übergabe auftreten auch, dass sie bereits bei der Übergabe vorhanden waren. Hier ist die Beweispflicht dem Verkäufer auferlegt. Demnach hat der Verkäufer darzulegen und zu beweisen, dass die Ware nicht mangelhaft war. Hier soll sich es, wie es sich aus dem diesbezüglichen eindeutigen Wortlaut ergibt, um eine – gesetzliche und widerlegliche Vermutung – handeln. Diese Vermutung gilt nicht, wenn sie mit der Art der Ware oder des Mangels nicht zu vereinbaren ist (Art. 10 Abs. 1 TVSG n.F.). Die Grundlage dieser Regelung ist Art. 5 Abs. 3 der Richtlinie.

vereinbarten Muster oder Modell nicht übereinstimmen (*subjektiver Fehlerbegriff*). Im zweiten Halbsatz des Art. 8 Abs. 1 TSG werden ferner als mangelhaft diejenigen Waren bezeichnet, die bei der Übergabe an Verbraucher die Eigenschaften, die sie objektiv besitzen müssen, nicht aufweisen (*objektiver Fehlerbegriff*). Bei dieser Legaldefinition der objektiven Mangelhaftigkeit ist der Bezugspunkt die Gattung einer Ware, deren *normale Beschaffenheit* als Vergleichsmaßstab herangezogen wird.[16] Bei beiden in Art. 8 Abs. 1 TVSG n.F. vorgesehenen Arten der Mangelhaftigkeit ist die Beschaffenheitsabweichung hervorgehoben. Das TVSG n.F. umschreibt in Art. 8 Abs. 2 diese Beschaffenheitsabweichung näher: Die Waren, die eine oder mehrere Eigenschaften nicht aufweisen, welche auf der Verpackung, der Etikettierung oder den Informations- und Gebrauchsanweisungen, auf der Internetseite oder in Reklamen und Anzeigen enthalten sind, werden als mangelhaft eingestuft. Ferner sind die Waren, die der vom Verkäufer mitgeteilten oder den in einer technischen Regelung festgelegten Eigenschaft widersprechen, als mangelhaft bezeichnet. Die Waren, die sich für den gewöhnlichen Verwendungszweck für die Waren gleicher Art nicht eignen, sind vom Gesetzgeber auch als mangelhaft angesehen. Des Weiteren gelten die Waren als mangelhaft, die sachliche, rechtliche oder wirtschaftliche Mängel enthalten und die vom Verbraucher vernünftigerweise zu erwartenden Nutzen mindern oder aufheben. Neu und zugleich begrüßenswert ist in TVSG neuer Fassung, dass der Montagefehler nun unter den Mangelbegriff subsumiert wird (Art. 8 Abs. 3), wobei die Falsch- und Zuweniglieferung außer Betracht bleiben.

C. Wahlrecht des Käufers eines mangelhaften Verbrauchsgutes im allgemeinen Rechtsvergleich

Ist das verkaufte Verbrauchsgut mit einer Art der gesetzlich normierten Sachmängel behaftet, so stehen dem Verbraucher (dem Käufer) in den drei Rechtssystemen bestimmte Gewährleistungsrechte (d.h. Rechtsbehelfe) zur Verfügung. Zunächst zum Europarecht: Der Art. 3 Abs. 2 der Richtlinie gewährt dem Verbraucher bei Mangelhaftigkeit des Verbrauchsgutes vier Rechtsbehelfe: Die unentgeltliche Nachbesserung, die unentgeltliche Ersatzlieferung, Minderung des Kaufpreises und Vertragsauflösung. Für die Minderung und Vertragsauflösung wird jedoch vorausgesetzt, dass der Verbraucher vom Verkäufer zunächst die Nachbesserung oder Nachlieferung verlangt (Art. 3 Abs. 3 der Richtlinie).

Mit dieser Norm gewährt der Gesetzgeber dem Verbraucher einen besseren Schutz im Vergleich zum deutschen Recht. Im türkischen Recht findet sich jedoch keine besondere Frist wie in Art. 10 Abs. 1 TVSG n.F. für das Auftreten des Mangels. Daher ist in der Praxis zu erwarten, dass diese gesetzliche Mängelvermutung erhebliche Beweisschwierigkeiten für den Verkäufer mit sich bringen und eventuell zu Missbräuchen seitens der Verbraucher führen wird.

16 *Temel*, VerRAl 2012, 56 (60).

Auch im deutschen Recht kann der Verbraucher nach § 437 BGB vom Verkäufer in erster Linie die *Nacherfüllung* (§ 437 Nr. 1 BGB), also entweder die *Nachbesserung* der mangelhaften Ware oder die *Nachlieferung* einer mangelfreien neuen Ware verlangen. Falls die dem Verkäufer gesetzte angemessene Frist für die Nacherfüllung fruchtlos abgelaufen ist, so stehen ihm außerdem *Rücktritt, Minderung* (§ 437 Nr. 2 BGB) und *Schadensersatz* statt der Leistung (§ 437 Nr. 3 BGB) zu.

Das alte türkische Recht gewährte dagegen dem Verbraucher in Art. 4 Abs. 2 TVSG alter Fassung vier Rechtsbehelfe: *Rücktritt, Austausch mit einer mangelfreien Ware, kostenfreie Nachbesserung* und *Minderung*. Aus der Gegenüberstellung der Regelungen der drei Rechtssysteme ergibt sich ohne weiteres, dass das deutsche Recht bei der Mangelhaftigkeit der verkauften Ware eine weitere Abhilfe für den Verbraucher und zwar „Schadensersatz" vorgesehen hat. Die Richtlinie enthält nämlich über den Schadensersatz keine Vorgaben. Sie überlässt es den jeweiligen Rechtsordnungen, ob und unter welchen Voraussetzungen der Verbraucher den Ersatz seines Schadens verlangen kann. Somit hat das BGB den Mindeststandard an Verbraucherschutz der Richtlinie überschritten.

In der türkischen Literatur zum damaligen Verbraucherrecht wurde die Auffassung[17] vertreten, dass auch der türkische Gesetzgeber bei Mangelhaftigkeit dem Verbraucher in Art. 4 Abs. 2 Satz 4 TVSG a.F. einen Anspruch auf Schadensersatzrecht gewährt habe. Dieser Auffassung lag der Umstand zugrunde, dass der Gesetzgeber gesetzestechnisch in nicht beizupflichtender Weise auch die Produkthaftung des Herstellers im unmittelbaren Anschluss an die Wahlrechte des Verbrauchers verankert hatte. Beim Schadensersatzanspruch des Verbrauchers in Art. 4 Abs. 2 Satz 4 TVSG handelte es sich nicht um das einzige, erweiterte Gewährleistungsrecht – wie diese Auffassung annimmt –, sondern um eine eigenständige, von der Gewährleistung losgelöste und neben ihr bestehende Produkthaftung.[18]

Das neue TVSG gewährt dem Verbraucher in Art. 11 Abs. 1[19] weiterhin als Gewährleistungsrecht: *Rücktritt* (Abs. 1 lit. a), *Minderung* (Abs. 1 lit. b), *unentgeltliche Nachbesserung* (Abs. 1 lit. c), *Austausch* mit einer mangelfreien Ware (Abs. 1 lit. ç=d). Neu und zugleich zu begrüßen ist hier, dass dem Verbraucher laut Art. 11 Abs. 6 TVSG neben diesen vier Wahlrechten auch einen Anspruch auf *Schadensersatz* im obligationsrechtlichen Sinne zusteht.

17 *Zevkliler/Aydogdu*, Tüketicinin Korunmasi Hukuku (Verbraucherschutzrecht), 3. Aufl. Ankara 2004, S. 125; *Demir*, Tüketim Mallarinin Satimindaki Garantilere Iliskin AB Yönergesi ve Ülkemizdeki Yasal Düzenleme (Verbrauchsgüterkaufrichtlinie und türkische Gesetzgebung), AÜHFD 2005, Band 54 Nr. 3 S. 40 ff.

18 *Temel*, Produkthaftung nach türkischem Recht im Vergleich zur EG-Produkthaftungsrichtlinie und dem ProdHaftG, VersR 2008, 1303 (1310).

19 Diese Norm stellt die Vorschrift in Art. 227 Abs. 1 Nr. 1–4 TOG, welche Wahlrechte des Käufers bei der mangelhaften Ware vorsieht, eine wörtliche Widergabe dar. Somit unterscheiden sich die Wahlrechte des Käufers beim Handelskauf und des Verbrauchers beim Verbrauchsgüterkauf – im Prinzip – nicht.

Das TVSG a.F. hatte in Bezug auf das Gewährleistungsrecht den Verbraucherschutz im Vergleich zum deutschen und europäischen Recht gestärkt. Gem. Art. 4 Abs. 3 TVSG a.F. haften alle in der Absatzkette beteiligten Personen wegen der Mangelhaftigkeit gesamtschuldnerisch. Demnach kann der Verbraucher sein Wahlrecht dem Hersteller, Verkäufer, Vertragshändler, Zwischenhändler, Importeur sowie sogar dem Kreditgeber gegenüber geltend machen, wenn der Verbrauchsgüterkauf über einen Verbraucherkredit finanziert wurde. Neben dem Verkäufer haften also alle diese Personen verschuldensunabhängig und ohne Exkulpationsmöglichkeit für die Mangelfreiheit des Verbrauchsgutes.[20]

Im neuen TVSG ist der Kreis der Gewährleistungsschuldner kleiner geworden. Nach Art. 11 Abs. 2 TVSG n.F. kann der Verbraucher seinen Anspruch auf *Nachbesserung* und *Austausch* mit einem mangelfreien Verbrauchsgut – neben dem Verkäufer – nur dem *Hersteller* und *Importeur* gegenüber geltend machen,[21] wobei diese sich durch einen Exkulpationsbeweis der Haftung entziehen können.[22] Diese Lösung ist besser geeignet und sinnvoll für das durch den Relativitätsgrundsatz geprägte Schuldverhältnis im türkischen Vertragsrecht.[23] Bis heute bleibt es ein Rätsel, auf welcher dogmatischen Begründung diese Norm, wonach sich die solidarische Haftung auf alle in der Absatzkette beteiligten Akteure ausdehnte, beruhte. Diese Normierung ist wohl darauf zurückzuführen, dass sich der Gesetzgeber ohne reichliche Überlegung über die Konformität mit dem Schuldrechtssystem und über die Rechtsfolgen für die Gewährleistungsschuldner, einfach um des besseren

---

20 So auch, *Kocatepe*, Die Bodenfliesen-Entscheidung des EuGH und ihre Auswirkungen auf das türkische Verbraucherschutzrecht, RIW 2012, 844 (848).

21 Diese Neuerung im TVSG n.F. ist zu begrüßen. Denn die damalige Vorschrift des Art. 4 Abs. 2 TVSG a.F. verletzte unter dem Deckmantel des Verbraucherschutzes den Grundsatz der Relativität der Schuldverhältnisse und dies führte zu obsoleten, unangemessenen Ergebnissen im Rechtsverkehr. So ist mit dem türkischen Vertragsrecht – insbesondere bei vertragsrechtlicher Haftung – nicht zu vereinbaren, dass der Verbraucher als Käufer einer mangelhaften Ware, welche vom Verkäufer subjektiv zugesicherte Eigenschaften (subjektiver Fehler) nicht aufweist, vom Kaufvertrag zurücktritt und die Rückerstattung des Kaufpreises vom Hersteller, welcher am Kaufvertrag nicht beteiligt ist, verlangen kann. Dies gilt auch für den Fall, dass der Verbraucher den Kaufpreis der Kreditgeber-Bank gegenüber, welche die mangelhafte Ware finanziert hatte, mindern kann. Vgl. *Atamer*, Tüketici Satim Sözlesmelerine Iliskin TKHK m. 4 Elestiriler ve Revizyon Teklifleri (Würdigung und Verbesserungsvorschläge der Regelung des Art. 4 TVSG über Verbrauchsgüterkaufverträge) BATIDER 2007, Nr. XXXIV Band 1, S. 81 (96 ff.).

22 Hersteller und Importeure können der Haftung entkommen, wenn ihnen der Beweis gelingt, dass die Mängel an der Ware ihrerseits entstanden sind, nachdem sie auf den Markt gebracht wurden.

23 *Atamer*, Die autonome Umsetzung der Verbrauchsgüterkaufrichtlinie 1999/44/EG in der Türkei, Zugleich ein Beitrag zum Stand des Verbraucherschutzes in der Türkei, ZEuP 2005, 566 (589).

Verbraucherschutzes willen für die Erweiterung des Kreises der Gewährleistungsschuldner entschieden hatte.

Die Gewährleistungsrechte des Verbrauchers im türkischen Recht zur Geltungszeit der TVSG a.F. unterschieden sich von denen im deutschen und europäischen Recht dadurch, dass der Verbraucher gem. Art. 4 TVSG zwischen den Rechtsbehelfen nach seinem Belieben frei wählen darf, während der Verbraucher nach § 437 Abs. 1 Nr. 2 BGB und nach Art. 3 Abs. 3 der Richtlinie zunächst Nachbesserung oder Ersatzlieferung verlangen muss, damit er – bei Nichterfolg – eine angemessene Minderung des Kaufpreises verlangen oder den Rücktritt erklären kann.

Da in Art. 4 TVSG a.F. kein Stufensystem verankert ist, kann der Verbraucher sofort den Rücktritt oder die Minderung wählen. Im türkischen Recht besteht also zwischen den Gewährleistungsrechten[24] (sprich Wahlrechten bzw. Rechtsbehelfen) keine Rangfolge.[25] Das Erfordernis der vorangegangenen Geltendmachung der Nacherfüllung mit Fristsetzung für den Rücktritt ergibt sich im deutschen Recht unmittelbar aus dem Verweis in § 437 Nr. 2 BGB auf §§ 440 und 323 BGB. Auch für die Minderung ist es erforderlich, dass der Verbraucher zunächst unter Fristsetzung die Nacherfüllung verlangt. Dieses Erfordernis lässt sich aus dem Wortlaut des § 441 Abs. 1 Satz 1 BGB ableiten. § 441 Abs. 1 Satz 1 BGB besagt nämlich, dass der Käufer „statt zurückzutreten" die Minderung verlangen kann.[26] Daher muss der Verbraucher alle Voraussetzungen – bis auf die Erheblichkeit des Mangels – herbeiführen.[27] Das neue TVSG hat in Bezug auf die Rangfolge der Wahlrechte des Verbrauchers die alte Regelung vom Art. 4 TVSG a.F. übernommen: Ausweislich Art. 11 Abs. 1 Satz 2 TVSG n.F. ist der Verkäufer verpflichtet, dem vom Verbraucher gewählten Rechtsbehelf nachzukommen.[28]

---

24 Im deutschen und europäischen Recht sind die Nachlieferung und Nachbesserung als Primärrechte, der Rücktritt und Minderung dann als Sekundärrechte zu qualifizieren.

25 *Atamer*, ZEuP 2005, 566 (587).

26 BT-Drucksache 14/6040, 235.

27 *Brox/ Walker*, Besonderes Schuldrecht 37. Aufl. München 2013, S. 72 Anm. 70.

28 Nach Art. 227 Abs. 3 TOG kann der Verkäufer dagegen – im Falle eines Handelskaufs der mangelhaften Ware – die Ausübung des Wahlrechts durch den Käufer verhindern, indem er sofort eine mangelfreie Ware nachliefert und den durch die mangelhafte Ware entstandenen ganzen Schaden des Käufers erstattet. In der neueren Literatur wird vereinzelt die Ansicht vertreten, dass diese Vorschrift im Wege der Analogie auf den Verbrauchsgüterkauf anzuwenden wäre. Vgl. hierzu *Gümüs*, Tüketicinin Korunmasi Hakkinda Kanun Serhi (Kommentar zum Verbraucherschutzgesetz) Band I, Istanbul 2014, S. 122. Dieser Ansicht ist nicht beizupflichten. Die analoge Anwendung ist bekannterweise nur angezeigt, wenn eine Gesetzeslücke besteht. Der Gesetzgeber hat die Vorschrift des Art. 227 Abs. 3 TOG bewusst nicht ins TVSG implementiert. Eine dahingehende Regelung fehlt nämlich der Richtlinie, welche die Grundlage des TVSG darstellt. Ferner würde die Möglichkeit des Verkäufers, die Ausübung der Wahlrechte zu vereiteln, eine Einschränkung der Wahlrechte bedeuten und somit keinen besseren Schutz, sondern im Gegenteil einen Nachteil

Ein weiterer Unterschied zwischen dem „alten türkischen" und deutschen bzw. europäischen Recht besteht darin, dass im alten türkischen Recht im Gegensatz zum deutschen und europäischen Recht für den „Rücktritt" keine Erheblichkeitsvoraussetzung gesetzlich verankert war. Im deutschen (gem. § 437 Nr. 2 BGB in Verbindung mit § 323 Abs. 1 Nr. 5 BGB) und im europäischen Recht (gem. Art. 3 Abs. 6 der Richtlinie) ist der Rücktritt ausgeschlossen, wenn der Mangel – bzw. die Vertragsverletzung – unerheblich ist. Auch ohne gesetzliche Normierung konnte jedoch für das Rücktrittsrecht aufgrund des Grundprinzips „Treu und Glauben" in Art. 2 des türkischen Zivilgesetzbuches (TZGB) eine Einschränkung im Falle eines unerheblichen Mangels[29] angenommen werden.[30] Der angesprochene Unterschied bezüglich der Erheblichkeitsvoraussetzung ist jedoch im neuen TVSG erhalten geblieben. Der gesetzgeberische Grund dafür, dass die in Art. 3 Abs. 3 der Richtlinie vorgesehene Erheblichkeitsregelung im Wege des autonomen Rechtsharmonisierungsaktes keinen Niederschlag im neuen TVSG gefunden hat, ist wohl, dass sich die in der Literatur und Rechtsprechung entwickelte Lösung über den Treue- und Glaubensgrundsatz im Verbraucherrecht etabliert hat. Auch in der neuen Literatur zum TVSG n.F. wird die Erheblichkeitsvoraussetzung vom Grundsatz „Treu und Glauben" hergeleitet.[31]

D. Bodenfliesen-Entscheidung des EuGH und ihre Auswirkung auf das türkische Recht

I. Die Kernproblematik des Nachlieferungsanspruchs und die Vorgeschichte in Deutschland

Wie bereits erwähnt, kann der Käufer nach deutschem (§ 437 Nr. 1 BGB) und europäischem Recht (Art. 3 Abs. 3 der Richtlinie) im Falle der Lieferung einer mangelhaften Ware nach seinem Belieben zunächst zwischen Nachlieferung oder Nachbesserung (§ 439 Abs. 1 BGB) wählen. Seit der Schuldrechtsreform werden der Nachlieferungsanspruch und dessen Reichweite sowohl in der Rechtsprechung als auch in

des Verbrauchers darstellen. Zum gleichen Ergebnis vgl. *Aslan,* Tüketici Hukuku (Verbraucherrecht), 4. Aufl. Bursa 2014, S. 195.

29 Dies liegt vor, wenn der Mangel am Verbrauchsgut so unerheblich ist, dass er durch eine einfache Reparatur, die nicht kostenintensiv ist, leicht behoben werden kann.

30 So auch *Zevkliler/Aydogdu,* S. 82; *Aslan,* Tüketici Hukuku (Verbraucherrecht) 2. Aufl. Bursa 2004, S. 170 f.; *Atamer/Micklitz,* Türkisches Verbraucherrecht im Lichte des EG-Rechts, in: Kompatibilität des türkischen und europäischen Wirtschaftsrechts (Hg. Atamer/Hopt), Tübingen 2009, 159 (182); *dies.,* ZEuP 2005, 566 (582 f.); *Atamer/Inceoglu,* Satim Sözlesmesinde Tüketicinin Secimlik Haklari ve Avrupa Birligi Hukuku ile Uyumu Sorunu (Wahlrechte des Verbrauchers beim Kaufvertrag und Problematik zur Angleichung mit dem Unionsrecht), Istanbul 2012, S. 45.

31 Vgl. beispielsweise *Aydogdu,* Tüketici Hukuku Dersleri (Lehrbuch zum Verbraucherrecht), Ankara 2015, S. 144.

der Literatur in Deutschland kontrovers diskutiert. Nach § 439 Abs. 2 BGB ist der Verkäufer verpflichtet, die zum Zweck der Nacherfüllung erforderlichen Aufwendungen insbesondere Transport-, Wege-, Arbeits- und Materialkosten zu tragen. Das Kernproblem der Nachlieferung stellt die Frage dar, ob der für die Nachlieferung in Anspruch genommene Verkäufer verpflichtet ist, die Kosten für den Ausbau mangelhafter Ware und den Einbau der nachgelieferten mangelfreien Ware zu übernehmen. Ferner ist die Frage umstritten, ob der Verkäufer, sich auf § 439 Abs. 2 BGB berufend, die Art der vom Käufer gewählten Nacherfüllung verweigern kann, sofern diese im Verhältnis zur anderen Art unverhältnismäßig hohe Kosten mit sich bringen würde (*relative Unverhältnismäßigkeit*). Letztendlich stellt sich die Frage, ob der Verkäufer berechtigt ist, die Nacherfüllung zu verweigern, wenn auch die andere Art[32] nur mit unverhältnismäßig hohen Kosten möglich ist (*absolute Unverhältnismäßigkeit*).

Dem sog. Bodenfliesen-Urteil liegen zwei Vorabentscheidungsfragen zugrunde, die Auslegung von Art. 3 Abs. 2 und Abs. 3 Unterabschnitt 3 der Verbrauchsgüterrichtlinie betreffend: Der *Fall Gebr. Weber GmbH* ist sehr exemplarisch für den Umfang des Nachlieferungsanspruchs. Hier hatte ein Verbraucher bei der Weber GmbH zum Preis von 1382 EUR polierte Bodenfliesen gekauft. Nachdem der Verbraucher zwei Drittel der Fliesen in seinem Haus verlegen lassen hatte, stellte er mit bloßem Auge zu erkennende Schattierungen auf der Oberfläche fest und erhob daraufhin eine Mängelrüge. Die Schattierungen stellten unstrittig einen Sachmangel dar, welchen der Verkäufer, die Weber GmbH, nicht zu vertreten hat. Laut des Sachverständigengutachtens konnten diese nicht beseitigt werden, so dass die einzige Lösung der Ausbau der verlegten Fliesen und Einbau mängelfreier Fliesen darstellte. Die Kosten für den Aus- und Einbau betrugen 5830 EUR. Der Verbraucher hatte gegen den Verkäufer eine Klage beim LG Kassel[33] auf die Lieferung der mängelfreien neuen Fliesen und die Erstattung der Ein- und Ausbaukosten erhoben.[34] Der Verkäufer hatte die Kostenübernahme für den Ausbau der mangelhaften Fliesen, sich auf ihre Unverhältnismäßigkeit berufend, verweigert. In der dritten Instanz legte der BGH den Fall gem. Art. 267 AEUV zur Vorabentscheidung dem EuGH vor.

Beim *Fall Putz* hatte die Frau Putz von der Firma Medianes Elektronic eine Spülmaschine zum Preis von 367 EUR gekauft. Als die Verbraucherin die Spülmaschine bei sich in der Wohnung einbauen lassen hatte, stellte sich heraus, dass die Spülmaschine mit einem unbehebbaren Sachmangel, der nicht auf die Montage zurückzuführen war, behaftet war. Daraufhin vereinbarten die Parteien den Austausch der Spülmaschine. Die Verbraucherin verlangte neben der Lieferung einer mängelfreien Spülmaschine auch den Ausbau der mangelhaften und den Einbau der

---

32 Zur absoluten Unverhältnismäßigkeit gehört auch der Umstand, dass eine einzige Nacherfüllungsart besteht und diese nur mit absolut hohen (d.h. unverhältnismäßig hohen) Kosten möglich ist. Vgl. hierzu BGH, NJW 2012, 1073.

33 LG Kassel Urteil v. 24.1.2006 – O 1248/06, BeckRS2009, 29844.

34 Vgl. zum Berufungsurteil am OLG Frankfurt a.M. Urt. v. 14.2.2008- 15 U 5/07 BeckRS2008, 05877.

neuen Spülmaschine. Da Medianes Elektronic darauf nicht reagierte, trat sie vom Kaufvertrag zurück. Sie hatte gegen den Verkäufer beim AG Schorndorf Klage auf Rückerstattung des Kaufpreises Zug um Zug gegen Übergabe der Spülmaschine erhoben.[35] Diesmal hatte AG Schorndorf den Fall bereits in der ersten Instanz zur Vorabentscheidung dem EuGH vorgelegt.

In beiden Fällen, welche der EuGH miteinander verband, wurden hauptsächlich zwei Vorlagefragen an den EuGH gestellt: die erste Frage war, ob die Herstellung des vertragsgemäßen Zustandes im Sinne des Art. 3 Abs. 2 und Abs. 3 Unterabsatz 3 der Richtlinie neben der Nachlieferung auch die Ausbaukosten der mangelhaften und die Einbaukosten der mangelfreien Bodenfliesen umfasst.[36] Als zweite Frage stellte sich dem EuGH[37], ob der Verkäufer die vom Verbraucher verlangte Art der Nacherfüllung (einschließlich Ein- und Ausbaukosten) auch dann verweigern kann, wenn sie ihm unverhältnismäßig hohe Kosten verursachen würde, welche im Vergleich zum Wert der mangelfreien Sache, und zu der Bedeutung der Vertragswidrigkeit unzumutbar (absolut unverhältnismäßig) wären (Art. 3 Abs. 3 der Richtlinie). Die Richtlinie räumt dem Verkäufer nämlich nur bei der relativen Unverhältnismäßigkeit ein Verweigerungsrecht ein.

II. Das Urteil des EuGH vom 16.6.2011

Der EuGH vereinigte beide Verfahren und entschied ein Jahr später überraschend im Gegensatz zu den Erwartungen.[38] Demnach ist der Verkäufer verpflichtet, das gutgläubig[39] und entsprechend seiner Art und dem Verwendungszweck vom Verbraucher eingebaute mangelhafte Verbrauchsgut selbst auszubauen und das als Ersatz gelieferte mangelfreie Verbrauchsgut einzubauen oder die für den Aus- und Einbau erforderlichen Kosten zu tragen. Diese Verpflichtung des Käufers besteht, so der EuGH, unabhängig davon, ob er kaufvertraglich verpflichtet war, das ursprünglich gekaufte Verbrauchsgut einzubauen. Dogmatisch begründet der EuGH sein Urteil grundsätzlich auf folgende Argumente[40] stützend:

35 AG Schorndorf, Beschluss v. 25.2.2009- 2 C 818/08, BeckRS, 88603.

36 Vgl. vorangegangene Fußnote.

37 Der BGH hat ferner die Frage zur Vorabentscheidung dem EuGH vorgelegt, ob der Verkäufer im Rahmen seiner Nachlieferungsverpflichtung die Ausbaukosten der mangelhaften Ware tragen muss. Vgl. BGH, NJW 2009, 1660.

38 Der Generalanwalt hat nämlich die Vorabentscheidungsfrage nach der Übernahme der Ein- und Ausbaukosten verneint und das Verweigerungsrecht des Verkäufers zur absoluten Unverhältnismäßigkeit für zulässig gehalten. Vgl. *Lorenz*, Ein- und Ausbauverpflichtung des Verkäufers bei der kaufrechtlichen Nacherfüllung, NJW 2011, 2241 (2242 ff.).

39 Das heißt in Unkenntnis des Mangels, so auch *Lorenz*, NJW 2011, 2241 (2242).

40 Vgl. *Purnhagen*, Zur Auslegung der Nacherfüllungsverpflichtung – Ein Paukenschlag aus Luxemburg, EuZW 2011, 626 (627); *Jaensch*, Der Umfang der kaufrechtlichen Nacherfüllung, NJW 2012, 1025.

1. Die dem Verkäufer auferlegte Verpflichtung zur unentgeltlichen Herstellung des vertragsgemäßen Zustandes des Verbrauchsgutes (in Art. 3 Abs. 2 der Richtlinie), sei es durch Nachbesserung, sei es durch Austausch des vertragswidrigen Verbrauchsguts, soll den Verbraucher vor drohenden finanziellen Belastungen schützen, um seine Ansprüche geltend zu machen. Ohne diesen Schutz würde der Verbraucher eventuell von der Geltendmachung abgehalten werden (Rn. 46).
2. Wenn der Verkäufer den Ein- und Ausbau nicht selbst vornimmt bzw. die Kosten nicht trägt, so würde die Ersatzlieferung für den Verbraucher zu zusätzlichen finanziellen Lasten führen, die er bei der vertragsgemäßen Erfüllung nicht hätte tragen müssen (Rn. 47). Die Annahme, dass Art. 3 der Richtlinie den Verkäufer nicht verpflichte, führt dazu, dass der Verbraucher für die Ausübung des von ihm gewählten Rechtsbehelfs zusätzliche Kosten tragen müsse (Rn. 48). In diesem Fall wäre die Ersatzlieferung nicht unentgeltlich im Sinne von Art. 3 Abs. 2 und 3 der Richtlinie (Rn. 49).
3. Die Aus- und Einbaukosten gehören zwar nicht zu den in Art. 3 Abs. 4 aufgezählten Kosten, wie z.B. Versand-, Arbeits- und Materialkosten. Diese Aufzählung ist aber nicht abschließend (Rn. 50).
4. Der Begriff „Ersatzlieferung" wird in einzelnen Sprachfassungen unterschiedlich verstanden. Die deutsche Sprache spricht hierzu für eine etwas engere Leseart. Das Wort „Ersatzlieferung" bezieht sich auf den Vorgang in seiner Gesamtheit und impliziert nicht nur „die bloße Lieferung des Ersatzes", sondern sie deutet auf eine Verpflichtung hin, das mangelhafte Verbrauchsgut durch das als Ersatz gelieferte auszutauschen (Rn. 54). Die Kosten für den Aus- und Einbau gehörten zu den in Art. 3 Abs. 4 der Richtlinie nicht ausdrücklich erwähnten Kosten (Versand-, Arbeits- und Materialkosten). Dabei soll es sich um eine beispielhafte Aufzählung handeln. Diese Kosten würden „für die Herstellung des vertragsgemäßen Zustands des Verbrauchergutes notwendige Kosten" darstellen (Rn. 50).
5. Die Verpflichtung zur Übernahme der Kosten für den Aus- und Einbau würde dem Zweck der Richtlinie, ein hohes Verbraucherschutzniveau zu gewährleisten, entsprechen (Rn. 55).
6. Daher führt der Umstand, dass der Verkäufer auch ohne Verschulden die Kosten für den Aus- und Einbau tragen muss, nicht „zu einem ungerechten Ergebnis". Der Verbraucher hat als Käufer seinerseits das Erforderliche getan, den Kaufpreis gezahlt und gutgläubig gemäß seiner Art und seinem Verwendungszweck das Verbrauchsgut eingebaut (Rn. 56). Hätte der Verkäufer auch vertragsgemäß erfüllt, wären diese zusätzlichen Kosten nicht entstanden (Rn. 57).
7. Die dem Verbraucher in Art. 3 der Richtlinie eingeräumten Wahlrechte bezwecken eine Situation herzustellen, die entstehen würde, wenn der Verkäufer vertragsgemäß erfüllt hätte, aber nicht die Situation, die vorteilhafter ist als diejenige, die vorgelegen hätte, wenn der Verkäufer am Anfang ein vertragsmäßiges Verbrauchsgut geliefert hätte (Rn. 60).

Zur zweiten Vorlagefrage entschied der EuGH wiederum entgegen der Anträge des Generalanwalts, dass der Verkäufer die Ersatzlieferung für ein mangelhaftes

Verbrauchsgut als einzig mögliche Art der Nacherfüllung nicht aus dem Grund verweigern kann, weil sie ihm wegen der Verpflichtung zum Ein- und Ausbau unverhältnismäßig hohe Kosten verursachen würde. Dies würde, so der EuGH, dem Wortlaut des Art. 3 Abs. 3 Unterabschnitt 2 der Richtlinie widersprechen. Demnach ist § 439 Abs. 3 BGB europarechtswidrig (totale Unverhältnismäßigkeit). Indes verbietet Art. 3 Abs. 3 der Richtlinie nicht, dass der Anspruch des Verbrauchers auf Erstattung der Kosten für den Aus- und Einbau auf einen angemessenen Betrag[41] beschränkt wird. Dieses Urteil bestätigt unter anderem, dass dem Verkäufer das Recht zur Verweigerung der Nachbesserung oder Ersatzlieferung nur im Falle der Unmöglichkeit oder relativen Unverhältnismäßigkeit zusteht (Rn. 71).[42] Dabei ist zu berücksichtigen, dass die Richtlinie ein hohes Verbraucherschutzniveau gewähren will, damit das Recht des Verbrauchers auf die Erstattung der Ein – und Ausbaukosten durch die Herabsetzung der Kosten in der Praxis nicht ausgehöhlt wird (Rn. 76).

III. Auswirkungen des Urteils auf das türkische Recht

1. *Verpflichtung des Verkäufers zur Übernahme der Ein- und Ausbaukosten*

Nun bleibt zu prüfen, wie die Rechtslage in TVSG a.F. in Bezug auf die Verpflichtung des Verkäufers zur Kostenübernahme wegen des Aus- und Einbaus war. Hier interessiert zunächst die Frage, ob das TVSG zum Thema zum Aus- und Einbaukosten im Sinne des Bodenfliesen-Urteils hätte revidiert werden müssen, oder ob die Rechtslage im TVSG a.F. schon damals den Auslegungsergebnissen des EuGH entsprochen hat. Nach dem Wortlaut des Art. 4 TVSG a.F. stand dem Verbraucher zu, vom Verkäufer *Austausch mit einer mangelfreien Ware, unentgeltliche Nachbesserung, Minderung und Rücktritt* zu verlangen. Obwohl hier die Nachbesserung, der Richtlinie entsprechend, unentgeltlich zu erfolgen hat, hat der türkische Gesetzgeber die „Unentgeltlichkeit der Nachlieferung" nicht wörtlich hervorgehoben. Nach herrschender Literaturansicht zum damaligen Recht musste auch die Nachlieferung unentgeltlich geschehen.[43] Im unmittelbaren Anschluss an die Regelung der Rechtsbehelfe des Verbrauchers verpflichtete das TVSG a.F. den Verkäufer, „dem vom Verbraucher gewählten Rechtsbehelf zu entsprechen". Ferner enthielt das TVSG a.F. in Art. 4 eine Regelung, wonach die Unkenntnis über die Mangelhaftigkeit der gelieferten Ware die Haftung nicht ausschließt. Mit dieser Norm wurde

---

41 Die Angemessenheit dieses Betrags bemisst sich an dem Wert, den das Verbrauchsgut hätte, wenn es vertragsgemäß wäre und an der Bedeutung der Vertragswidrigkeit. Vgl. Rn. 74.

42 EuGH v. 16.6.2011: *„Erweist sich nur eine dieser beiden Abhilfen als möglich, kann der Verkäufer die einzige Abhilfe, durch die sich der vertragsgemäßer Zustand des Verbrauchsguts herstellen lässt, somit nicht verweigern"* (Rn. 71).

43 Statt vieler vgl. *Aslan*, 2. Auflage S. 199; *Atamer/Micklitz*, S. 182; *Kocatepe*, RIW 2012, 844 (846).

unmissverständlich betont, dass die Gewährleistungshaftung *verschuldensunabhängig* ist. Aus dem Wortlaut der erwähnten Vorschriften über die Mängelhaftung ergab sich somit nicht expressis verbis, ob der Verkäufer im Rahmen seiner Verpflichtung zur Nachlieferung auch für die Kosten des Ein- und Ausbaus aufkommen muss.

Die Rechtslage war vor der Änderung des Verbraucherschutzgesetzes (Nr. 4077) „im Jahre 2003" – durch das Gesetz vom 06.03.2003 Nr. 4822 – anders. In der alten Fassung des Art. 4 TVSG von 1995 war nämlich dem Verbraucher das Recht eingeräumt, *alle wegen der Mangelhaftigkeit von ihm erlittenen Schäden*, von allen in der Absatzkette Beteiligten, aber vor allem vom Verkäufer, zu verlangen. Bei dieser Gesetzesänderung war jedoch die Vorschrift über die Gewährleistungshaftung für mangelhafte Dienstleistungen (Art. 4A Abs. 3 TVSG), welche eine erhebliche Parallelität zur Sachmängelhaftung aufweisen, unverändert geblieben. Demnach konnte ein Verbraucher in seiner Eigenschaft als Dienstleistungsempfänger weiterhin alle Schäden vom Dienstleister verlangen. Da kein gesetzgeberischer Grund ersichtlich war, dem Verbraucher die Möglichkeit eines Schadensersatzes vorzuenthalten, war anzunehmen, dass die alte Norm zur Frage eines Schadensersatzes für mangelhafte Ware weiterhin galt.[44] Hier hatte wohl der Gesetzgeber das Recht auf Schadensersatz wegen Mangelhaftigkeit als eine Selbstverständlichkeit betrachtet und von einer expliziten Normierung abgesehen. Die Annahme einer gegenteiligen Auffassung hätte einen Rückschritt im Hinblick auf einen effektiven Verbraucherschutz bedeutet.

Zur Geltungszeit der alten Fassung des Art. 4 TVSG von 1995 hat sich der Kassationsgerichtshof in zwei in der Literatur[45] erwähnten Fällen, die dem Bodenfliesen-Fall sehr ähnlich waren, mit der Kostenfrage bei der Nacherfüllung befassen müssen.[46] In beiden Fällen ging es um den Austausch eines defekten Pkws gegen einen mangelfreien neuen Pkw. In seiner knappen Urteilsbegründung hat der Kassationsgerichtshof ausgeführt, dass, da der Verkäufer zur Nachlieferung verpflichtet ist, er auch alle für die Nachlieferung erforderlichen Kosten übernehmen muss. In beiden Fällen hatte der Verbraucher vom Verkäufer jeweils die *Preisdifferenz*, *Steuern*,[47] *Notarkosten* und die *Gebühren* für die Abmeldung des mangelhaften Wagens – und für die Anmeldung des neu gelieferten Wagens verlangt. Diese sind durch den

---

44 So auch *Aslan*, 2. Auflage S. 218 und S. 222.

45 Vgl. statt vieler, *Zevkliler/Aydogdu*, S. 1039 f. und S. 1060; *Kadioglu*, Tüketicinin Korunmasi Hakkinda Kanun (Verbraucherschutzgesetz), 2. Aufl. Ankara 2005, S. 131 f.; *Kocatepe*, RIW 2012, 844 (847).

46 Yargitay 13. HD. v. 25.10.1999, E. 7368 K. 7467 abgedruckt in: *Zevkliler/Aydogdu*, S. 1039 f.; Yargitay 13. HD. v. 2.7.2001, E. 6663 K. 7191 abgedruckt in: *Zevkliler/Aydogdu*, S. 1060; Yargitay 13. HD. v. 24.3.2003 E. 2002/2541 K. 2003/3237, abgedruckt in: *Kadioglu* S. 131 f.

47 In seinem Urteil vom 27.6.2002 hat der Kassationsgerichtshof entschieden, dass der Verkäufer für alle Steuern im Falle des Austausches eines mangelhaften Pkw gegen einen mangelfreien aufzukommen hat. Yargitay 13 HD. E. 6520 K. 7903, abgedruckt in: *Kadioglu*, S. 158. In diesem Fall hat der Kläger vermutlich nur die Erstattung der Steuern vom beklagten Verkäufer verlangt.

Kassationsgerichtshof zuerkannt worden. Die Gebühren sind mit den Aus- und Einbaukosten in der Bodenfliesen-Entscheidung vergleichbar, so dass man hätte meinen können, dass das oberste Gericht der Türkei mit seiner Entscheidung – bereits vor dem EuGH-Urteil – der Vorgabe der Richtlinie und der Rechtsprechung des EuGH insofern entsprochen hat.[48]

Ob der Kassationsgerichtshof nach der Änderung des Art. 4 TVSG im 2003 noch eine dahingehende verschuldensunabhängige Verpflichtung zur Übernahme aller durch die Nachlieferung entstandenen Kosten zugesprochen hat, entzieht sich meiner Kenntnis. Wie vorhin festgestellt, ist die Annahme naheliegend, dass die Regelung des alten TVSG von 1995 bezüglich der Kostenfrage noch weiterhin galt. Um der Rechtssicherheit willen war jedoch die gesetzgeberische Klärung dieser umstrittenen Rechtsfrage angezeigt. Der Gesetzgeber hat diese Aufgabe gesehen und die Revision des TVSG im Jahre 2013 zum Anlass genommen, die angesprochenen Unklarheiten zu beseitigen.

Das neue TVSG ordnet in Art. 11 die Wahlrechte des Verbrauchers im Falle einer Lieferung mangelhafter Ware an. In Art. 11 Abs. 1 lit. a und b sind Rücktritts- und Minderungsrechte vorgesehen. Nach Art. 11 Abs. 1 lit. c kann der Verbraucher aber auch vom Verkäufer, die kostenfreie Nachbesserung (Reparatur) verlangen, wobei *alle Kosten* der Verkäufer zu tragen hat, sofern die Nachbesserung nicht übermäßig hohe (auf Türkisch „aşırı") Kosten erfordert. Laut Art. 11 Abs. 1 lit. d steht dem Verbraucher, falls es nicht unmöglich ist, eine Ersatzlieferung (wörtlich: Austausch der mangelhaften Ware mit einer mangelfreien) zu. Allein vom Wotlaut des Art. 11 TVSG n.F. ausgehend läßt sich feststellen, dass der Gesetzgeber mit der Vorschrift in Art. 11 Abs. 1 – insbesondere – lit. c und d, den Art. 3 Abs. 3 der Richtlinie im Wege eines autonomen Rechtsharmonisierungsaktes ins türkische Verbrauchergesetz zu transportieren bezweckt hat. Obwohl es aus dem Wortlaut von Art. 11 Abs. 1 lit. c und d TVSG n.F. ausdrücklich nicht hervorgeht, ist aufgrund des erwähnten gesetzgeberischen Zwecks aus Art. 11 Abs. 1 TVSG n.F. teleologisch zu reduzieren, dass die Nachlieferung auch „unentgeltlich" durch den Verkäufer – oder durch den Weiteren, in Anspruch genommenen – erbracht werden muss.

Nach dieser Feststellung interessiert nun hier die brisante Frage, ob die Aus- und Einbaukosten im Falle der kostenlosen Nachlieferung (Ersatzlieferung) vom Verkäufer getragen werden müssen. Das TVSG beantwortet diese Frage nicht explizit, also nicht geschnitten auf den Nachlieferungsbehelf, sondern für alle Wahlrechte des Verbrauchers. Laut Art. 11 Abs. 6 werden alle infolge der Ausübung der Wahlrechte entstehenden Kosten durch die in Anspruch genommene Partei (je nach geltend gemachtem Wahlrecht, also durch Verkäufer, Hersteller oder Importeuer) getragen. Bei der Ausarbeitung dieser Norm hat der Gesetzgeber scheinbar das Bodenfliesen-Urteil mit berücksichtigt. Dies lässt sich u.a. aus dem Wortlaut der Vorschrift ableiten. Denn es ist in der jetzigen Fassung des Art. 11 Abs. 6 von *allen infolge der Ausübung der Wahlrechte entstehenden Kosten* die Rede, während die

48 So auch *Kocatepe*, RIW 2012, 844 (847).

Fassung von 1995 den Ausdruck *alle Schäden* enthielt. In der Gesetzesbegründung des Art. 11 Abs. 3 TVSG n. F. wird betont, dass der Verbraucher durch die Ausübung seines Wahlrechts keinerlei Kosten tragen muss.[49] Statt einer beispielhaften Aufzählung bediente sich der Gesetzgeber einer pragmatischen Formulierung. Dass auch die Kosten des Aus- und Einbaus unter den Kostenbegriff in Art. 11 Abs. 6 TVSG fallen, steht außer Frage. In diesem Kontext ist besonders begrüßenswert, dass der Anspruch auf die Erstattung dem Verbraucher nicht nur bei der Nacherfüllung, sondern auch bei Minderung und Rücktritt zusteht.[50] Somit geht das Schutzniveau des Entwurfs über das der Richtlinie hinaus.

Zur Aus- und Einbaupflicht des Verkäufers gelangt man aus der wortgetreuen Auslegung der Vorschrift Art. 11 Abs. 1 lit. d. Der Gesetzgeber hat sich bei der autonomen Umsetzung des Art. 3 Abs. 3 der Richtlinie statt des dort verwendeten Wortes „Ersatzlieferung" für die Wörter – unentgeltlicher – „*Austausch mit einer mangelfreien Ware*"[51] entschieden. Dem unentgeltlichen Austausch mit einer mangelfreien Ware wohnt die Kostenpflicht des Verkäufers zum Aus- und Einbau inne. Demnach hat der Verkäufer – unabhängig von der vertraglichen Vereinbarung[52] – die Verantwortung, sprich finanzielle Belastung, im hier debattierten Bodenfliesen-Fall zu tragen, dass die mangelhaften Bodenfliesen mit den mangelfreien (unentgeltlich) ausgetauscht werden.

Zusätzlich zum Kostenanspruch räumt Art. 11 Abs. 6 TVSG n. F. dem Verbraucher das Recht ein, seinen Schaden gem. allgemeiner Bestimmungen des TOG vom in Anspruch genommenen Gewährleistungsschuldner zu verlangen. Aufgrund dieses Verweises sollen also hier die Vorschriften über Schadensersatz wegen der Verletzung der vertraglichen Pflichten zur Anwendung kommen. Mit der Lieferung eines mangelhaften Verbrauchsguts verstößt der Verkäufer nämlich gegen seine Hauptleistungspflicht, eine mangelfreie Ware zu liefern. Somit hat er gem. Art. 112 TOG dem Verbraucher den daraus entstandenen Schaden zu ersetzen, wenn er die Mangelhaftigkeit zu vertreten hat.[53] Das TOG enthält indes schadensersatzrechtliche

49 Zur Gesetzesbegründung vgl. http://www.tbmm.gov.tr/sirasayi/donem24/yil01/ss490.pdf (Stand: 20.2.2015).

50 Wie mehrmals erwähnt, muss der Verbraucher im türkischen Recht nicht zunächst den Nacherfüllungsanspruch geltend machen, um auf die Minderung oder den Rücktritt überzugehen. Er kann also direkt z.B. die Minderung des Kaufpreises auswählen, ohne zuerst eine angemessene Frist für die Nacherfüllung setzen und deren fruchtlosen Ablauf abwarten zu müssen.

51 Auf Türkisch: „*Imkan varsa, satilanin ayipsiz bir misliyle degistirilmesini isteme*".

52 D.h. unabhängig davon, ob der Verkäufer im Vertrag zur Verlegung der Bodenfliesen verpflichtet war, oder nicht.

53 Da nach der Gesetzesfassung Verschulden des Schadensersatzpflichtigen zu vermuten ist, hat der Schadensersatzpflichtige zunächst zu beweisen, dass er weder vorsätzlich noch fahrlässig gehandelt hat, um sich der Schadensersatzpflicht entziehen zu können (Art. 112 TOG).

spezielle Vorschriften (*lex specialis*) im Falle des Rücktritts[54] bei einer mangelhaften Lieferung einer Kaufsache, Art. 229 Abs. 1 Nr. 3 und Abs. 3 TOG, wobei sie *per analogiam* auch auf die Fälle der Minderung, Nachlieferung und Nachbesserung anzuwenden sind.[55]

Diese Normen sind im Vergleich zu allgemeinen Schadensersatzvorschriften bei der Verletzung der vertraglichen Pflichten für den Verbraucher als Käufer vorteilhafter. Nach Art. 229 Abs. 1 Nr. 3 TOG kann nämlich der Käufer seine durch die Lieferung der mangelhaften Ware entstandenen unmittelbaren Schäden *verschuldensunabhängig* vom Verkäufer verlangen, während ausweislich des Art. 229 Abs. 3 TOG weitere, d.h. mittelbare Schäden nur beim Vorliegen eines Verschuldens seitens des Verkäufers gelten gemacht werden können. Es ist naheliegend, die Regelung in Art. 11 Abs. 6 Satz 2 TVSG expressiv auszulegen, weil dadurch ein besserer Schutz für den Verbraucher erreicht werden kann.[56] Es ist nämlich kein gesetzgeberischer Grund ersichtlich, der rechtfertigen kann, den Verbraucher im Vergleich zum Käufer bei Handelskauf schlechter zu stellen. Diesem Verweis auf allgemeine Bestimmungen liegt wohl zugrunde, dass der Gesetzgeber einfach eine Parallelität zur Vorschrift über das Wahlrecht des Käufers in Art. 227 TOG herstellen möchte. Dieser Verweis kommt dort mit dem exakten Wortlaut vor. Somit ist festzulegen, dass der Verbraucher den ihm durch die Lieferung des mangelhaften Verbrauchsguts entstandenen unmittelbaren Schaden verschuldensunabhängig vom Verkäufer verlangen kann.

Als Nächstes stellt sich nun die Frage, was unter ersatzfähigem unmittelbarem Schaden hier zu verstehen ist. Bei der Beurteilung der Frage nach dem mittelbaren Schaden ist auf die Nähe bzw. Intensität des Kausalzusammenhangs zwischen der Schadensursache und dem eingetretenen Schaden abzustellen.[57] So ist ein unmittelbarer Schaden gegeben, wenn der Schaden ohne Hinzutreten weiterer Schadensursachen in direkter Folge der Mangelhaftigkeit der Kaufsache innerhalb der Kausalkette entstanden ist. Indes ist ein mittelbarer Schaden anzunehmen, wenn der Schaden durch zusätzliche Teilursachen entstanden ist, sodass der Schaden als entfernte (indirektere) Folge der Mangelhaftigkeit der Kaufsache in Erscheinung tritt.[58] In diesem Sinne sind bestimmte Mangelfolgeschäden unter den unmittelbaren Schaden zu subsumieren, wie z.B. infolge des mangelhaften Verbrauchsguts an

---

54 So auch *Gümüs*, Tüketicinin Korunmasi Hakkinda Kanun Serhi (Kommentar zum Verbraucherschutzgesetz) Band I, Istanbul 2014, S. 104.

55 Vgl. *Aral/Ayranci*, Borclar Hukuku Özel Borc Iliskileri (Schuldrecht, Besonderer Teil), 9. Aufl. Ankara 2013, S. 137, S. 139; BSK ORI/*Honsell*, Obligationenrecht I, Basler Kommentar 4. Aufl. Basel 2007, Art. 208 Anm. 7. Art. 11 Abs. 6 Satz 2 ordnet dagegen expressis verbis an, dass der Schadenersatzanspruch bei allen Wahlrechten (also nicht nur beim Rücktritt) zusätzlich geltend gemacht werden kann.

56 Zum gleichen Ergebnis vgl. *Gümüs*, S. 112.

57 *Temel*, VersRAl 2013 Heft 1 2013, 11 (15).

58 *Temel*, VersRAl 2013 Heft 1 2013, 11 (15).

der Gesundheit oder an anderen Sachen erlittener Schaden.[59] Dagegen stellt der Nutzungsausfall infolge der Reparatur einen mittelbaren Schaden dar, welcher nur bei Verschulden des Verkäufers zu ersetzen ist.

2. *Verweigerung der Nacherfüllung wegen Unmöglichkeit sowie absoluter und relativer Unverhältnismäßigkeit*

Als Letztes ist der Frage nach dem Verweigerungsrecht des Verkäufers wegen absoluter und relativer Unverhältnismäßigkeit sowie Unmöglichkeit nachzugehen. Zunächst zum alten Verbraucherrecht: Die Bodenfliesen-Entscheidung stellte klar, dass der Verkäufer nur bei Unmöglichkeit und relativer Unverhältnismäßigkeit das Recht zur Verweigerung der Nacherfüllung hat. Das alte türkische Verbraucherschutzgesetz erkannte dem Verkäufer kein Verweigerungsrecht an. Dies ergab sich aus dem eindeutigen Wortlaut des Art. 4 Abs. 2 Satz 3 TVSG a.F.: *„Der Verkäufer ist verpflichtet, dem vom Verbraucher ausgewählten Rechtsbehelf zu entsprechen"*. Somit hat die Vorschrift des Art. 3 Abs. 3 der Richtlinie im Wege eines autonomen Rechtsharmonisierungsaktes keinen Niederschlag im TVSG a.F. gefunden.

Der Grund dieser Entscheidung des türkischen Gesetzgebers kann wohl im Gedanken an besseren Schutz des Verbrauchers liegen. Daher handelte sich hier um keine Gesetzeslücke,[60] die aufgrund des Verweises des Art. 83 TVSG n.F. durch die Vorschrift des TOG über das Verweigerungsrecht des Verkäufers (Art. 227 TOG) geschlossen werden kann.[61] Der Verbraucher muss, wie bei jeder Rechtsausübung auch, hier nach Treu und Glauben handeln. Die Grenze der Auswahl des Rechtsbehelfs im alten Verbraucherrecht bildete also der Grundsatz „Treu und Glauben" in Art. 2 TZGB. Infolgedessen konnte der Verkäufer den vom Verbraucher gewählten Rechtsbehelf, sprich die Nachlieferung oder Nachbesserung verweigern, wenn er verglichen mit den anderen Rechtsbehelfen einen offenen Rechtsmissbrauch darstellt. Denn der offene Missbrauch wird gem. Art. 2 Abs. 2 TZGB von der Rechtsordnung nicht geschützt.

Die türkische Lösung zum Verweigerungsrecht mag ein hohes Niveau des Verbraucherschutzes erzielen. Dieses Ziel darf aber nicht um jeden Preis erreicht werden, sodass es für den Verkäufer zu sehr ungemessenen bzw. unakzeptablen Ergebnissen führt. Daher sollen die finanziellen Interessen des Verkäufers wie es in Art. 3 Abs. 3 der Richtlinie der Fall ist, durch die eröffnete Möglichkeit, die Nacherfüllung zu verweigern, geschützt werden, wenn sie dem Verkäufer Kosten verursachen, die

59 Auch nach Gesetzesbegründung fallen unter die gem. Art. 11 Abs. 6 Satz 2 TVSG zu ersetzenden Schäden, wie die durch die – Benutzung der – mangelhaften Waren hervorgetreten Tod, Gesundheitsverletzung sowie Schäden an weiteren Sachen. Zur Gesetzesbegründung vgl. http://www.tbmm.gov.tr/sirasayi/donem24/yil01/ss490.pdf (Stand: 20.2.2015).

60 So auch *Aslan*, 2. Auflage S. 163.

61 Zur anderen Ansicht vgl. *Kocatepe*, RIW 2012, 844 (849).

im Vergleich zu den anderen Rechtsbehelfen unzumutbar wären. Nur somit kann die vollständige Rechtskonformität gewährleistet werden.

Dieser Tatsache hat der Gesetzgeber Rechnung getragen und bei der Revision des TVSG in 2014 eine Einschränkung bei der Ausübung der Wahlrechte durch den Verbraucher zugunsten des Wahrechtgegners vorgenommen. Nach Art. 11 Abs. 3 TVSG n.F.

> *„kann der Verbraucher den Rücktritt oder die Minderung verlangen, wenn die unentgeltliche Nachbesserung oder der Austausch mit einer mangelfreien Ware für den Verkäufer unverhältnismäßige Schwierigkeiten mit sich bringt. Bei der Feststellung der Unverhältnismäßigkeit werden die Umstände wie der Wert, den die Ware ohne Mängel hätte, die Bedeutung der Mangelhaftigkeit sowie die Erwägung der Frage, ob die Beanspruchung der weiteren Wahlrechte dem Verbraucher Probleme* (sprich Unannehmlichkeiten) *bereitet, mit zu berücksichtigen."*

Es steht außer Frage, dass durch diese Norm die Vorschrift des Art. 3 Abs. 3 der Richtlinie autonom ins TVSG meistenteils transformiert wurde. Aus dem Wortlaut des Art. 11 Abs. 3 TVSG n.F. lässt sich aber nicht unmittelbar ableiten, dass der Verkäufer auch im Falle der Unmöglichkeit die Nachlieferung oder Nachbesserung verweigern kann. Dass dem Verkäufer ein Verweigerungsrecht bei Unmöglichkeit der Nacherfüllung zusteht, lässt sich allerdings aus der teleologischen Reduktion und vor allem aus systematischer Auslegung schließen. Ausweislich Art. 11 Abs. 1 lit. d TVSG n.F. steht nämlich dem Verbraucher die Ersatzlieferung nur zu, falls sie nicht unmöglich ist. Ferner ergibt sich aus der Gesetzesbegründung, dass der Käufer, obwohl es vom Wortlaut des Art. 11 Abs. 1 lit. d TVSG n.F. nicht erfasst ist, im Falle der Unmöglichkeit auch die Nachbesserung nicht verlangen darf.[62] Dieses Ergebnis wäre eher aus Denkgesetzen der Logik herzuleiten.

Art. 11 Abs. 3 TVSG besagt, dass sich die Wahlrechte des Käufers, Nachbesserung und Nachlieferung auf Rücktritt und auf Minderung beschränkt, wenn diese erst genannten beiden Wahlrechte unverhältnismäßigen Schwierigkeiten für den Verkäufer herbeiführen. Diese Vorschrift ist normtechnisch nicht unbedenklich. Denn sie lässt sich auch so verstehen, dass sich die Wahlrechte des Käufers nur auf Rücktritt und Minderung beschränken, wenn beispielsweise Nachbesserung unverhältnismäßige Schwierigkeiten mit sich bringt, obwohl die Nachlieferung für den Verkäufer noch zumutbar ist. Die Beispiele in der Gesetzesbegründung lassen allerdings diese Unklarheit beseitigen. Folglich ist die Vorschrift richtigerweise dahingehend zu verstehen, dass sich das Wahlrecht des Käufers auf die andere Art der Wahlrechte beschränkt, wenn die Ersatzlieferung oder Nachbesserung – verglichen mit den anderen Wahlrechten – unverhältnismäßige Schwierigkeiten für den Verkäufer mit sich bringen. Bei der Feststellung der unverhältnismäßigen Schwierigkeiten bediente sich der türkische Gesetzgeber gleicher Kriterien wie der europäische

62 Zur Gesetzesbegründung vgl. http://www.tbmm.gov.tr/sirasayi/donem24/yil01/ss490.pdf (Stand: 20.02.2015).

Gesetzgeber. Unter den Begriff der unverhältnismäßigen Schwierigkeiten fällt vor allem der, der unverhältnismäßig – hohen – Kosten.[63] Art. 11 Abs. 1 lit. c TVSG n.F. weist auch darauf hin. Nach Art. 11 Abs. 1 lit. c kann der Käufer die Nachlieferung verlangen, sofern sie nicht übermäßig hohe Kosten erfordert.

Es ist festzustellen, dass das neue TVSG dem Verkäufer bei der relativen Unverhältnismäßigkeit die Möglichkeit einräumt, die jeweilige Nacherfüllungsart zu verweigern. Nun bleibt nur noch zu prüfen, ob der Verkäufer die Nachlieferung verweigern darf, wenn sie den einzig möglichen Rechtsbehelf darstellt. Das neue TVSG enthält der Richtlinie entsprechend, welche als Vorlage gedient hat, keine ausdrückliche Bestimmung über das Verweigerungsrecht des Verkäufers bei absoluter Unverhältnismäßigkeit. Aus dem Umkehrschluss des Art. 11 Abs. 3 TVSG n.F. in Verbindung zu Art. 11 Abs. 1 letzter Satz ergibt sich jedoch, dass dem Verkäufer bei absoluter Unverhältnismäßigkeit kein Verweigerungsrecht zusteht. Wie der oben erwähnten Bodenfliesenentscheidung schlicht und ergreifend zu entnehmen ist, verbietet auch eine richtlinienkonforme Auslegung ein Verweigerungsrecht des Verkäufers, wenn die Nachlieferung die einzig mögliche Art des Wahlrechts ist, auch wenn sie nur unverhältnismäßig hohe Kosten mit sich bringt. Somit ist festzuhalten, dass auch im türkischen Recht der Verkäufer verpflichtet ist, die mangelfreien Bodenfliesen nachzuliefern.[64]

Wie vorne ausgeführt, hat er ferner die Aus- und Einbaukosten zu tragen. Dies ergibt sich aus dem Art. 11 Abs. 6 TVSG, welcher dem Verkäufer alle infolge der Ausübung der Wahlrechte entstehenden Kosten aufbürdet. Die Frage, ob diese Norm die Höhe der Aus- und Einbaukosten umfasst, ist zu bejahen. Der EuGH hat jedoch die Richtlinie, um einer unzumutbaren Ausdehnung der Nacherfüllungspflicht Grenzen zu setzen, dahingehend ausgelegt, dass der Anspruch auf Aus- und Einbaukosten auf den Wert des Kaufpreises begrenzt werden kann.[65] Der türkische Gesetzgeber hat sich für einen besseren Schutz der Verbraucher entschieden und von einer Begrenzung der Kostenübernahmepflicht des Verkäufers (und weiteren Anspruchsgegnern) bei der Ausübung der Wahlrechte abgesehen.[66]

---

63 Zur Gesetzesbegründung vgl. http://www.tbmm.gov.tr/sirasayi/donem24/yil01/ss490.pdf (Stand: 20.02.2015).

64 Zum neuen TVSG ist anzumerken, dass eine ausdrückliche Bestimmung über die Nachlieferungsplicht auch bei der absoluten Unverhältnismäßigkeit zur Rechtssicherheit und -klarheit einen wichtigen Beitrag geleistet hätte. Der Gesetzgeber hätte die Vorabentscheidung des EuGH zur sog. Bodenfliesenentscheidung als Vorlage heranziehen können.

65 *Pfeiffer*, Anmerkung zum EuGH: Ein- und Ausbaukosten als Nacherfüllung, LMK 2011, 321439 –beck-online.

66 Delege feranda würde eine Lösung wie die des EuGH, wonach der Anspruch auf Erstattung der Kosten bei der absoluten Unverhältnismäßigkeit auf einen angemessenen Betrag beschränkt werden kann, vor allem dazu dienen, dass die finanziellen Interessen des Verkäufers und des Verbrauchers – im Hinblick auf Einzelfallgerechtigkeit ausgeglichen werden. In diesem Zusammenhang sei darauf hingewiesen,

Ömer Teoman

Einfluss des deutschen Rechts auf die aktienrechtlichen Vorschriften des neuen türkischen Handelsgesetzbuches

Das neue türkische Handelsgesetzbuch mit der Nr. 6102 (= THGB), in Kraft getreten am 1.7.2012, regelt die Aktiengesellschaft in den Artikeln 329–563. Bereits am Wortlaut mancher neuer Vorschriften ist der Einfluss des deutschen Aktienrechts spürbar.

Meines Erachtens kann man diesen Einfluss in zwei aufteilen; direkter und indirekter Einfluss. Das alte türkische Handelsgesetzbuch mit der Nr. 6762, welches bis zum 1.7.2012 in Kraft war, wurde von dem berühmten deutschen Handelsrechtler *Ernst E. Hirsch* ausgearbeitet und wurde mit dem Einfluss des deutschen Rechts verfasst. Da das Gesetz mit der Nr. 6762 zum großen Teil ebenfalls in das neue THGB unverändert aufgenommen wurde, bleibt dieser indirekte Einfluss des deutschen Aktienrechts weiterhin erhalten.

Bei näherer Betrachtung der Gesetzesbegründungen einzelner Vorschriften des THGB ist festzustellen, dass einige dieser Vorschriften unmittelbar vom deutschen Recht übernommen worden sind, wobei ein Teil der Vorschriften unter Inspiration des deutschen Rechts gefasst worden ist. Schließlich nimmt ein Teil der Vorschriften des THGB teilweise Bezug auf die entsprechenden deutschen Vorschriften, enthält aber davon abweichende Regelungen.

In meinem Vortag werde ich nicht den Inhalt des vorhin erwähnten, indirekten Einflusses ausführlich darlegen. Stattdessen werde ich eher versuchen, die Bezugnahme des THGB auf das deutsche Recht zu würdigen. Meine Würdigung erschöpft sich in folgenden zehn hauptsächlichen Punkten:

1. Art. 340 THGB lautet wie folgt: „Die Satzung kann von den Vorschriften dieses Gesetzes nur abweichen, wenn es ausdrücklich zugelassen ist. Ergänzende Bestimmungen in übrigen Gesetzen über die Satzung sind jedoch in diesem Rahmen zulässig“.

---

dass der türkische Gesetzgeber – in der Regel – von einem Verkäufer, der sich im Vergleich zum Verbraucher wirtschaftlich in erheblich starker Position befindet und daher weniger schutzwürdig und -bedürftig ist, ausgeht. Es ist jedoch durchaus möglich, dass die Verkäufer in den meisten Fällen finanziell viel schwächer als die Verbraucher sind. Daher kann die türkische Lösung, die den Verkäufer zur unbegrenzten Übernahme aller Kosten verpflichtet, – unter Umständen – zu unbilligen und unangemessenen Ergebnissen führen. Dass viele Verkäufer aufgrund unbegrenzter Kostenübertragungspflicht zum wirtschaftlichen Ruin getrieben werden können, ist zu befürchten, was volkswirtschaftlich nicht zu befürworten ist.

In der Gesetzesbegründung wird ausgeführt, dass diese Vorschrift unter Einfluss des § 23 Abs. 3 AktG verfasst wurde. Diese Norm soll einen essentiellen Bestandteil des normativen Systems darstellen. In der Begründung wird zugegeben, dass es selbst in Deutschland zahlreiche Gegner des § 23 Abs. 5 AktG gibt und daher auch im türkischen Recht mit zahlreichen Kritikern zu rechnen ist. In der Gesetzesbegründung ist ferner ausgeführt, dass infolge dieser Regelung solche Vorschriften, die die Rechte der Aktionäre und Gläubiger beeinträchtigen oder beschränken, die deswegen offensichtlich unwirksam sind, verhindert werden und in der Satzung ihren Niederschlag finden. Außerdem wird in der Begründung erwähnt, dass es aufgrund dieser Regelung einigen Anstalten und Ämtern (z.B. Kapitalmarktbehörde, Bankenaufsichtsbehörde) verhindert werden kann, den Gesellschaften aufzuzwingen, ihren beliebigen Willen in den Satzungsvorschriften durchzusetzen. Dies soll, so die Begründung, für die Türkei unzählige Vorteile in Bezug auf Rechtsstaatlichkeit mit sich bringen. Diese Regelung wird mit der Argumentation, dass infolge dieser Regelung in der Praxis einheitliche Mustersatzungen entstehen werden, kritisiert. Nach der Gesetzesbegründung spricht gegen diese Argumentation einfach die Tatsache, dass in den aktienrechtlichen Vorschriften zahlreiche weitere dispositive Normen vorgesehen sind.
Der Art. 340 Satz 2 THGB unterscheidet sich vom deutschen Recht dadurch, dass nach § 23 Abs. 5 Satz 2 des AktG ergänzende Bestimmungen der Satzung möglich sind, es sei denn, das Gesetz enthält eine abschließende Regelung. Allerdings sind im türkischen Recht ergänzende Bestimmungen von sonstigen Gesetzen wie Kapitalmarktgesetz und Bankengesetz nur in ihrem eigenen Umstand gültig. Das Motiv dahinter ist die Intervention dieser Gesetze ins THGB zu verhindern.

2. Eine weitere aktienrechtliche Vorschrift, bei deren Verankerung der Einfluss des deutschen Aktienrechts zu erkennen ist, ist Art. 344 THGB. In der Gesetzesbegründung wird ausdrücklich neben Art 632 des schweizerischen Obligationenrechts auch § 36 a AktG erwähnt. Im türkischen Recht musste man während eines Zeitabschnittes für Familien bzw. Nicht-Publikumsgesellschaften vor der Eintragung der Gesellschaft die Einlagen auf Aktien nicht in voller Höhe leisten. Laut der vorgenannten Vorschrift muss nun eine Einlage von mindestens 25 Prozent des Nennwerts jeder Aktie vor der Eintragung der Gesellschaft ins Handelsregister und der Rest innerhalb von 24 Monaten geleistet werden. In der Begründung wird hierzu ausgeführt, dass diese Vorschrift dem Grundsatz der Kapitalerhaltung entspricht. Falls vorhanden, müssen dagegen die Emissionsbeiträge bereits vor der Gründung vollständig eingezahlt werden. Nach Art. 340 Abs. 2 THGB bleiben die Vorschriften des Kapitalmarktgesetzes über die Leistung der Einlagen von dieser Norm unberührt.
3. Eine weitere Änderung im türkischen Aktienrecht betrifft die Anzahl der Vorstandsmitglieder. Nach THGB alter Fassung musste der Vorstand einer Aktiengesellschaft mindestens aus drei Personen bestehen. Nun schreibt Art. 359 Abs. 1 des neuen THGB vor, dass der Vorstand nur aus einer Person bestehen kann.
Nach Gesetzesbegründung ist das Motiv dieser Regelung in erster Linie die Gründung einer Ein-Mann Gesellschaft zu ermöglichen, was in vielen europäischen

Ländern der Fall ist. Demnach bezweckt der Gesetzgeber die Harmonisierung des türkischen Rechts mit dem Unionsrecht. Ferner soll diese neue Norm insbesondere für kleine Gesellschaften und Muttergesellschaften solide Verwaltungsmethoden bieten. Obwohl der Ein-Mann-Vorstand auch nach § 76 Abs. 2 AktG möglich ist, sieht aber diese Vorschrift vor, dass *„der Vorstand bei Gesellschaften mit einem Grundkapital von mehr als drei Millionen Euro aus mindestens zwei Personen bestehen muss."* Diese Vorschrift wurde aber nicht ins türkische Recht übernommen. Ein weiterer Unterschied zu § 76 Abs. 2 AktG besteht darin, dass § 76 Abs. 2 AktG nicht zwingend, also abdingbar ist. Aus diesem Grund ist es möglich, dass der Vorstand aus einer Person besteht. Zusätzlich wurde in der Gesetzesbegründung darauf hingedeutet, dass mit der Anerkennung von juristischen Personen als Vorstandsmitglieder im neuen THGB auch die Ein-Mann-Vorstände zunehmend an Bedeutung gewinnen.

4. Gemäß Art. 369 Abs. 1 THGB müssen die Vorstandsmitglieder und Dritte, die mit der Geschäftsführung befasst sind, ihre Aufgaben mit der Sorgfalt, die von einem vorsichtigen Geschäftsführer zu erwarten ist, erfüllen und die Interessen der Gesellschaft in guten Treuen wahren.
   Wie in der Gesetzesbegründung ausgedrückt wird, unterscheidet sich der Maßstab der Sorgfalt eines „vorsichtigen Geschäftsführers" vom Sorgfaltsmaßstab eines „gewissenhaften Geschäftsmannes". Demnach diente die Vorschrift des § 93 AktG dieser Regelung nicht als Grundlage. Die Annahme in der diesbezüglichen klassischen deutschen Lehre, wonach alle Maßnahmen im Interesse der Gesellschaft unbedingt vorzunehmen und die schädigenden zu unterlassen sind, kann keinen Maßstab für die Sorgfaltspflicht darstellen. Als Sorgfaltsmaßstab sollte *business judgement rule* genommen werden. Demnach soll das Vorstandsmitglied die Risiken, die bedingt durch alle Finanzkrisen, durch die Änderungen der Marktbedingungen oder durch Unklarheiten hervortreten, rechtzeitig erkennen und die erforderlichen Maßnahmen ergreifen können. Ansonsten kann es in die Haftung gezogen werden. Die neue Doktrin „business judgement rule", die der Vorschrift des Art. 369 Abs. 1 THGB zugrunde liegt, ist zweckdienlicher als die klassische Doktrin.
5. Laut Art. 379 Abs. 1 THGB darf die Aktiengesellschaft eigene Aktien nur unentgeltlich erwerben und in Pfand nehmen, wenn der Erwerb oder Inpfandnahme nicht ein Zehntel des Grundkapitals übersteigt. Für den unentgeltlichen Erwerb oder die Inpfandnahme eigener Aktien muss der Vorstand durch die Generalversammlung ermächtigt werden. Diese Ermächtigung ist höchstens für fünf Jahre gültig. In der Ermächtigung muss der niedrigste und höchste Gegenwert sowie der Anteil am Grundkapital festgelegt werden. Der Verwaltungsrat soll bei jedem Ermächtigungsantrag mitteilen, dass die gesetzlichen Voraussetzungen hier gegeben sind. In der Gesetzesbegründung kommt zum Ausdruck, dass im deutschen Recht in § 71 Abs. 8 AktG, als Zweck der Ermächtigung durch die Hauptversammlung, der Handel in eigenen Aktien über die Börse ausgeschlossen ist. Dies gilt, obwohl es nicht ausdrücklich vorgeschrieben ist, auch für das türkische Aktienrecht.

6. Eine andere Vorschrift, welche von der deutschen Entsprechung als Vorbild ins türkische HGB rezeptiert wurde, ist der Art. 388 THGB. Diese Vorschrift ordnet das Verbot der Zeichnung der eigenen Aktien der Aktiengesellschaft an. Dieser Vorschrift diente § 56 AktG als Grundlage. Die beiden Vorschriften unterscheiden sich jedoch in vielen Punkten voneinander:
   Art. 388 Abs. 1 THGB untersagt die Zeichnung von eigenen Aktien aufgrund des Grundsatzes „Erhalt des Grundkapitals". Absatz 2 besagt dagegen, dass die Zeichnung der Aktien durch dritte Personen oder Tochtergesellschaften im eigenen Namen der Zeichnung der eigenen Aktien durch die Gesellschaft gleichkommt. Der Abs. 3 sieht die Sanktion des Verstoßes gegen das Verbot der Zeichnung der eigenen Aktien vor. Demnach haften im Falle der Zeichnung eigener Aktien bei der Gründung die Gründungsmitglieder und bei der Kapitalerhöhung die Vorstandsmitglieder für die Einlagen. Denn es gilt in den genannten Fällen per Gesetz, dass die Zeichnung durch die Gründungs- und Vorstandsmitglieder getätigt wurde.
   Nach Art. 388 Abs. 4 THGB werden die Vorschriften des Art. 388 Abs. 1 und Abs. 3 d auf die Tochtergesellschaft, die die Aktien der Muttergesellschaft gezeichnet hat, *per analogiam* angewandt. In diesem Fall wird wiederum per Gesetz angenommen, dass die Zeichnung durch die Vorstandsmitglieder der Tochtergesellschaft vorgenommen wurde. Daher haften diese Mitglieder auf die volle Einlage.
7. Die Durchführung einer Sitzung des Verwaltungsrats war zur Geltungszeit des Art. 330 des alten THGB eine heftig umstrittene Angelegenheit. Demnach war für Beschlussfassungen des Verwaltungsrates die Anwesenheit von mindestens der Hälfte zuzüglich eines Mitgliedes erforderlich. Diese Regelung ist sowohl in der Literatur als auch in der Rechtsprechung auf heftige Kritik gestoßen. Im Ergebnis hat es dazu geführt, dass ein Verwaltungsrat aus drei Mitgliedern bestehend nur mit Anwesenheit aller drei Mitglieder beschlussfähig war. Nach diesem Ansatz ist ein Verwaltungsrat aus fünf Mitgliedern bestehend nur dann beschlussfähig, wenn vier Mitglieder anwesend sind. Dass es kontraproduktiv ist, steht auf der Hand.
   Es ist nach Art. 390 Abs. 1 THGB vorgesehen, dass der Verwaltungsrat beschlussfähig ist, wenn die Mehrheit anwesend ist, es sei denn, dass die Satzung eine davon abweichende, erhöhte Mehrheit bestimmt. Mit diesem Artikel sind die Kritikpunkte zur Vorstandsitzung ausgeräumt worden. Nach der Gesetzesbegründung würde die Annahme, wonach der Verwaltungsrat mit der Anwesenheit von weniger als der Hälfte der Mitglieder beschlussfähig sei, auf einer Seite dem Wesen des Verwaltungsrats als ein Gremium widersprechen. In diesem Fall kann dieser sozusagen Minderheitsbeschlüsse fassen, wenn die Hälfte der Anwesenden zustimmt. Dieser Umstand wäre auf der anderen Seite mit dem Wesen des Verwaltungsrats, der als Organ der Gesellschaft in der Hauptversammlung gewählt wurde, nicht zu vereinbaren. Auch in § 77 Abs. 1 AktG wird vorgesehen, dass die Vorstandsmitglieder ihre Beschlüsse mehrheitlich fassen. Somit stimmt

die Vorschrift des § 77 Abs. 1 AktG mit der Vorschrift von Art. 390 Abs. 1 Satz 2 THGB überein.

8. Nach Art. 403 THGB erklärt der Prüfer einer Aktiengesellschaft die Ergebnisse seiner Jahresabschlussprüfung in seinem Prüfungsschreiben. Diese Ergebnisse der Prüfung im Prüfungsschreiben lassen sich in drei Arten einteilen: "positiv", "beschränkt positiv" oder "negativ". Die positive Bewertung „mit der Bedingung zur Korrektur", welche in der deutschen Lehre anerkannt ist, wurde in das neue THGB nicht übernommen.
   Wie es in der Gesetzesbegründung vorkommt, enthält das neue THGB keine Regelung wie in § 256 AktG, welche lautet, dass die Jahresabschlüsse im Falle eines negativen Berichts des Prüfers nichtig sind. Eine solche Vorschrift setzt vor allem voraus, dass die Nichtigkeitsgründe, wie es bei § 256 AktG der Fall ist, ausführlich im Gesetz aufgezählt werden. Ferner würde in diesem Fall dem Prüfungsschreiben die Wirkung eines Gerichtsurteils zukommen.
9. Nach Art. 407 Abs. 2 THGB müssen die Delegierten der Verwaltungsrats und mindestens ein Verwaltungsratsmitglied an der Hauptversammlung teilnehmen. Die übrigen Verwaltungsratsmitglieder können auch an der Hauptversammlung teilnehmen. Die Mitglieder der Kontrollstelle dürfen auch an der Hauptversammlung teilnehmen.
   Wie es in der Gesetzesbegründung heißt, hat sich der Gesetzgeber bei dieser Vorschrift vom § 118 Abs. 2 AktG inspirieren lassen. Dennoch ist die Vorschrift des § 118 Abs. 3 AktG, wonach die Mitglieder des Vorstands und Aufsichtsrats an der Hauptversammlung teilnehmen sollen, nicht ins THGB übernommen worden. Dieser Umstand wird von mir heftig kritisiert. Meines Erachtens müssen alle Mitglieder des Verwaltungsrates wenigstens an allen „ordentlichen" Hauptversammlungen teilnehmen, damit die Gesellschafter ihre Fragen über die Geschäftsführung und deren Prüfung an sie richten und sich dementsprechend hierüber informieren können.
10. Nach Art. 419 Abs. 2 THGB gibt sich der Verwaltungsrat eine Geschäftsordnung mit Regeln für die Vorbereitung und Durchführung der Hauptversammlung, deren Mindestinhalt durch das Industrie- und Handelsministerium festgelegt wird. Diese Geschäftsordnung tritt mit der Zustimmung in der Hauptversammlung in Kraft und wird ins Handelsregister eingetragen und im Handelsregisterblatt bekanntgegeben.
   In der Gesetzesbegründung wird darauf hingewiesen, dass diese neue Regelung in Gesetzen von manchen Ländern wie z.B. in § 129 Abs. 1 AktG vorgesehen ist und daher wird gehofft, dass diese Vorschrift auch für das türkische Recht von Vorteil sein wird.

Bilgehan Çetiner

Austritt und Ausschluss der Gesellschafter aus einer einfachen Gesellschaft im revidierten Türkischen Obligationengesetz unter Berücksichtigung der deutschen BGB-Gesellschaft

A. Allgemein

Unter einer einfachen Gesellschaft versteht man die vertragsmäßige Verbindung von zwei oder mehreren Personen zur Errichtung eines gemeinsamen Zweckes mit gemeinsamen Kräften und Mitteln. Die einfache Gesellschaft ist außerdem kein selbständiges, von ihren Gesellschaftern unabhängiges Rechtssubjekt. Die Gesellschaft als solche hat daher keine Rechte und Pflichten, es gibt nur Rechte und Pflichten der Gesellschafter. Da sie keine Rechtsfähigkeit besitzt, besitzt sie im Prozess auch keine Parteifähigkeit. Sie kann daher weder als Klägerin auftreten, noch verklagt werden.[1] Folglich ist ein wesentlicher Unterschied zwischen dem deutschen und türkischen Recht das Auftreten nach außen. Nach der BGH-Rechtsprechung ist die (Außen-) GbR rechtsfähig und parteifähig, soweit sie als Teilnehmer am Rechtsverkehr eigene (vertragliche) Rechte und Pflichten begründet.[2] Dagegen geht die türkische Rechtsprechung immer noch davon aus, dass die einfache Gesellschaft selbst nicht rechtsfähig sei, sondern aus den von der Gesellschaft geschlossenen Geschäften ausschließlich die Gesellschafter selbst berechtigt und verpflichtet sind.

Die einfache Gesellschaft ist durch drei Merkmale gekennzeichnet: das Element der Personenvereinigung, die vertragliche Grundlage und die gemeinsame Zweckverfolgung.[3] Sie stellt somit eine Personengesellschaft dar, in welcher es, in erster Linie auf die Persönlichkeit des einzelnen Gesellschafters und – im Vergleich zu den Handelsgesellschaften – weniger auf dessen Kapitalbeteiligung ankommt.[4] Dies hat zur Folge, dass die einfache Gesellschaft nach dem Willen des Gesetzgebers (Art. 639 TOG[5]) *ipso iure* aufgelöst wird, wenn die persönliche Leistung des Gesellschafters, etwa wegen des Todes eines Gesellschafters, nicht mehr erhältlich ist.

---

1 *Sener*, Adi Ortaklık, Ankara 2008, S. 154; *Barlas*, Adi Ortaklık Temeline Dayalı Sözleşme İlişkileri, İstanbul 2008, S. 68; *Doğanay*, Adi Şirket Akdi, İstanbul 1968 S. 31.

2 BGH, Urteil vom 29.1.2001, II ZR 331/00, BGHZ 146, 341.

3 *Hoch*, Auflösung und Liquidation der einfachen Gesellschaft, Zürich 2000, S. 2.

4 *Bollmann*, Hans, Das Ausscheiden aus Personengesellschaften, Diss. Zürich 1971, S. 21 ff.

5 Türkisches Obligationengesetz vom. 1.7.2012.

Die aus dem Prinzip des höchstpersönlichen Zusammenschlusses resultierende Auflösungsfolge hat jedoch eine Ausnahme, wonach die Parteien vertraglich vorsehen können, dass die verbleibenden Gesellschafter nach dem Ausscheiden eines Gesellschafters, sei es durch Tod, Kündigung oder aus anderen Gründen, die Gesellschaft weiterführen. Die Voraussetzungen und die Rechtsfolgen einer derartigen Veränderung im Gesellschafterbestand sind im revidierten türkischen Obligationengesetz (TOG) in den Art. 633, 634, 635, 636 geregelt, die sich grundsätzlich an den Regelungen der §§ 736 ff. BGB orientieren, aber auch von diesen in wesentlichen Punkten abweichen.

B. Ausscheiden bzw. Austritt eines Gesellschafters

I. Ausscheidungs- bzw. Austrittsgründe

Als mögliche Ausscheidensgründe sind in § 736 Abs. 1 BGB die Fälle der Kündigung, Tod eines Gesellschafters und Gesellschafterinsolvenz aufgezählt. Die Gesellschafter sind jedoch nicht gehindert, im Rahmen der Privatautonomie weitere Ausscheidensgründe festzulegen.[6] Dieselben Gründe sind auch in Art. 633 TOG benannt, wobei diese anders als im deutschen Recht nicht als Ausscheidens-, sondern Austrittsgründe im Rahmen der Fortsetzungsklausel geregelt sind. Das heißt, der kündigende oder in Konkurs geratene Gesellschafter oder der Erbe des verstorbenen Gesellschafters kann in den in Art. 633 TOG genannten Fällen seinen Austritt aus der Gesellschaft erklären, damit die Gesellschaft ohne ihn fortbesteht. Mit dem Ausscheiden hat der Austritt zwar gemeinsam, dass er ebenfalls zum Fortbestehen der gesellschaftlichen Bindung dient. Obgleich zeigt sich aber ein erheblicher Unterschied zum ersteren insofern, als beim Austritt des Gesellschafters nach Art. 633 TOG es einer Gestaltungserklärung des ausscheidenden Gesellschafters bedarf. Gemäß § 736 Abs. 1 BGB scheidet dagegen der betroffene Gesellschafter beim Eintritt des fraglichen Grundes *automatisch* und *mit sofortiger Wirkung* aus der Gesellschaft aus.[7] Auf die eigenartige Rechtsstruktur des TOG und dessen Rechtsfolgen wird im nächsten Abschnitt eingegangen. Nachfolgend seien deshalb zunächst die einzelnen Ausscheidens- bzw. Austrittsgründe erörtert.

1. Kündigung

Die Kündigung ist ein gesetzliches Gestaltungsrecht des einzelnen Gesellschafters, um die Auflösung der Gesellschaft durch eine einseitige, empfangsbedürftige Erklärung herbeizuführen. Der Teilhaber hat wohl ein unentziehbares Recht auf Kündigung, doch kann dieses Recht vertraglich verschieden ausgestaltet werden.

6 *Ulmer/Schäfer*, in: MüKo, § 736 BGB, Rn. 15.
7 *Ulmer/Schäfer*, in: MüKo, § 736 BGB, Rn. 8.

So können die Parteien vereinbaren, dass die Gesellschaft unter den übrigen Gesellschaftern fortbestehen soll, wenn ein Gesellschafter die Gesellschaft kündigt.[8]

Beim Vorhandensein einer Fortsetzungsklausel führt in erster Linie die *ordentliche Kündigung* eines Gesellschafters zu dessen Ausscheiden. Nach Art. 639 Abs. 1 Ziff. 6 TOG wird die einfache Gesellschaft durch die ordentliche Kündigung eines Gesellschafters aufgelöst, wenn eine solche Möglichkeit im Gesellschaftsvertrag vorgesehen ist oder wenn die Gesellschaft auf unbestimmte Dauer oder auf Lebenszeit eines Gesellschafters eingegangen worden ist. Auch im deutschen Recht unterliegt jede unbefristete Gesellschaft des bürgerlichen Rechts nach der in § 723 Abs. 1 BGB enthaltenen Regel, der ordentlichen Kündigung. Ob auch eine Kündigung aus wichtigem Grund nach Art. 639 Abs. 1 Ziff. 7 TOG,[9] § 723 BGB von einer Fortsetzungsklausel erfasst wird, stellt eine Auslegungsfrage dar[10] und ist im Zweifel zu bejahen.[11]

Anders als im deutschen Recht bedarf es im türkischen Recht zum Ausscheiden des kündigenden Gesellschafters aus der Gesellschaft nicht nur der Kündigungserklärung des betreffenden Gesellschafters, sondern darüber hinaus noch seiner Austrittserklärung. Die Ausscheidensfolge des kündigenden Gesellschafters beim Vorliegen einer Fortsetzungsklausel tritt erst dann ein, wenn dieser (oder sein Stellvertreter) nach der Kündigung auch seinen Austrittswillen ordnungsgemäß zum Ausdruck gebracht hat. Diese Erklärung ist auch wie die Kündigungserklärung an keine gesetzliche Form gebunden. Es stellt sich jedoch die Frage, was geschehen wird, wenn der kündigende Gesellschafter das ihm nach Gesetz zustehende Austrittsrecht nicht ausgeübt hat. Soll ein derartiges Schweigen zur Auflösung der Gesellschaft führen oder soll die Gesellschaft trotz der Kündigung mit dem kündigenden Gesellschafter fortgesetzt werden? Die erste Lösung ist genau das, was die übrigen Gesellschafter durch Vereinbarung einer Fortsetzungsklausel im Gesellschaftsvertrag vermeiden wollen und steht daher gegen deren im Vertrag zum Ausdruck gebrachten Willen. Der Fortbestand der Gesellschaft in ihrer ursprünglichen Zusammensetzung trotz der Kündigung eines Gesellschafters stimmt dagegen mit der parteidispositiven Rechtslage des Art. 633 TOG nicht überein. Zu beachten ist, dass die im Gesellschaftsvertrag vereinbarte Fortsetzungsklausel nicht auf die *Austrittserklärung des Gesellschafters*, sondern auf dessen *Kündigung* zugeschnitten sein soll. Der Sinn und Zweck der Fortsetzungsklausel liegt darin, dass die Gesellschafter im Voraus durch den Gesellschaftsvertrag für gewisse Auflösungstatbestände die Auflösung ausschließen und die Fortsetzung unter den übrigen Gesellschaftern vorsehen können. Erklärt ein Gesellschafter die Kündigung der Gesellschaft, so

---

8 *Habermeier*, in: Staudinger, § 736 BGB, Rn. 6.

9 Nach Vorstellung des türkischen Gesetzgebers ist die Auflösung der einfachen Gesellschaft bei Vorliegen eines wichtigen Grundes nur in Form von Gestaltungsurteilen geltend zu machen.

10 *Soergel/Hadding/Kießling*, § 736 BGB, Rn. 11; *Bamberger/Roth/Timm/Schöne*, § 736 BGB, Rn. 8.

11 *Ulmer/Schäfer*, in: MüKo, § 736 BGB, Rn. 11.

greift die Fortsetzungsklausel ein, damit die nachteilige Folge der Auflösung der Gesellschaft nicht eintritt und die Gesellschaft ohne den Kündigenden fortbesteht. Mit anderen Worten, der Gesellschaftsvertrag beseitigt die Folge der Auflösung gerade dadurch, dass für den Fall der Kündigung das Ausscheiden des Kündigenden und die Fortsetzung der Gesellschaft mit den übrigen Gesellschaftern vereinbart werden kann. Es ist daher unzutreffend, dass Art. 633 TOG das Eingreifen dieser Rechtfolge davon abhängig gemacht hat, dass der Kündigende seinen Austritt aus der Gesellschaft erklärt.

Wir treten deshalb sehr dafür ein, dass die Kündigung der Gesellschaft zum automatischen Ausscheiden des Kündigenden führt, damit die Gesellschaft der Fortsetzungsvereinbarung entsprechend unter den übrigen Gesellschaftern fortbesteht. Dieses Ergebnis kann *de lege lata* dadurch begründet werden, dass beim Vorliegen einer auf den Fall der Kündigung bezogenen Fortsetzungsklausel die Kündigungserklärung eines Gesellschafters immer *implizit* seine Austrittserklärung beinhaltet. Wegen der Fortsetzungsklausel ist der kündigende Gesellschafter nicht mehr in der Lage, die Gesellschaft durch seine Kündigungserklärung zur Auflösung zu bringen und deshalb muss er nach dem Grundsatz von Treu und Glauben in Kauf nehmen, dass seine Kündigungserklärung sein Ausscheiden aus der Gesellschaft zur Folge haben wird.

2. Tod eines Gesellschafters

Abweichend von § 727 BGB und Art. 639 Abs. 1 Ziff. 2 TOG ist der Bestand der Gesellschaft trotz des Todes einzelner Gesellschafter unter bestimmten Voraussetzungen möglich. So können die Gesellschafter im Gesellschaftsvertrag bestimmen, dass die Gesellschaft nach dem Tod eines Gesellschafters ohne dessen Erben bzw. unter den übrigen Gesellschaftern fortbestehen soll (*Fortsetzungsklausel*). Soll der Bestand der Gesellschaft von Todes wegen nicht berührt werden und ist gleichzeitig allen oder gewissen potentiellen Erben die Mitgliedschaft der einfachen Gesellschaft zu sichern beabsichtigt, kann die Fortsetzungsklausel mit einer *Nachfolgeklausel* oder *Eintrittsklausel* gekoppelt werden.[12] Bei Ersterem führt der Tod des Gesellschafters nicht zur Auflösung der Gesellschaft, sondern zu einem automatischen Anteilsübergang auf den oder die Nachfolger/Erben. Durch Vereinbarung einer Eintrittsklausel sind dagegen die Erben berechtigt, nach dem Tod des einzelnen Gesellschafters der einfachen Gesellschaft beizutreten.

Haben sich die Gesellschafter bei Abschluss des Gesellschaftsvertrages darüber geeinigt, dass beim Tod eines Gesellschafters die einfache Gesellschaft *unter den übrigen Gesellschaftern* weitergeführt werden soll, führt der Tod des Gesellschafters zum Ausscheiden von dessen Erben. Die überlebenden Gesellschafter müssen sich dann nur mit dem Abfindungsanspruch der Erben auseinandersetzen. Das türkische Recht kennt jedoch im Gegensatz zum deutschen Recht kein sofortiges und

---

12 *Ulmer/Schäfer*, in: MüKo, § 736 BGB, Rn. 13; *Sener*, Adi Ortaklık, S. 445.

automatisches Ausscheiden der Erben im Fall des Todes eines Gesellschafters, wenn auch im Gesellschaftsvertrag die Fortsetzung nur durch überlebende Gesellschafter festgelegt wird. Gemäß Art. 633 TOG muss der Erbe des verstorbenen Gesellschafters für diese Rechtsfolge weiterhin seinen *Austritt* aus der Gesellschaft erklären.

Diese Regelung könnte nur in dem Fall einen Sinn haben, dass die Fortsetzungsklausel mit einer Nachfolgeklausel oder Eintrittsklausel zugunsten der Erben verbunden wäre. Die Mitgliedschaft des verstorbenen Gesellschafters geht beim Vorliegen einer Nachfolgeklausel mit allen Rechten und Pflichten als Teil des Nachlasses auf die Erben über. Falls die Erben diese Mitgliedschaft nicht übernehmen wollen, haben sie zunächst die Möglichkeit, die Erbschaft nach Art. 605 TZGB auszuschlagen. Art. 633 TOG sieht nun eine weitere Möglichkeit vor, wonach der Erbe (oder die Erben) aus der Gesellschaft ohne Weiteres austreten, ohne die Gesellschaft kündigen zu müssen.

Im Falle einer Fortsetzungsklausel verbunden mit einer Eintrittsklausel haben die Erben die Möglichkeit, als Mitglied in die Gesellschaft einzutreten. Die Eintrittsklausel stellt eine die übrigen Gesellschafter bindende Offerte an die Erben dar, der Gesellschaft beizutreten. Lehnt der eintrittsberechtigte Erbe die Offerte ab, wird die Gesellschaft dank der Fortsetzungsklausel trotz des Todes eines Gesellschafters unter den übrigen Gesellschaftern fortgesetzt. Die *Austrittserklärung* eines eintrittsberechtigten Erben ist in diesem Zusammenhang dann als *Ablehnung der Offerte* zu verstehen. Dies hat zur Folge, dass der Erbe nicht Mitglied der Gesellschaft wird und die Gesellschaft unter den übrigen Gesellschaftern fortbesteht.

Haben die Gesellschafter im Gesellschaftsvertrag vereinbart, dass die Gesellschaft nach dem Tod eines Gesellschafters *nur* unter den übrigen Gesellschaftern fortgesetzt wird, soll dann der Tod des Gesellschafters folglich zum Ausscheiden des Erblassers im Zeitpunkt seines Todes aus der Gesellschaft führen. Die Erben des durch den Tod aus der Gesellschaft ausgeschiedenen Gesellschafters werden konsequenterweise nie Mitglieder der Gesellschaft. Von einem Austreten oder Ausscheiden der Erben aus der Gesellschaft kann daher keine Rede sein. Für die Fortsetzung der Gesellschaft *allein* durch die überlebenden Gesellschafter ist dann nicht nötig und auch nicht möglich, dass der Erbe eine Austrittserklärung abgegeben hat. Dass die Regelung von Art. 633 TOG auch für einen solchen Fall eine Austrittserklärung des Erben für notwendig hält, ist sinnlos, weil ja der Erblasser selbst mit seinem Tod gleichzeitig auch seine Mitgliedschaft verloren hat und der Erbe nicht mehr in der Lage ist, aus einer Gesellschaft, deren Mitglied er nie war, auszutreten.[13] In diesem Fall gehört jedoch der Abfindungsanspruch zum Nachlass und steht den Erben des verstorbenen Gesellschafters zu.

13 So auch *Kursat*, Yeni Borçlar Kanunumuzda Adi Ortaklık Hükümlerinin Değerlendirilmesi, İstanbul Üniversitesi Hukuk Fakültesi Mecmuası, 2012, S. 312.

3. *Konkurs bzw. Eröffnung eines Insolvenzverfahrens über das Vermögen eines Gesellschafters*

Gemäß § 728 Abs. 2 BGB und Art. 639 Abs. 1 Ziff. 3 TOG wird die Gesellschaft durch die Eröffnung eines Insolvenzverfahrens über das Vermögen eines Gesellschafters aufgelöst.[14] Art. 639 spricht eigentlich von dem *Konkurs eines Gesellschafters,* aber dieser Ausdruck wird auch als *Eröffnung des Konkursverfahrens* verstanden. Entscheidend ist daher hierfür im türkischen Recht die richterliche Entscheidung zur Eröffnung des Insolvenzverfahrens und im deutschen Recht das Wirksamwerden des Insolvenzeröffnungsbeschlusses, wofür eine richterliche Unterzeichnung des Beschlusses erforderlich ist.[15]

Haben die Gesellschafter für den Fall der Eröffnung des Insolvenzverfahrens über das Vermögen eines Gesellschafters eine Fortsetzungsklausel vereinbart, kommt es ebenfalls nicht zur Auflösung der Gesellschaft. Im deutschen Recht scheidet somit der Gesellschafter aus der Gesellschaft bei dem Eintritt eines solchen Ereignisses ohne weiteres aus. Im türkischen Recht steht dagegen dem in Konkurs gefallenen Gesellschafter nur ein *Austrittsrecht* zu. Ein gesetzliches Austrittsrecht des konkursiten Gesellschafters würde jedoch nur dann einen Sinn haben, wenn die Gesellschafter in dem Gesellschaftsvertrag die Fortsetzung der Gesellschaft im Falle der Insolvenzeröffnung *unter Einschluss des Insolvenzschuldners* vereinbart hätten. Der Insolvenzschuldner könnte dann entweder als Mitglied der werbenden Gesellschaft bleiben, sofern der Insolvenzverwalter den Anteil –beispielsweise gegen eine Vergütung seitens der Mitgesellschafter - aus der Insolvenzmasse freigibt oder aus der Gesellschaft austreten mit der Folge, dass der Abfindungsanspruch in die Insolvenzmasse fällt.

Aus welchem Grund die einfache Gesellschaft nach Art. 633 TOG im Falle des Konkurses eines ihrer Gesellschafter *mit dem konkursiten Gesellschafter* fortbestehen soll, wenn dieser aus der Gesellschaft nicht austreten will, ist in der Tat nicht einzusehen. Davon abgesehen ist in Art. 633 TOG anerkannt, dass die Gesellschafter, die im Falle des Konkurses die Gesellschaft *unter den übrigen Gesellschafter* fortführen wollen, dies im Gesellschaftsvertrag vereinbaren können. Der Gesellschaftsvertrag, der eine auf den Fall des Konkurses bezogene Fortsetzungsklausel enthält, wird ohnehin mit Zustimmung des konkursiten Gesellschafters abgeschlossen. Dementsprechend soll die Ausscheidensfolge des konkursiten Gesellschafters bei dem Eintritt eines solchen Ereignisses automatisch eingreifen. Eine weitere besondere Austrittserklärung des konkursiten Gesellschafters gegenüber dem Gesellschafter oder ein Gesellschafterbeschluss wäre dann entbehrlich.

---

14 Zu beachten ist jedoch, dass anders als im deutschen Recht (§ 728/Abs. 1 BGB) das türkische Recht die Insolvenzfähigkeit der einfachen Gesellschaft nicht kennt.

15 *Şener*, Adi Ortaklık, S. 455.

4. *Zwangswertung des Liquidationsteils eines Gesellschafters oder dessen Bevormundung*

Die Vorschrift des Art. 633 TOG enthält zwei weitere Ausscheidens- bzw. Austrittsgründe, nämlich die Fortsetzung der Gesellschaft unter den Übrigen im Falle der Zwangsverwertung des Liquidationsteils eines Gesellschafters oder dessen Bevormundung. Diese Abweichung von der Regelung des § 736 BGB ist darauf zurückzuführen, dass Art. 639 Abs. 1 Ziff. 3 TOG diese Fälle als Auflösungsgründe der einfachen Gesellschaft regelt.

Eine Fortsetzungsklausel ist dann als Abweichung von der in Art. 639 Abs. 1 Ziff. 3 TOG angeordneten Auflösungsfolge für den Fall der Zwangsverwertung des Liquidationsteil eines Gesellschafters zulässig. Unter dem Begriff *Liquidationsteil* ist das Recht des Gesellschafters an seiner quotenmäßigen Beteiligung am Gewinn und am Nettoergebnis der Liquidation bei Auflösung der Gesamthand zu verstehen.[16] Der Zwangsvollstreckung zugänglich ist daher nur der Liquidationsteil und der auf dessen Ermittlung und Ausrichtung gerichtete Anspruch auf Auflösung der Gemeinschaft und Liquidation des gemeinschaftlichen Vermögens mindestens bis zur Zuweisung von dessen anteilsmäßigem Anspruch.[17] Die einfache Gesellschaft wird dann ohne Weiteres aufgelöst, wenn ein gepfändeter Liquidationsteil zur Zwangsverwertung gelangt. Zu beachten ist jedoch, dass die Auflösung der Gesellschaft nicht infolge Pfändung oder Verwertungsbegehren, sondern erst durch die *Verwertung des Liquidationsanteils* erfolgt. Dass Art. 639 Abs. 1 Ziff. 3 TOG nicht zwingender Natur ist, versteht sich schon aus der neuen Regelung des Art. 633 TOG, wonach die Gesellschafter bei einer Zwangsvollstreckung gegen einen Gesellschafter vereinbaren, dass die Gesellschaft unter den Übrigen weiterbestehen soll. In diesem Fall ist dann den Gläubigern im Rahmen der Verwertung des Liquidationsteils dasjenige zu zahlen, was der ausgeschiedene Gesellschafter bei der Auseinandersetzung erhalten würde, wenn die Gesellschaft zur Zeit seines Ausscheidens aufgelöst worden wäre (vgl. Art. 634 TOG).

Nach Art. 633 TOG können die Gesellschafter die Auflösung der Gesellschaft auch im Falle der Bevormundung durch Vereinbarung einer entsprechenden Fortsetzungsklausel abwenden. Die Gesellschaft besteht in diesem Fall mit den übrigen Gesellschaftern weiter, wenn ein Gesellschafter bevormundet und damit handlungsunfähig geworden ist.

Wie wir gesehen haben, reicht jedoch schon das Vorliegen einer Fortsetzungsklausel bezüglich der Zwangsverwertung des Liquidationsanteils oder der Bevormundung eines Gesellschafters für dessen Ausscheiden aus der Gesellschaft nicht aus. Es bedarf dazu nach Art. 633 TOG noch dessen *Austrittserklärung*.

---

16 *Meier-Hayoz*, in: BernerK, Art. 652 ZGB, Rn. 3.
17 *Meier-Hayoz*, in: BernerK, Art. 652 ZGB, Rn. 88.

II. Wirkungen der Fortsetzungsklausel

Im deutschen Recht scheidet der betroffene Gesellschafter aus der Gesellschaft beim Vorliegen eines Fortsetzungsgrundes aus, ohne dass es eines Gesellschafterbeschlusses oder einer Erklärung des Betroffenen oder der anderen Gesellschafter bedarf. Die Gesellschaft wird von den übrigen Gesellschaftern ohne den Gesellschafter, in dessen Person der Fortsetzungsgrund eintritt, fortgesetzt.

Für das Wirksamwerden einer Fortsetzungsklausel ist es nach Art. 633 TOG jedoch erforderlich, dass der betroffene Gesellschafter, dessen Stellvertreter oder dessen Erbe eine *Austrittserklärung* gegenüber den übrigen Gesellschaftern abgibt. Anders ausgedrückt, die Rechtsfolgen des Ausscheidens dieses Gesellschafters und der Fortsetzung der Gesellschaft mit den übrigen Gesellschaftern treten erst mit der Austrittserklärung des Gesellschafters ein. Hier stellt sich jedoch die Frage, ob und wie die einfache Gesellschaft fortbestehen wird, falls der kündigende, konkursite, bevormundete Gesellschafter oder der Erbe des verstorbenen Gesellschafters aus der Gesellschaft nicht austreten will. Eine Antwort kann man weder im Gesetz noch in der Gesetzesbegründung finden. Die Fortsetzung der Gesellschaft *mit Einschluss* des betroffenen Gesellschafters oder dessen Erben steht dem in der Fortsetzungsklausel verankerten Willen der Gesellschafter zur Fortsetzung der Gesellschaft *unter den übrigen Gesellschaftern* entgegen. Die Vorschrift von Art. 633 TOG regelt selbst den Fall, dass die Gesellschafter im Gesellschaftsvertrag bestimmt haben, die Gesellschaft trotz Eintritt eines Auflösungsgrundes unter den übrigen Gesellschaftern fortbestehen solle. Aus demselben Grund ist auch die Auflösungsfolge der Gesellschaft zu verneinen, weil ja die Gesellschafter durch Vereinbarung einer Fortsetzungsklausel genau dieses Ergebnis abwenden wollen.

Da kein durchgreifender sachlicher Grund ersichtlich ist, warum für die einfache Gesellschaft des TOG grundsätzlich andere Rechtsfolgen gelten sollen als für die GbR, sollte nach der hier vertretenen Auffassung auch für das türkische Recht angenommen werden, dass die Gesellschaft beim Eintritt eines in Art. 633 TOG genannten Ereignisses ohne den betroffenen Gesellschafter (oder dessen Erben) fortbesteht. Es sprechen also gute Gründe dafür, das automatische Ausscheiden des betroffenen Gesellschafters mit dem Eintritt des Fortsetzungsgrundes auch im türkischen Recht anzuerkennen. Die Gründe hierfür sind:

1. Zum einen wird in der Gesetzesbegründung ausdrücklich betont, dass bei der Gestaltung der Vorschrift die Regelung von § 736 BGB berücksichtigt wird. Wie wir gesehen haben, scheidet nach § 736 BGB der Gesellschafter beim Vorliegen eines Ausscheidensgrundes aus der Gesellschaft aus, ohne dass es einer Austrittserklärung des betroffenen Gesellschafters bedarf. Nach der ständigen Rechtsprechung des türkischen Kassationsgerichts sollen die Gerichte bei der Auslegung einer Gesetzesvorschrift, die von einem fremden Gesetz übernommen wird, dessen Kommentierung durch die Literatur und Rechtsprechung

berücksichtigen.[18] Sofern der türkische Gesetzgeber von einer bewussten Abweichung von der Regelung des § 736 BGB hinsichtlich der Wirkung der Fortsetzungsklausel nicht spricht, gibt es keinen Grund, dieselbe Rechtsfolge des Ausscheidens auch für den Anwendungsbereich des Art. 633 TOG nicht anzunehmen.

2. Zum anderen ist festzustellen, dass die Funktion des Art. 633 TOG nicht etwa darin besteht, den Gesellschaftern eine Vertragsgestaltung nur entsprechend dieser Vorschrift zu ermöglichen. Diese Möglichkeit haben sie schon aufgrund der allgemein für alle Verträge geltenden Gestaltungsfreiheit. Der Vorschrift kommt somit nur die Funktion zu, die Notwendigkeit entsprechender gesellschaftsvertraglicher Vorsorge vor Augen zu führen und ihnen ein *Regelungsmodell* zur Verfügung zu stellen.[19] Beim Vorliegen einer in Art 633 TOG formulierten Form gestalteten Fortsetzungsklausel (*„...die Gesellschaft unter den übrigen Gesellschaftern fortbestehen soll“)* kann davon ausgegangen werden, dass diese auch auf ein automatisches Ausscheiden des betroffenen Gesellschafters gerichtet ausgestaltet wird. Haben dann die Gesellschafter im Gesellschaftsvertrag vereinbart, dass beim Eintritt des betreffenden Ereignisses die Gesellschaft mit den übrigen Gesellschaftern fortbestehen wird, liegt es folglich nahe, dass sie sich auch darüber geeinigt haben, dass diese Rechtfolge unabhängig von dem Willen des ausscheidenden Gesellschafters eintreten soll. Deshalb wird von dem Gesetzgeber erwartet, dass Art. 633 TOG ein dahin gehendes Regelungsmodell vorsieht.

Die Gesellschafter sind freilich nicht gehindert im Rahmen der Privatautonomie im Gesellschaftsvertrag zu vereinbaren, dass bei Eintritt eines der in Art. 633 TOG genannten Gründe der betroffene Gesellschafter berechtigt sein soll aus der fortbestehenden Gesellschaft auszutreten und die Gesellschaft unter dessen Ausschluss fortbesteht. Soweit im Gesellschaftsvertrag nur die Fortsetzung der Gesellschaft *unter den übrigen Gesellschaftern* vereinbart und keine weitere Voraussetzung vorgesehen sind, ist anzunehmen, dass die Fortsetzungsklausel beim Eintritt eines fraglichen Ereignisses automatisch wirkt und es auf die Zustimmung des auszuschließenden Mitglieds nicht ankommt. Die Regelungsmethode des türkischen Gesetzgebers versagt deshalb dort, wo ein eindeutiger Wille der Parteien feststeht, der darin besteht, die Gesellschaft ohne Zustimmung und Beteiligung des betroffenen Gesellschafters fortzusetzen; von einem solchen Willen ist angesichts der in Art. 633 TOG genannten Fortsetzungsklausel regelmäßig auszugehen.

Es verhält sich nun anders, wenn die Gesellschafter im Gesellschaftsvertrag die Fortsetzungsklausel darauf beschränkt haben, dass die Gesellschaft bei Eintritt eines der in Art. 633 TOG geregelten Gründe nicht aufgelöst wird und fortbesteht.

---

18 S. dazu YİBK vom 28.11.1945, 13/15, RG S. 6365; YİBK vom 20.09.1950, 4/10, RG S. 7576.

19 *Ulmer/Schäfer*, in: MüKo, § 736 BGB, Rn. 6.

In diesem Fall wird zwar der Fortbestand der Gesellschaft gesichert; jedoch mit Einschluss des kündigenden, konkursiten, bevormundeten Gesellschafters oder mit den Erben des verstorbenen Gesellschafters. Beim Vorliegen einer derartigen Fortsetzungsklausel kann der betroffene Gesellschafter, der nicht mehr als Mitglied der einfachen Gesellschaft bleiben will, nach Art. 633 TOG ein Austrittsrecht geltend machen.

3. Durch Art. 633 TOG trägt das Gesetz dem berechtigten Interesse der Gesellschafter Rechnung, dass sie den Bestand der Gesellschaft von Veränderungen in der personellen Zusammensetzung unabhängig machen wollen. Hierfür bedarf es freilich nicht nur einer entsprechenden gesellschaftsvertraglichen Fortsetzungsklausel, sondern auch dessen automatischer und sofortiger Wirkung. Der Umstand, dass das Eingreifen der Fortsetzungsklausel *gesetzlich* davon abhängig gemacht wird, dass der betroffene Gesellschafter aus der Gesellschaft austritt, führt dazu, dass die Verwirklichung des Interesses der übrigen Gesellschafter an der Fortsetzung der Gesellschaft ohne den betroffenen Gesellschafter von dessen Zustimmung abhängig gemacht wird, was aber dem Sinn und Regelungszweck der Vorschrift des Art. 633 TOG widerspricht, weil in diesem Fall dem mit der Fortsetzungsklausel verfolgten Bestandsinteresse nicht sinnvoll Rechnung getragen werden kann. Zum Ausscheiden nach einer Austrittserklärung des betroffenen Gesellschafters soll es daher nur in Ausnahmefällen kommen, wenn dies im Gesellschaftsvertrag ausdrücklich vereinbart wird.

C. Ausschluss eines Gesellschafters

I. Unterschiedliche Regelungsmethoden im deutschen und im türkischen Recht

Das deutsche Recht befasst sich in § 737 BGB ausführlich mit dem Ausschluss eines Gesellschafters aus wichtigem Grund. Danach kann ein Gesellschafter, in dessen Person ein die übrigen Gesellschafter nach § 723 Abs. 1 Satz 2 zur Kündigung berechtigender Umstand eintritt, aus der Gesellschaft ausgeschlossen werden, soweit im Gesellschaftsvertrag eine auf den Kündigungsfall bezogene Fortsetzungsklausel vereinbart wird. Für die Gesellschafter besteht somit nach § 737 BGB die Möglichkeit, anstelle der außerordentlichen Kündigung den „Störer“ aus der Gesellschaft auszuschließen. § 737 BGB wird daher als eine Art gesetzlicher Auslegungsregel verstanden, wonach die vertragliche Fortsetzungsklausel mangels gegenteiliger Vereinbarung den Mitgesellschaftern auch das Recht zum Ausschluss des Störers geben soll, anstatt sie selbst der Gefahr des einseitigen Ausscheidens auszusetzen.[20]

Im Ergebnis sieht zwar Art. 633 TOG ebenfalls ein Ausschlussrecht vor. Dort ist allerdings nicht vorausgesetzt, dass ein die übrigen Gesellschafter zur außerordentlichen Kündigung berechtigender Grund vorliegt und vor allem bedarf es im

20 *Rimmelspacher*, AcP 173 (1973), 1, 7.

Gegensatz zum deutschen Recht zum Ausschluss des Gesellschafters des Vorliegens einer der in Art. 633 TOG genannten Ausscheidungsgründe. Konkret bedeutet dies, dass das Gesetz das Ausscheiden und den Ausschluss eines Gesellschafters aus einer einfachen Gesellschaft nicht nur in derselben Vorschrift geregelt, sondern auch auf dieselben Voraussetzungen abgestellt hat. Im Prinzip sind daher für den Ausschluss die gleichen Gründe maßgeblich, die auch zum Ausscheiden des Gesellschafters aus der Gesellschaft führen können. Lässt man das Erfordernis einer Fortsetzungsklausel außer Betracht, so zeigen sich zahlreiche Unterschiede zwischen § 737 BGB und Art. 633 TOG, obwohl der Gesetzgeber ausdrücklich von einer Orientierung an der Regelung des § 737 BGB spricht. Welches Motiv der türkische Gesetzgeber mit dieser grundsätzlichen Abweichung von der BGB-Regelung verfolgt, bleibt indessen unklar. Es kann m. E. lediglich darum gehen, dass der türkische Gesetzgeber beide Rechtsinstitute wegen ihrer nahen Relevanz angesichts der Rechtsfolge in einer besonderen Vorschrift zusammen regeln wollte. Dieser rechtspolitisch unproblematische Zweck hat sich ausgerechnet mit dem Bestreben verbunden, diese unter denselben Tatbeständen und Voraussetzungen zu subsumieren. Die Regelungsmethode und der Inhalt der Vorschrift des Art. 633 TOG sind freilich aus mehreren Gründen unzutreffend.

1. Laut Art. 633 TOG haben die Mitgesellschafter das Recht, den kündigenden, konkursiten und bevormundeten Gesellschafter dessen Liquidationsteil zur Zwangsverwertung gelangt ist oder die Erben eines verstorbenen Gesellschafters aus der Gesellschaft auszuschließen, soweit im Gesellschaftsvertrag die Fortsetzung der Gesellschaft mit den übrigen Gesellschaftern vereinbart wird. Wie wir oben ausführlich dargestellt haben, reicht dafür schon aus, dass ein mit der vereinbarten Fortsetzungsklausel in Bezug stehender Fall eingetreten ist; es bedarf daher weiterhin keiner Austrittserklärung des betroffenen Gesellschafters und ebenso wenig kommt es auf einen auf den Ausschluss dieses Gesellschafters gerichteten Gesellschafterbeschluss an. Die Ausscheidensfolge tritt daher mit dem Eintritt des fraglichen Ereignisses automatisch und mit sofortiger Wirkung ein. Die in Art. 633 TOG angegebene Fortsetzungsklausel, welche eine Fortsetzung allein unter den übrigen Gesellschaftern vorsehen soll, gestattet mit diesem Inhalt keine weitere Auslegungsmöglichkeit. Anders würde sich die Lage darstellen, wenn in Art. 633 TOG eine von der Mitgliedschaft des betroffenen Gesellschafters unabhängige Fortsetzungsklausel geregelt wird, wie etwa in der Form *„Ist im Gesellschaftsvertrage bestimmt, dass, ... die Gesellschaft fortbestehen soll“*. Dann könnte freilich sowohl ein Austrittsrecht des betroffenen Gesellschafters als auch ein Ausschlussrecht der übrigen Gesellschafter in Betracht kommen, weil die Fortsetzungsklausel in diesem Fall dahin gehend getroffen wird, dass die Gesellschaft mit Einschluss des betroffenen Gesellschafters fortbesteht.
2. Besonders problematisch ist jedoch die Anwendung dieser Vorschrift in dem Fall, dass ein Gesellschafter verstorben ist und im Gesellschaftsvertrag die Fortsetzung allein durch die übrigen Gesellschafter vorgesehen wird. Die Erben des verstorbenen Gesellschafters werden folglich nie Mitglied der Gesellschaft.

Daher können sie auch aus der Gesellschaft nicht ausgeschlossen werden, in der sie niemals waren. Es ist daher unzutreffend und hat keinen Sinn, im Gesetz den Erben ein Austrittsrecht oder den übrigen Gesellschaftern ein Ausschlussrecht anzuerkennen. Dies gilt auch für den Fall, dass die Gesellschafter im Gesellschaftsvertrag sich allein auf die Fortsetzung der Gesellschaft beim Eintritt der in Art. 633 TOG genannten Gründe beschränkt haben. Da die Mitgliedschaft selbst nicht erblich ist und mit dem Tod eines Gesellschafters durch Erbschaft nicht auf dessen Erben übergeht, bedarf es für ein solches Ergebnis einer besonderen Fortsetzungsklausel verbunden mit einer Nachfolgeklausel. Dagegen wird dies in Art. 633 TOG nicht als Regelfall vorgesehen und nur im Rahmen der Privatautonomie ausnahmsweise vorkommen. Es ist daher unzutreffend und auch entbehrlich, in Art. 633 TOG ein Austrittsrecht für den Erben oder auch ein Ausschlussrecht für die übrigen Gesellschafter anzuerkennen.

3. Beim Eintritt einer der in Art. 633 TOG genannten Fälle kann der betroffene Gesellschafter oder dessen Stellvertreter oder auch dessen Erbe aus der Gesellschaft austreten oder durch einen Beschluss der übrigen Gesellschafter aus der Gesellschaft ausgeschlossen werden. Fraglich ist jedoch, ob und wie der Stellvertreter des betroffenen Gesellschafters aus der Gesellschaft ausgeschlossen werden kann, da er ja nicht einmal ein Mitglied der Gesellschaft ist. Die Stellvertretung kann daher nur im Rahmen einer Austrittserklärung im Namen des betroffenen Gesellschafters in Frage kommen. Hier ist wiederum ein unvermeidbares Ergebnis der falschen Regelungsmethode des türkischen Gesetzgebers ersichtlich.
4. Für die Wirksamkeit des Ausschließungsbeschlusses ist nach beiden Rechten erforderlich, dass er dem auszuschließenden Gesellschafter zugeht. Art. 633 TOG schreibt außerdem vor, dass die Mitteilung an den Betroffenen schriftlich sein soll. Hier stellt sich die Frage, ob diese eine Wirksamkeitsvoraussetzung im Sinne eines Formerfordernisses ist oder zur Beweiserleichterung dient. Falls die Formvorschrift des Art. 633 TOG als Gültigkeitsform angenommen wird, führt das Nichteinhalten der Form zur Ungültigkeit der Mitteilung. Der auszuschließende Gesellschafter bleibt dann bis zu einer ordnungsgemäßen Mitteilung Mitglied der Gesellschaft. Beim Vorliegen einer Beweisformvorschrift tritt die Ausschlusswirkung trotz Nichteinhalten der Form ein. Im Zweifel sieht Art. 12 Abs. 2 TOG eine Vermutung zu Gunsten der Gültigkeitsform vor. Da die Gesetzesbegründung keine weitere Ausführung hinsichtlich der in der Vorschrift vorausgesetzten Form enthält, ist dem Grundsatz von Art. 12 Abs. 2 TOG entsprechend auch hier von einer Gültigkeitsform auszugehen. So ist im türkischen Recht für die Wirksamkeit der Mitteilung des Ausschließungsbeschlusses die Formvorschrift des Art. 633 TOG einzuhalten.

II. Ein de lege ferenda Vorschlag zur Lösung der Problematik

Es steht fest, dass die Ausschlussregelung des Art. 633 TOG mit diesem Inhalt nicht anwendbar ist. Es liegt daher in der Hand des Gesetzgebers, die Vorschrift am Maßstab des § 737 BGB neuzufassen. Bis dahin sind die Gesellschafter freilich nicht gehindert, im Rahmen der Privatautonomie die Fortsetzungsklausel dahin gehend auszugestalten, dass sie den Mitgesellschaftern das Recht zum Ausschluss des Störers geben, wenn sie aus einem wichtigen Grund, der in der Person des Störers liegt, von ihrem Kündigungsrecht Gebrauch machen können.

Nach der hier vertretenen Auffassung kann man die Zwickmühle in Art. 633 TOG auch dadurch überwinden, dass hier das Vorliegen einer Gesetzeslücke angenommen wird. Diese wird dann durch richterliche Rechtsfortbildung im Wege der teleologischen Reduktion geschlossen. Die Gesetzeslücken sind gemäß Art. 1 TZG (Türkisches Zivilgesetz) so zu schließen, wie dies dem mutmaßlichen Willen des Gesetzgebers entspricht. Da in Gesetzesbegründung ausdrücklich von einer Orientierung an § 737 BGB gesprochen wird, sollen dementsprechend die Voraussetzungen und Rechtsfolgen von § 737 BGB bei der Schließung der Gesetzeslücke berücksichtigt werden.

Eine andere Lösung wäre auch, dass der Richter Art. 255 THG[21] analog anwenden kann, worin der Ausschluss eines Gesellschafters aus einer handelsrechtlichen Personengesellschaft aus wichtigem Grund geregelt wird. Demzufolge besteht für die Gesellschafter die Möglichkeit, den Gesellschafter, in dessen Person ein wichtiger Grund eingetreten ist, aus der Gesellschaft auszuschließen, falls die Gesellschaft im Kündigungsfalle fortbestehen soll.

Dank der Berücksichtigung des § 737 BGB und Art. 255 THG bei der Lückenschließung zahlreicher Einzelfragen, namentlich die Bedeutung des wichtigen Grundes, des Verhältnisses von Ausschließung und Auflösung usw. ist eine Bezugnahme auf die wegen der größeren Bedeutung erheblich umfangreichere Literatur und Rechtsprechung zu § 737 BGB und Art. 255 THG sinnvoll und geboten.

21 Türkisches Handelsgesetz vom 1.7.2012.

Gesetzessynopse

§ 736 BGB **Ausscheiden eines Gesellschafters, Nachhaftung**	Art. 633 TOG **Austritt und Ausschluss aus der Gesellschaft**
(1) Ist im Gesellschaftsvertrag bestimmt, dass, wenn ein Gesellschafter kündigt oder stirbt oder wenn das Insolvenzverfahren über sein Vermögen eröffnet wird, die Gesellschaft unter den übrigen Gesellschaftern fortbestehen soll, so scheidet bei dem Eintritt eines solchen Ereignisses der Gesellschafter, in dessen Person es eintritt, aus der Gesellschaft aus. (2) Die für Personenhandelsgesellschaften geltenden Regelungen über die Begrenzung der Nachhaftung gelten sinngemäß. **§ 737 BGB** **Ausschluss eines Gesellschafters** Ist im Gesellschaftsvertrag bestimmt, dass, wenn ein Gesellschafter kündigt, die Gesellschaft unter den übrigen Gesellschaftern fortbestehen soll, so kann ein Gesellschafter, in dessen Person ein die übrigen Gesellschafter nach § 723 Abs. 1 Satz 2 zur Kündigung berechtigender Umstand eintritt, aus der Gesellschaft ausgeschlossen werden. Das Ausschließungsrecht steht den übrigen Gesellschaftern gemeinschaftlich zu. Die Ausschließung erfolgt durch Erklärung gegenüber dem auszuschließenden Gesellschafter.	Ist im Gesellschaftsvertrag bestimmt, dass, wenn ein Gesellschafter kündigt oder bevormundet wird oder in Konkurs gefallen ist oder wenn sein Liquidationsteil zur Zwangsverwertung gelangt oder wenn er stirbt, die Gesellschaft unter den übrigen Gesellschaftern fortbestehen soll, so kann bei dem Eintritt eines solchen Ereignisses der Gesellschafter oder dessen Vertreter aus der Gesellschaft austreten oder von den übrigen Gesellschaftern durch eine schriftliche Mitteilung aus der Gesellschaft ausgeschlossen werden.

Autorenverzeichnis

Dr. Mustafa Aksu
Dozent an der Universität Istanbul

Prof. Dr. Hüseyin Altaş
Universität Ankara

Dr. Haci Can
Dozent an der Dokuzeylül Universität Izmir

Dr. Bilgehan Çetiner
Dozent an der Universität Istanbul

Prof. Dr. Mustafa Dural
Universität Kadir Has Istanbul

Prof. Dr. Christian Gomille
Juniorprofessur für Bürgerliches Recht, deutsches und internationales Zivilverfahrensrecht, Universität Augsburg

Prof. Dr. Josef Franz Lindner
Lehrstuhl für Öffentliches Recht, Gesundheitsrecht und Rechtsphilosophie, Geschäftsführender Direktor des Instituts für Bio-, Gesundheits- und Medizinrecht, Universität Augsburg

Prof. Dr. Thomas M.J. Möllers
Lehrstuhl für Bürgerliches Recht, Wirtschaftsrecht, Europarecht, Internationales Privatrecht und Rechtsvergleichung, Managing Director of the Center for European Legal Studies (CELOS), Ad personam Jean Monnet Chair, Universität Augsburg

Prof. Dr. Arzu Oğuz
Universität Ankara

Prof. Dr. Matthias Rossi
Lehrstuhl für Staats- und Verwaltungsrecht, Europarecht sowie Gesetzgebungslehre, Geschäftsführender Direktor des Instituts für Öffentliches Recht, Universität Augsburg

Prof. Dr. Zarife Senocak
Universität Ankara

Dr. Oğuz Şimşek
Dozent an der Universität Dokuz Eylül Izmir

Dr. Erhan Temel
Dozent und geschäftsführender Leiter der Forschungsstelle für Türkisches Recht an der Universität Augsburg

Prof. Dr. Ömer Teoman
Universität Kadir Has Istanbul